Clorinda Matto de Turner

VIAJE DE RECREO
ESPAÑA, FRANCIA, INGLATERRA,
ITALIA, SUIZA, ALEMANIA

Edición
Mary G. Berg

෴– STOCKCERO –෴

© Foreword, bibliography & notes © Mary G. Berg
of this edition © Stockcero 2010
1st. Stockcero edition: 2010

ISBN: 978-1-934768-35-8

Library of Congress Control Number: 2010936897

All rights reserved.
This book may not be reproduced, stored in a retrieval system, or transmitted, in whole or in part, in any form or by any means, electronic, mechanical, photocopying, recording, or otherwise, without written permission of Stockcero, Inc.

Set in Linotype Granjon font family typeface
Printed in the United States of America on acid–free paper.

Published by Stockcero, Inc.
3785 N.W. 82nd Avenue
Doral, FL 33166
USA
stockcero@stockcero.com

www.stockcero.com

Clorinda Matto de Turner

Viaje de Recreo
España, Francia, Inglaterra,
Italia, Suiza, Alemania

ÍNDICE

Prólogo a esta edición de Viaje de recreo (1909) de Clorinda Matto de Turner VII
El relato de viaje como autobiografía
La vida de Clorinda Matto de Turner
Primeras ediciones de obras principales de Clorinda Matto de Turner publicadas como libros: XXVII
Bibliografía selecta de crítica:

VIAJE DE RECREO
Salida de Buenos Aires..5
España...12
Francia..38
Inglaterra..61
Francia (Segunda visita)...104
Italia...113
Suiza...185
Alemania..188
Francia (Cuarta visita a París)..198
España (Segunda Visita)..203
   Torrejones, Alcalá, Guadalajara.
   ¡Barcelona!...
   ¡América!

Clorinda Matto de Turner, de *El Perú Ilustrado*, Año I, núm. 22, 8 de octubre, 1887

Prólogo a esta edición de *Viaje de recreo* (1909) de Clorinda Matto de Turner

En 1908, Clorinda Matto de Turner (1852-1909), periodista peruana ya bien conocida (y bastante controversial por su crítica acerba de la corrupción y por su respaldo a los derechos civiles de todos), exiliada en la Argentina desde 1895, fue mandada a Europa por el Consejo de Educación de Buenos Aires con el propósito de investigar la educación femenina en Inglaterra, Francia, Suiza, Italia y Alemania. Durante seis meses ella recorrió Europa, visitando escuelas, museos y monumentos, conociendo a escritores (y sobre todo escritoras), educadores y al Papa, dando conferencias y más que nada, observando la cultura europea con ojo crítico. Le fascinaron las diferencias culturales entre los varios países, con sus trayectorias históricas distintas, y su relevancia (o no relevancia) para las nuevas naciones americanas. Observó todo lo posible, tomó notas, y al volver a Buenos Aires, organizó sus apuntes en una meditación sobre su viaje, y mandó el manuscrito (ilustrado con fotos y postales) a la editorial Sempere en Valencia poco antes de su repentina muerte en 1909. En *Viaje de recreo* Matto figura como voz narrativa y como investigadora, examinadora insistente de los valores culturales y cómo se propagan en cada país. Ella anota los contrastes entre modernización (trenes, autos, las nuevas fábricas y sus empleados, el avance de la ciencia y la tecnología) y la herencia histórica de tantos siglos de arte, arquitectura, costumbres y ritos. El propósito de su viaje es examinar la educación europea y cómo puede servir como modelo para los países americanos, pero en *Viaje de recreo* se enfoca en los valores culturales y las características nacionales. Es también una meditación sobre cuáles aspectos de la cultura humana tienen significado verdadero, y cuáles son frívolos, irrelevantes al bienestar nacional. Con meticulosidad de antropóloga Matto cataloga las diferencias entre los países, desde las distintas experiencias en restaurantes hasta las condiciones laborales, y examina las colecciones de los museos como evidencia de pasiones nacionales, de autoconstrucción deliberada de cierta visión de la historia, de cierta manera de organizar y presentar el significado de la cultura.

Clorinda Matto nunca había viajado fuera del Perú, con la excepción del viaje traumático de abril de 1895 que la había llevado abruptamente y en peligro de muerte de su país natal al exilio en Argentina luego de pasar por Chile, y se estableció en Buenos Aires.[1] Al embarcarse en mayo del 1908 para esta excursión a Europa, no sorprende que ella se sintiera nerviosa al separarse del país que la acogió cordialmente cuando estaba desesperada, «aquella Buenos Aires hermosa y gallarda, la primera en la América del Sur, la única por la grandiosidad que el porvenir le depara con el esfuerzo combinado de nacionales y extranjeros» (5). Se siente inundada de nostalgia por su querido Perú, y de memorias de su infancia, y cuando al llegar a Río de Janeiro viene a saludarla «el señor ministro plenipotenciario del Perú» y su hija, «la presencia de estos compatriotas me ha producido la impresión del encuentro de mi familia en playa extranjera» (7). Esta profunda emoción de sentirse en familia se repite en cada etapa de su viaje cuando se encuentra con peruanos o con artefactos culturales que le recuerden del Perú. Con frecuencia echa de menos la presencia de lo andino en las colecciones y percepciones europeas, como cuando va en Londres, acompañada por su guía Miss Bartlett, al Natural History Museum, y anota que

> Con honda pena noto la ausencia de tanta belleza americana, especialmente en la sección de las avecillas. La variedad y colorido de plumas que constituye una *flora aérea* en nuestros bosques, daría una idea a los europeos de lo que América ofrece en la familia de los volátiles y cantores. «Aquí tienen –digo a mi amiga–, su mirlo, sus ruiseñores; nosotros podríamos traerles gorgeos sublimes en la garganta del zorzal argentino y del chocllopokochi peruano.» «¿Qué...?», responde Miss sin poder pronunciar el nombre del pajarito. Yo río orgullosa de haber dificultado la lengua de una inglesa con una frase del idioma de los incas, el rico quechua, que puro y

---

[1] Ver la última sección de este prólogo, o Berg (1997), «Clorinda Matto de Turner: periodista y crítica».

expresivo conserva la región de la sierra del Perú, sobre todo el Cuzco, la antigua capital. (96)

En este caso está notando la ausencia de algo que bien podría enriquecer la colección. En otros momentos, la comparación con lo andino disminuye el impacto de lo que se expone en los museos europeos, como cuando en el Victoria and Albert Museum contemplan tapices flamencos del año 1507 y Matto comenta que

> La conservación de la vivacidad de los colores de los tapices, que tanto alaban los visitantes, a mí no me sorprende, porque estoy acostumbrada a ver en el Perú las telas de la época incaica, extraídas de las tumbas originarias de más de seis siglos atrás, con la frescura y el brillo de reciente factura. (100)

Una y otra vez Matto refleja en los paralelos entre lo romano y lo andino; en Pompeya comenta que «La fuente de los mosaicos es una maravilla de combinaciones, y tanto los colores como el gusto de ornamentación son iguales a los de los tejidos peruanos de la época incaica». (141) El ejemplo más sostenido de esta doble perspectiva se encuentra en las discusiones de la preservación (o mejor dicho la falta de preservación) de los artefactos romanos en Italia, y de los muchos paralelos entre el imperio de los romanos y el de los incas. Al contemplar el Coliseo romano, dice que

> me siento presa del vértigo, por mis venas siento correr todo el calor del sol de los incas, derramado desde las fortalezas del Sacsayhuamán hasta el Coliseo; sensaciones indescriptibles me sacuden, siento el vacío de mi hermano, de mis amigos, la comunicabilidad es necesidad en mí, quiero compartir mis ideas y sólo encuentro al guía, que impasible me acompaña por el salario que le pago. (125)

Matto siente nostalgia por lo romano y lo incaico, por su arte y arquitectura extraordinarias, y por su tolerancia, en comparación con las culturas cristianas que luego se impusieron en los dos imperios. Ella entiende que las culturas evolucionan, cambian, se reemplazan, pero a la vez lamenta la pérdida de épocas de mayor tolerancia. Al contemplar la basílica de San Pedro comenta que «Esto maravilla, extasía, pero no perdonamos el haber echado por tierra la habitación de Nerón para levantar en el sitio del circo esta suntuosa manifestación del poder cristiano». (127) Al entrar en la basílica, exclama:

> ¡Cosa singular! A la entrada sorprenden cuadros de asuntos profanos. Ganímedes elevado por el águila; Leda sobre el cisne; Europa sobre el Tauro, etc. En América tendríamos motivo para una excomunión mayor si en una iglesia pusiésemos cosas semejantes. (128)

Matto, claro, ha tenido motivo para saber muy personalmente cómo en el Perú se podría juzgar todo lo que no fuera exactamente prescripción de la iglesia: aunque el motivo oficial para las amonestaciones y castigos de la Iglesia fue la publicación en 1890 de un cuento de Coelho Neto en *El Perú Ilustrado,* periódico que ella entonces dirigía, se puede suponer que el furor de la iglesia tenía mucho que ver con la crítica feroz de Matto de la venalidad y promiscuidad sexual por parte de ciertos padres de la iglesia, muy evidente en sus novelas. Es bien interesante que *Viaje de recreo* empieza con un comentario sobre la visita de Matto a Coelho Neto en Río de Janeiro. Coelho Neto expresa su simpatía, lamentando que «usted ha sufrido tanto en su patria a causa de la ofuscación de la gente, que ha creído ver una herejía en mi poema *Magdala,* que no es otra cosa que la tentación de la montaña» (9) y Matto le responde, asegurándole que

> no crea que en mi patria estuvieron todos ofuscados; allá hay hombres de mucha ilustración y de criterio sano; fue una campaña de frailes que por mercantilismo visten el habito, como un tendero toma su guardapolvo para despachar detrás del mostrador, y eso ya pasó; hoy, en mi patria, se me juzga con criterio muy diferente, y yo misma recibo los acontecimientos con temperamento distinto; después de esta visita a usted, he de visitar al Papa; en religión pasa lo mismo que en política; hay patriotas y patrioteros; yo respeto sólo al verdadero creyente, cualquiera que sea su filiación o credo. (9)

Así que *Viaje de recreo* empieza con la declaración resoluta de Matto de que todo está bien, que no hay que dudar de su fe religiosa, que visitará al Papa (que es exactamente lo que hace al llegar a Roma) y que verá con ojos muy abiertos y sin prejuicio lo que le presente Europa. Pero lleva consigo las dudas y los temores sobre la modernización de la sociedad a los dos lados del Atlántico. Al observar en detalle a la población de Roma, ciudad que le encanta, musita que

> Anoto que en ninguna parte he visto tantos jorobados, enanos y deformes como en Roma, detalle que me lleva a profundos y tristes pensamientos sobre la degeneración de la raza, y a mis ideas sobre

el antiguo pueblo romano se asocia el recuerdo del pueblo incaico del Perú. [...]

La observación que hemos anotado sobre la deformación física del varón moderno tenemos que repetirla tratándose de la mujer, cuyo cuerpo de serpentina se aleja tanto de la belleza y ha estragado el gusto por la depresión del corsé, al cual ella confía toda la obra de elegancia. Y profundizando nuestras investigaciones, tal vez no iríamos por senda errada si en la deformación de la mujer señalásemos el debilitamiento de la raza. Los criadores de nuestras estancias ganaderas argentinas pueden venir a reforzar esta opinión. Apartándonos de lirismos, ¿qué es el hombre físico sino animal con sus energías sujetas a las condiciones de sus productores? La madre es la base de toda regeneración social. (134-135)

La decadencia de la raza humana (y la responsabilidad de las madres) es preocupación central de Matto en su periodismo de los años 90 y en su tercera novela, *Herencia* (1895) que refleja sus lecturas de textos naturalistas y su participación activa en esos debates[2] a los cuales hace referencia en *Viaje de recreo* también.[3] Matto está muy conciente de estar en un mundo que cambia con velocidad espeluznante, a veces previsiblemente, a veces sin advertencia previa. Con frecuencia le parece que la modernización que ve en Europa representa cambios fundamentales que también llegarán a América por medio de la industrialización, la globalización del comercio, los adelantos tecnológicos, y la pérdida de valores tradicionales. Habla con frecuencia de la igualdad y la desigualdad de las mujeres (tema que siempre la había apasionado), rodeada como está en esta Europa de 1908 de situaciones muy nuevas para ella. Medita mucho sobre las diferencias, sean superficiales o profundas, entre Europa y América, y entre los varios países que ella visita. Observa en detalle el comportamiento de las mujeres europeas que le parece admirable y digno de análisis. En cada país visita escuelas y centros de entrenamiento para las mujeres. En Berlín, por ejemplo, está muy impresionada por las escuelas, por las feministas alemanas, y por las cantidades de adherentes a los centros y sociedades feministas. Comenta que

Elena Lange dirige otra sociedad de cuatro mil profesoras, que de-

---

2 Ver Berg (2010), «Clorinda Matto de Turner's Experimentation with Naturalism in *Herencia* (1895)».

3 Uno de los personajes centrales de *Herencia* es un inmigrante italiano de clase baja, muy atractivo y muy trabajador, que logra establecerse y prosperar trabajando en una pulpería en Lima, pero que aspira a algo más. Logra seducir y luego casarse con una niña de clase alta, pero no es capaz de adaptarse a un cambio tan fundamental de nivel social, y se convierte en borracho inútil. En sus novelas, Matto solía dramatizar lo problemático del traslado de una cultura a otra, y a las dificultades que experimentaron los inmigrantes europeos que vinieron al Perú.

> pende de la confederada *Bund deutscher Frauenvereine*. Citaré a Lilí Braun, que es socialista exaltada; Alicia Salomón y María Loper Housselle, que fundó y preside la Sociedad de profesoras alemanas, que tiene 17.000 socias; pero sobre todas éstas merece respeto por su inmensa labor Elena Lange, que en cuatro grandes volúmenes, y en colaboración de otras mujeres, ha publicado la historia del feminismo en las grandes capitales del mundo. (194)

Con frecuencia se siente celosa de los avances que han hecho las mujeres de los varios países. A veces se cansa de registrar y asimilar lo que significa tanto progreso. Pero se recupera, recordando los logros de las americanas y su deseo apasionado de construir una sociedad más igualitaria. En Berlín, apunta que

> Debo ... visitar algunos centros de enseñanza, entre ellos la *Charlotemburgo*, Escuela Técnica Superior de que tanto me han hablado, cuyo edificio e instalación interna son, verdaderamente, modelo grandioso, y en cuyos salones he suspirado con melancolía casi de envidia en el deseo de tener en América una casa semejante. Mi tristeza reacciona, porque es fundada la esperanza de que no está lejano el día de semejantes adquisiciones, especialmente en la República Argentina, ya poderosa, y en el Perú, que se repone mediante la paz y la honestidad. Expansiono mi espíritu contando a mi guía los progresos alcanzados en América, donde tiene que trasladarse íntegra la civilización europea. (196)

No resuelve su ambivalencia —quiere que América sea como Europa, que tenga lo mejor de cada país europeo— pero a la vez quisiera preservar lo que ama de cada país, aunque con frecuencia reconoce que es un deseo contradictorio.[4] En este libro de apuntes y reflexiones sobre su viaje, Matto medita sobre las cualidades de cada país que quisiera que se adaptaran o consideraran en sus dos patrias queridas, Perú y Argentina, y comenta también sobre aspectos que ella considera decadentes y que no quisiera ver imitados.

El relato de viaje como autobiografía

Como se ha señalado, *Viaje de recreo*, como todo relato de viaje, transcribe una serie —una selección— de impresiones personales, subjetivas, de las experiencias de Clorinda Matto en Europa en 1908. Co-

---

[4] La contradicción es parecida a lo que Matto analizó (en sus novelas y ensayos) en cuanto al Perú y sus ciudadanos indígenas: quisiera que se preservara la cultura quechua y aymará, pero con gran tristeza acepta como inevitable la predominación de valores españoles.

menta Gloria Hintze en «Memoria y testimonio en dos textos de Clorinda Matto de Turner» que

> La autora testimonia todos aquellos tópicos que como viajera considera deben registrarse. Además, sus descripciones, por momentos extensas y detalladas, dan acabada muestra de su educación basada en un proceso que favorecía la realización de los ideales civilizatorios europeos. (201)

Uno de los propósitos obvios de Matto es demostrar no sólo su competencia sino su dominio de la historia cultural de Europa. Las descripciones detalladas de lo que ve en museos, exposiciones, iglesias, y monumentos –descripciones que ahora se encuentran en las guías Michelin y otras– conforman la mitad del texto y constituyen evidencia de su seriedad, de su meticulosidad. Estas observaciones –páginas y páginas de detalles– la califican como observadora sabia, a veces implacable –se empecina en ver todo, aun lo que la mayoría de los turistas (y sobre todo *las* turistas) pasan por alto. Insiste en ver las salas de objetos considerados como pornográficos y generalmente cerradas a las mujeres, y cuando visita el observatorio de un astrónomo, no descansa hasta subir a la torre de observación donde tiene su telescopio y ver ella misma cómo se hacen los cálculos. Con frecuencia sabe más que sus guías, y no duda en corregirles. Los lectores que se interesen en la historia y la evolución de los museos y las colecciones, en las descripciones detalladas de lo que estaba expuesto en los museos de 1908, y en cuáles prioridades se habían establecido para la exposición de artefactos culturales, encontrarán en este texto un catálogo minucioso y organizado. Para Matto, con su formación en el periodismo, bien entrenada en el reportaje fidedigno, parece ser importante primero describir, y luego expresar sus opiniones y comentarios. Las observaciones concretas sobre lugares y museos son una selección arbitraria y personal, pero se representan como reportaje de los hechos, contrastando con la otra mitad del libro, más abiertamente autobiográfica, constituida por comentarios personales y reacciones emocionales. Con frecuencia, se combinan los dos modos de observación, o se alternan. Matto no nos deja olvidar que es ella quien cuenta y controla el relato, y que observa desde perspectiva femenina, aunque comenta Jean Richard, «evidentemente es difícil precisar si un texto es, de acuerdo con la intención de su autor, una guía para uso de peregrinos o un relato de peregrinación». (19) Al elaborar su densa «poética del relato de viajes», Sofía Carrizo Rueda[5] discute la larga historia de las distinciones entre «relato de viaje» y «literatura de viajes» (ficción) pero con frecuencia, en la obra de Clorinda Matto, se mezclan y se entrecruzan sus observaciones y sus meditaciones. Matto siempre se niega a seguir una sola línea narrativa.

Desde el primer momento, Francia le pareció a Matto «sublime y repelente» (38). En el imaginario argentino, Francia es el paraíso, y la realidad no puede ni por un minuto igualarse a la imagen idealista. Nada le satisface a Matto. Se queja de todo. Se siente constantemente humillada y frustrada por sus propias reacciones, que reconoce como contradictorias. Rencorosa, comenta su visita

> a la Sorbona, el centro de resonancia intelectual en el mundo, y al que fui invitada para dar una conferencia sobre América, invitación no aceptada por no poseer bien el idioma francés y parecerme ridículo hablar en español ante público que lo ignora, y por algo de desencanto o decepción recibida al saber que abonando cincuenta francos, cualquiera puede dar conferencias en este cenáculo, que en América es considerado como franqueable sólo por la notoriedad o la competencia ejecutoriada. (58)

Si la Sorbona no abriera sus puertas a todos, Matto se habría quejado de su elitismo. Se siente defensiva. Está en París para la fiesta del 14 de julio, y observa que

> Calles, bulevares, plazas, paseos, todo está invadido por la alegría de patriotas que cantan a la *Libertad, Igualdad y Fraternidad*, sin que se tomen el trabajo de meditar que libertad no existe en la vida, donde estamos atados a la columna del trabajo cotidiano; que la igualdad es utópica, donde habrá siempre negros y rubios, blancos y morenos, ricos y pobres, virtuosos y culpables, y en cuanto a fraternidad, ella es ilusoria cuando prima el mercantilismo y el oro es rey, amigo y vasallo. En medio de este pueblo casi he perdido la fe que traje de América en esa trilogía francesa, pregonada en libros doctrinarios, cuyas páginas sacan de quicio a muchos de nuestros escritores para alabar todo lo europeo, menospreciando lo americano. En América sí que tenemos libertad, igualdad y fraternidad, y casi estoy por creer que las tres *entidades* visitaron como fantasmas de luz la vieja Europa, pero luego se trasladaron a la joven América, donde encontraron brazos abiertos, sangre robusta y altruismo suficiente para decantar fraternidad. (48-49)

---

5   En *Escrituras del viaje: Construcción y recepción de «fragmentos de mundo»*, p. 15.

Todo en Francia le inspira «emociones encontradas como dos corrientes, una de veneración ..., otra de indignación» (58), una fuerte reacción, y al final, admite que

> Me alejo de París con el concepto de haber conocido una lindísima bailarina que, al rítmico son de los francos que caen en sus pies, vestida de tul transparente con sus cintas de raso y sus flores, hace piruetas en el solemne escenario de la Historia, sobre las cenizas de grandes cerebros y grandes corazones, decorado por la magnificencia de sus museos, la sonrisa melancólica de su Versalles y el palmoteo del público de extranjeros que a divertirse llegan. (60-61)

La nación que Matto más admira por su rectitud moral es Inglaterra. Desde el primer momento en tierra inglesa comenta que «noto que los hombres comienzan a confiar en la honorabilidad de los otros hombres» (61) y se siente inundada por memorias de su querido marido inglés que había muerto en 1881 mientras vivían en Tinta, Perú:

> Pueden haber pasado muchas tempestades sobre mi frente, pero el infortunio ha sido uno, tan largo y pesado, que ya me creo con derecho a ser feliz. ¡José duerme el sueño dulce de los buenos, y yo, viuda, peregrina, lejos de mi patria, llego a la suya conservando el nombre que uní al mío, y al cual he querido rodear de todos los trofeos que en el mundo de las letras conquistase como trabajadora sin descanso!... (62)

Está dispuesta a pensar lo mejor de Inglaterra, y ésta no la defrauda. En todos los aspectos de la vida observa «la suprema virtud de la honorabilidad» (66) y está impresionadísima con la igualdad de las mujeres y su presencia en la historia inglesa: el museo de Madame Tussaud está lleno de réplicas de mujeres, y los recuerdos por todos lados de la Reina Victoria conmueven a la peruana. Almuerzan en un restaurante para mujeres, «servido por mujeres únicamente» (66). Idealiza a la sociedad inglesa (en contraste con Francia, que no le ha gustado nada):

> Londres siempre será grande por el temperamento de sus hombres y la firmeza de sus hogares. En Francia el hogar propiamente dicho no existe sino por excepción, y de esto se lamentan los mismos estadistas, que se horrorizan ante la despoblación originada por la materialización homicida de la paternidad, veneno amargo vertido en la dulzura de la maternidad. (78)

Su visita al periódico *The Times* la conmueve mucho, y comenta en «la importancia del diarismo en la marcha de la humanidad» (81). Para una mujer que ha pasado su vida entera como periodista, su visita al diario más influyente del mundo (en su opinión) refuerza sus convicciones sobre la importancia de la palabra escrita y divulgada:

> Medito sobre la influencia que la lectura ejerce en los pueblos, marcando sus hábitos, refinando el gusto, conservando la solidez del hogar. Las responsabilidades educativas del escritor, en este concepto, se multiplican y se agrandan. Comparemos la actualidad de las dos naciones que el Canal de la Mancha separa. ¿En dónde está esa Francia grandiosa de Chateaubriand y de Lamartine, en dónde ese pueblo que se conmovía en *Nuestra Dama* con la voz vibrante de Bossuet que le hablaba de fe, de esperanza y deber ciudadano, derramando por doquiera haces de luz evangélica, alentadora del pobre, represora del rico, guía de la mujer? Inglaterra cerró sus puertos para la entrada de la obra de Emilio Zola, con la misma previsión con que el padre vela por la clase de lecturas de su hija, y este criterio paterno lo encontramos en un escritor francés. Cuando fue pedida la mano de la hija de Alejandro Dumas, él dijo a su futuro yerno: «Mi hija no tiene dote, pero le aseguro que no ha leído ni una sola de mis novelas.» Pudo ser broma del escritor; para mí, después de lo que llevo visto y observado, es burla en serio. (82-83)

Hay un salto enorme aquí entre la Clorinda Matto de unos años antes, que, con su amiga Mercedes Cabello de Carbonera, exploró entusiasmada la obra de Zola, Pardo Bazán y otros escritores naturalistas de la época. Incluso incluyó una discusión de aspectos de estos escritores en muchos artículos periodísticos y en su tercera novela, *Herencia*, como se ha mencionado aquí (al discutir su comentario sobre la degeneración de la raza humana en Italia y en el Perú desde el tiempo de los romanos y de los incas). Le parece a Matto que Francia también ha degenerado, pero aquí parece que ella siente cierto deseo de proteger a las mujeres (a las jóvenes, por lo menos) de las especulaciones y teorías perturbantes de la evolución social, del Darwinismo social. En el texto de *Viaje de recreo*, como en todos los textos de Matto, coexisten varios puntos de vista, a veces contradictorios. Parece que ella siempre sigue el modelo del periódico que presenta artículos diversos que expresan puntos de vista distintos; ella siente que es más importante discutir a fondo los miles de asuntos importantes desde varias perspectivas que cerrar puertas y buscar una opinión unívoca. Por un lado cuenta todo meticulosamente, a veces obsesivamente –todo lo que se puede medir en estadísticas (kilómetros, minutos, centavos, número de participantes, cantidad de salas y objetos en museos, sus gastos) se anota con precisión, pero simultáneamente generaliza y opina.

Matto admira mucho a las mujeres inglesas que conoce, y expresa:

> La mujer inglesa de la clase media merece mi respeto. Ella reina y gobierna, no por la coquetería, la pintura, la ficción y la lascivia, sino por el imperio de la rectitud y la moral. Goza de una amplia y verdadera libertad y no abusa de ella; tiene fe religiosa sincera, y ésta la guía y la alienta. ¡Con cuánto regocijo recuerdo este respeto recíproco y profundo en el seno de los hogares entre padres e hijos, entre hermanos, entre parientes y amigos! La mujer inglesa tampoco se ha singularizado por la bullanguería. Las mujeres sufragistas que reclaman la igualdad del voto, fundadas en la igualdad de contribución que pagan, van con la seriedad propia del derecho que ejercitan y la justicia de la causa que patrocinan, y las que han franqueado los umbrales universitarios van llevadas por una casi vocación, disputando el diploma al varón en noble lid. Como madre es adorable y abnegada como institutriz. La gran causa del feminismo asume proporciones colosales en el terreno fundamental del derecho, y hoy no son las frívolas, ni las desocupadas, ni las desengañadas, como dicen los adversarios, las que piden leyes al Parlamento: ¡son las madres! (98)

Se queda muy impresionada con la cantidad de mujeres que trabajan fuera de casa, no sólo las mujeres pobres que trabajan en fábricas, sino las multitudes que logran encontrar carreras en la enseñanza, la medicina, y el comercio:

> Las grandes casas de comercio y muchas oficinas públicas prefieren a las mujeres como empleadas, porque son minuciosas y cumplidas más que el varón. Aquí es donde verdaderamente existe la escuela de la empleada con garantías recíprocas y resultados positivos. La enseñanza y la educación práctica comercial se hallan difundidas a proporción de la densidad pobladora, y la mujer gana terreno en el campo del bástate a ti mismo, que en América del Sur comienza a interesarnos. (98-99)

Cuando Matto medita sobre la base de este progreso,

> ¿Cuál es el secreto de este progreso y de esta grandeza? me pregunto.

> Sin duda alguna, el sentimiento religioso y el respeto a la ley. Sí. La ley respetada y cumplida constituye la felicidad del hombre y la grandeza de los pueblos. ¡Londres! ¡Capital del orbe civilizado! (104)

No sorprende a Clorinda Matto que España carezca de ciertas modernizaciones, que cumpla con algunos de los estereotipos del Viejo Mundo del cual se escaparon los emigrantes españoles que vinieron a América. No le sorprende sentirse emocionada al volver al país de origen de su familia; en la tranquilidad de un viaje por tren se imagina en la tierra de sus ancestros:

> Desde las ventanillas del tren la contemplo con el alma radiosa de afecto, la mente iluminada por la luz de los recuerdos y el corazón palpitante con emociones filiales. La memoria recorre el pasado del hogar donde se amaba a los españoles, me imagino que voy a encontrar miembros de mi familia, aquellos antepasados con sus cuerpos sanos para habitación de almas sanas; de frente ancha donde bullen los gérmenes del ideal, cabeza levantada que disipa la nube de la ficción; corazones hidalgos que saben amar con la pureza de su cielo zafirino y estrechar la mano con el calor de franca amistad. (26)

Con igual ausencia de sorpresa, cuando investiga (como lo hace en todos los países) las instituciones educacionales, confirma lo que ya suponía, al encontrar en Barcelona que

> Los centros de instrucción pública femenina están, en su mayor parte, en manos de religiosas. Bastante trabajo me costó el poder penetrar en el colegio de las monjas de los Sagrados Corazones, merced a empeños del cónsul peruano. La hermana superiora me dio repetidas explicaciones para disculpar el desaseo tan notable de la casa. «Hoy tenemos profesión; mire el altar qué hermoso lo han arreglado, y con estos quehaceres no se ha podido atender a la limpieza debidamente», dice la hermana en cada vericueto donde hallamos basura. El plan y los métodos de enseñanza son iguales a los de las sucursales de América. (20)

Pero a pesar de lo que estima ser sistema de educación anticuado, el avance del feminismo y de la industria sorprenden e impresionan a Matto. Incluye largas descripciones de cantidades de escritoras, médicas, abogadas, artistas, y mujeres activistas que promueven los cambios institucionales y sociales. Le parece maravilloso e inesperado conocer a tantas escritoras, periodistas, educadoras españolas, cuyo número y preparación me sorprende, pues en América nos hemos familiarizado sólo con doña Emilia Pardo Bazán, la ideal Concepción Jimeno de Flaquer y la audaz y correcta Carmen de Burgos Seguí, más conocida por su seudónimo de *Colombine*, ignorando nombres consagrados por la fama que constituyen gloria para la causa de la mujer emancipada por la ley de la luz, que ilumina y embellece. (32)

Todo esto le encanta, y mientras tanto comen los platos más deliciosos, disfrutando de «la suculenta cocina española, saboreada con los vinos legítimos, libres de las anilinas con que en América nos envenenan los industriales de la química moderna». (31) En Madrid, conoce a escritores importantes, da conferencias muy bien recibidas, es celebrada y festejada con banquetes, que la conmueve profundamente. Una de las nuevas amigas a quien más estima le ofrece a Matto un tributo que le hace muy feliz:

> Concepción Jimeno de Flaquer ofrece el banquete en una forma ideal. «Para brindar a Clorinda no es necesaria una copa, se precisa una flor», dice, y obsequia un crisantemo enorme colocado en el centro de la mesa, atado con cintas españolas, argentinas y peruanas. Entre aplausos continúa enlazando la significación de este acto de hermosa confraternidad intelectual entre españoles y americanos, agrandando mi labor, interpretando magistralmente mis afectos por España, y termina asegurando que «la hija de la tierra de los conquistados ha dominado a los dominadores». Todos han bebido el licor espumante, topacino, brindando por América y sus intelectuales. La emoción que me domina es suprema. (208-209)

Matto nunca había esperado encontrar en España tanta cordialidad ni tanto progreso en términos de nueva tecnología y grandes avances también para las mujeres y sus carreras posibles.

Italia le encanta, y dedica doble las páginas en *Viaje de recreo* a Italia que a cualquier otro país, detallando sus maravillas líricamente. Como en España, se siente en casa, con encuentros frecuentes con argentinos que se han vuelto (o de visita, o porque ya hicieron sus fortunas en América y regresaron a Italia) y con amigos. Escribe con mucha emoción del paisaje, de sus reflexiones. Observando las palomas en Venecia, exclama:

> ¡Palomitas venecianas, poéticas y gallardas como las góndolas que conducen corazones y voluntades denunciadas en la trova del gon-

dolero, yo os llevaré en mi recuerdo a través de los mares, allá donde mis golondrinas emigrantes rastrean con el sol de primavera! ¡Palomitas venecianas, venid, que mi alma os acaricia, porque he amado las aves desde mi infancia y he llorado la suerte de las *aves sin nido*!... (167)

Y Matto recuerda, no sólo a su propia vida y obra, sino a las personas más importantes de toda su vida. En una góndola, en una noche bella, cuando

¡Todos cantan y yo permanezco silenciosa, aturdida por una grande emoción y un recuerdo infinito!... ¡Juana Manuela Gorriti!... Si la novelista argentina hubiese bogado aquí, en mi lugar, ¡qué joyas exquisitas hubiese labrado para la literatura de América, ella, que con sólo el poder de su brillante imaginación, y a través de sus lecturas, escribió aquella narración, *Una noche en el Adriático*!... Echo una ojeada dentro de mi alma, encuentro sólo tumbas, no quiero entristecerme, vuelvo a la vida, hallo cadenciosa la canción de mis compañeros, suave, rítmico también el balanceo de mi góndola, cuyos farolillos parecen avergonzados en presencia de la reina de la noche. (172)

Viaje de recreo es una fusión de comentarios sobre los varios países que Matto visitó, pero también incluye sus memorias de sus padres (de descendencia española), de su marido (inglés), de amigos de épocas diversas de su vida, de sus propias experiencias y pasiones[6]. El libro cuenta sus impresiones de viaje, y sus observaciones, pero también relata como registró ella lo que vio, vivió, recordó y pensó durante estos meses tan importantes para ella. Ella explora las varias complejas verdades y ramificaciones de verdades que observa en España, Inglaterra, Francia, Italia, Alemania y Suiza y las comenta desde perspectivas múltiples. Cruza todas las fronteras de definición de lo que constituye un relato de viaje, o literatura de viaje, todas las fronteras entre observación e imaginación.

---

[6] Matto reconoce que le atraen los extremos. Al salir de Inglaterra, en el tren medita que «Mis pasiones son fuertes y definidas; arrancan de mi educación primaria bajo la sentencia del trágico *to be or not to be*. Detesto el agua tibia y los temperamentos indecisos; por eso amo y odio con llaneza y ardor, y lo que emprendo llega a la cima. Esta jira europea misma que estoy realizando, sola, cumplidos ya los cincuenta años de existencia, es manifestación comprobatoria del carácter cimentado en la sentencia shakesperiana, *ser o no ser*. Si no nací en Londres, nací en el Cuzco, y me siento llena de orgullo legítimo. ¿Por qué no confesarlo? El disimulo de nuestras espontaneidades es hipocresía; yo la detesto del mismo modo que al agua tibia.» (103)

La vida de Clorinda Matto de Turner

Periodista, educadora, feminista, y luchadora por derechos humanos iguales para todo ciudadano del Perú, Clorinda Matto de Turner es una de las más reconocidas del extraordinario grupo de mujeres intelectuales y activistas del s. XIX peruano. Por su desafío a la Iglesia católica, al gobierno en el poder, al ejército, y a los preceptos de la alta sociedad tradicional limeña, Clorinda Matto pagó un precio bien alto. Ella fue el enfoque de denuncia pública en varias ciudades peruanas, fue quemada en efigie y excoriada, sufrió la excomunicación de la Iglesia, el saqueo y la destrucción de su hogar y de su taller de imprenta feminista, y a los cuarenta y dos años se tuvo que exiliar abruptamente para nunca más volver al Perú. Ni el entierro de sus huesos en un cementerio de su patria le fue permitido hasta 1924, quince años después de su muerte en Buenos Aires. Publicó una docena de libros, entre ellos cinco de ensayos feministas, pero a pesar de la popularidad contínua de sus tres novelas, la mayoría de sus escritos todavía no han sido recopilados ni republicados. Pero si el precio de su desafío era alto, también lo eran sus logros: Clorinda Matto fue la primera mujer en las Américas que editó un periódico diario importante; muchos de sus centenares de ensayos editoriales en favor de la educación de la mujer y de los derechos humanos y derechos legales para los marginados (los indígenas, las mujeres, los negros) de la sociedad, sí lograron posibilitar cambios importantes; y su primera novela, su novela más conocida, *Aves sin nido* (1889), que hace una denuncia fuerte del abuso del poder, todavía hoy después de más de cien años es una de las novelas más leídas de la literatura latinoamericana, y sigue siendo vigente y conmovedora en su crítica acerba de la injusticia social. En sus cuarenta años de ensayos y conferencias feministas, Matto alentó a la mujer que trabajaba fuera de su casa, hablando (en «La obrera y la mujer» de 1904) de «la fortaleza que da la virtud del trabajo libre, porque sólo es libre quien a sí misma se basta».

Grimanesa Martina Mato Usandivaras, quien después se llamaría Clorinda Matto (con doble consonante como referencia y tributo al lenguaje quechua) nació en Cusco, Perú, el 11 de noviembre de 1852. Fue hija de la cusqueña Grimanesa Usandivaras y de Ramón Mato, hijo de españoles. Su padre era gerente de una pequeña hacienda llamada Paullo Chico, donde Matto y sus dos hermanos, David y Daniel, pasaron la mayor parte de su infancia, y donde aprendieron bien el idioma quechua. Más adelante, en sus escritos, Matto describiría muchas veces la belleza de la vida rural, recurriendo a recuerdos concretos de hechos y personas. Su profundo interés por el bienestar de la población indígena, así como su dominio de la lengua quechua, también están enraizados en aquellas experiencias tempranas cuando ella compartía sus actividades con los otros niños de la hacienda. Obtuvo su educación formal en Cusco, y estudió en el Colegio Nacional de Educandas, escuela que llegaría a ser famosa por ser uno de los mejores centros de educación femenina. A los catorce años ya editaba un periódico estudiantil y también escribía obras de teatro que eran representadas en el colegio por sus amigas.

En 1862 murió su madre, y en 1868 Matto tuvo que abandonar la escuela para ayudar a su padre y a sus dos hermanos. A los dieciocho años, en 1871, se casó con José Turner, médico y empresario inglés, y se fueron a vivir al pueblo de Tinta, no lejos de Cusco. Matto ya empezaba a escribir poesía y prosa y, con la aprobación y el apoyo de su esposo y de su padre, al poco tiempo estaba publicando artículos bajo varios pseudónimos («Lucrecia», «Betsabé», «Rosario») en periódicos andinos como *El Heraldo, El Mercurio, El Ferrocarril* y *El Eco de los Andes*. Al principio su interés principal se centraba en la emancipación y la educación de las mujeres, y en las condiciones en las cuales vivía la población indígena, pero pronto empezó a escribir leyendas y bosquejos históricos, tradiciones cusqueñas en el estilo de las narraciones cortas, ya bien conocidas, de Ricardo Palma. Matto organizó un círculo literario y, en febrero de 1876, empezó a publicar *El Recreo de Cuzco*, una revista semanal de literatura, ciencia, artes y educación, donde incluyó muchos artículos suyos.

En 1877, cuando Matto se fue de visita a Lima, fue objeto de una cordial acogida e invitada a una serie de reuniones y festejos literarios, entre ellos al renombrado salón o velada de Juana Manuela Gorriti, escritora argentina muy conocida –y muy admirada por Matto– que vivía en el Perú durante muchos años. En la reunión literaria que Gorriti organizó en honor de Matto, entre los que leyeron sus composiciones estaban la propia Gorriti, Mercedes Cabello de Carbonera y Ricardo Palma; todos ellos llegarían a ser buenos amigos. En 1879, cuando Matto volvió a Tinta, en los primeros años de la guerra con Chile, respaldó activamente la causa de Andrés Cáceres quien, con soldados indígenas, defendía la región andina peruana. La casa de los Turner fue usada como hospital de guerra y Matto organizó un sistema de ambulancias, además de reunir fondos para la guerra.

José Turner murió en marzo de 1881, cuando el desorden de la guerra estaba en su apogeo, dejando a su viuda, que entonces tenía 28 años, en una situación económica sumamente difícil. Matto hizo esfuerzos por pagar sus deudas y por mantenerse, por medio de varias empresas comerciales. En 1883 se mudó a Arequipa, como jefa de redacción del diario *La Bolsa*. Gran número de sus primeros artículos y editoriales en *La Bolsa* son exhortaciones patrióticas dirigidas a todos los peruanos, pidiendo la unión y la solución de sus problemas. Matto también escribió sobre comercio y agricultura, inmigración, problemas indígenas y educativos, con interés particular y apasionado en la educación de las mujeres. En 1884 publicó un libro de texto para mujeres de selecciones de literatura.

La primera colección de ensayos y bosquejos históricos de Matto, *Perú: Tradiciones cuzqueñas,* se publicó en Arequipa en 1884, con prólogo de Ricardo Palma. *Hima-Sumac*, su única obra teatral publicada, fue estrenada en Arequipa el 16 de octubre de 1884 y luego en Lima, en 1888. Es un melodrama conmovedor de amor y traición, lleno de simpatía por los indígenas, que se representan como oprimidos y torturados por los españoles obsesionados por el oro.

En 1886 Matto se fue a vivir a Lima, donde se había establecido su hermano David, quien había obtenido título de médico cirujano en 1885 y ejercía la presidencia de la Unión Fernandina. Matto se incorporó a las reuniones literarias del Ateneo y el Círculo Literario, salón al que asistía Manuel González Prada, orador y escritor cuyas ideas sobre el progreso, el espíritu nacional, la educación de los indígenas y el anticlericalismo interesarían mucho a Matto, influyéndola profundamente. Continuó escribiendo artículos y narraciones, y en 1889 asumió la dirección de *El Perú Ilustrado*, la revista literaria más importante de Lima en su época. En 1889 publicó dos libros, uno de ellos una serie de descripciones histórico-biográficas, *Bocetos al lápiz de americanos célebres* y la otra una novela explosiva de candente crítica contra la corrupción existente en un pueblecito andino, *Aves sin nido*, que casi inmediatamente logró grandes aclamaciones y mucha notoriedad.

Matto publicó la obra de muchos escritores importantes en la revista limeña que dirigió entre 1889 y 1891, *El Perú Ilustrado*. En ella contribuyeron autores como Rubén Darío y Manuel González Prada, y varios de los miembros del grupo literario que se reunía en su casa regularmente. El 23 de agosto de 1890, *El Perú Ilustrado* publicó (sin autorización de Matto, según aclaró posteriormente, pues ese día había estado enferma) un cuento basado en la vida de Cristo, escrito por el brasileño Henrique Maximiano Coelho Neto, que enfureció a muchos lectores quienes opinaron que se había difamado a Cristo pues se sugería que sentía un atracción sexual por María Magdalena. El arzobispo de Lima, bajo amenaza de cometer un pecado mortal, prohibió que se leyera, vendiera o hablara de la revista. Se acusó a la revista y luego también a *Aves sin nido* de haber difamado a la Iglesia. La controversia fue creciendo. El arzobispo excomulgó a Matto, empezaron las demostraciones públicas a su favor y en su contra, en Cusco y Arequipa fue quemada su efigie, y *Aves sin nido* quedó incluído en la lista de libros prohibidos por la Iglesia católica. Pero Matto y *El Perú Ilustrado* tenían muchos defensores y el 7 de julio de 1891, la prohibición que el arzobispo había impuesto con relación al periódico fue retirada ante las múltiples promesas de Pedro Bacigalupi, dueño de la revista, comprometiéndose a vigilar más estrechamente el material que se publicara. Cuatro días después, Matto renunció a su cargo de editora y directora de *El Perú Ilustrado*.

El año siguiente, Matto publicó *Indole*, su segunda novela, donde se describe al sacerdote corrupto y malo de un villorrio andino, y donde diversas prácticas de la Iglesia, el ejército y el gobierno son objeto de crítica.

Matto, con el apoyo de su hermano David, fundó una imprenta feminista y repartió avisos a los posibles clientes que decía: *Muestrario de la imprenta «La Equitativa», servida por señoras, fundada en febrero de 1892 por Clorinda Matto de Turner*. En esas instalaciones Matto imprimió *Los Andes*, su nueva publicación quincenal, su próximo libro, *Leyendas y recortes* (1893) y también obras de otras escritoras y escritores. Matto tomó parte muy activa en la política, atacando a Nicolás de Piérola y defendiendo a Andrés Avelino Cáceres, su amigo desde hace muchos años. Su tercera novela, *Herencia*, una crítica acerba a la desintegración moral de la sociedad limeña, apareció a principios de 1895. En *Aves sin nido* e *Indole* las heroínas (Lucía y Eulalia) luchan contra el mal, que constituye el tema social central: la explotación de los indios y la corrupción de la Iglesia. En cierto modo, *Herencia* es una secuela de *Aves sin nido*, aunque con un enfoque muy diferente. En *Herencia,* el enemigo está dentro de la sociedad aparentemente civilizada de Lima, parte ineludible de la composición genética y ambiental de los individuos afectados. *Herencia*, en lugar de denunciar una situación escandalosa que debería ser reformada, propone el análisis reflexivo de los valores morales y su aplicación por medio de la educación. *Herencia* no tiene una heroína única, sino retrata una serie de pares de mujeres dentro de un marco panorámico de la sociedad limeña.

En marzo de 1895, Nicolás de Piérola tomó poder del gobierno, y sus partidarios se vengaron de los que habían apoyado a Cáceres. Más adelante, Matto describiría los horrores vividos durante aquellos días. Su casa fue destruida, su imprenta saqueada y sus manuscritos extraviados. El 25 de abril de 1895 Matto huyó a Chile, donde fue recibida con gran cariño. Después se dirigió a la Argentina, estableciéndose en Buenos Aires. Allí dio clases en la Escuela Comercial de Mujeres y en la Escuela Normal de Profesoras, tradujo libros del Nuevo Testamento al quechua encargados por The American Bible Society para uso de misioneros y evangelistas, y continuó escribiendo artículos para diversas publicaciones. Colaboró en diarios porteños como *La Nación, La Prensa, La Razón* y *El Tiempo* y en varias revistas distinguidas. Fundó y editó *El Búcaro Americano*, revista general con interés especial en temas sociales y literarios que apareció desde 1896 hasta 1909. En 1904 se publicó *Aves sin nido* en traducción al inglés, y en esta versión el pesimismo del final en cuanto a la posibilidad de reforma social aparece modificado, ofreciendo una visión mas optimista, con el propósito de atraer inversiones y misioneros al Perú –en traducciones más recientes al inglés, el final original se ha restaurado.

En 1908 Matto recorrió gran parte de Europa (la mandó el Consejo de Educación para estudiar la educación de la mujer en Europa) y escribió este diario detallado de las impresiones de su viaje por Italia, donde tuvo audiencia con el Papa, Suiza, Alemania, Inglaterra, Francia y España, país donde dictó conferencias sobre Argentina y Perú y fue recibida muy cordialmente por grupos de escritores españoles. A finales de ese mismo año regresó a Buenos Aires, y aunque bastante enferma, terminó la edición de este libro de comentarios sobre sus impresiones de Europa, *Viaje de recreo*, justo antes de morir de pulmonía, en una clínica de Buenos Aires, el 25 de octubre de 1909. A petición del presidente y del Congreso del Perú, los restos de Clorinda Matto de Turner fueron llevados al Perú en 1924 y están enterrados en Lima. Es recordada y estimada no solamente como denunciadora de la corrupción y como autora de novelas y tradiciones que todavía se leen con gran interés, sino también por ser modelo admirable de luchadora infatigable en favor de la educación y de leyes iguales y derechos civiles para todos los ciudadanos del país.

En esta edición de *Viaje de recreo* se ha intentado corregir (y uniformar) los pocos errores tipográficos y ortográficos que aparecieron en la primera edición de 1909 (no corregida por la autora). Las ilustraciones –por lo general postales algo borrosas– no se han incluido, pero son de fácil acceso en libros sobre las capitales europeas de comienzos del s. XX.

Mary G. Berg
Resident Scholar, Women's Studies
Research Center, Brandeis University

Primeras ediciones de obras principales de Clorinda Matto de Turner publicadas como libros:

(1884) *Perú - Tradiciones cuzqueñas*. Arequipa: Imp. de "La Bolsa".
(1886) *Tradiciones cuzqueñas*. Tomo II. Lima: Imp. de Torres Aguirre, Las numerosas ediciones subsiguientes contienen selecciones diferentes.
(1889) *Aves sin nido*. Buenos Aires: Félix Lajouane.
(1889) *Bocetos al lápiz de americanos célebres*. Lima: Peter Bacigalupi y Ca.
(1889) *Elementos de Literatura según el Reglamento de Instrucción Pública para uso del bello sexo*. Arequipa: Imp. "La Bolsa".
(1891) *Indole (Novela peruana)*. Lima: Tipo-Litografia Bacigalupi.
(1892) *Hima-Sumac. Drama en tres actos y en prosa*. Lima: Imp. «La Equitativa».
(1893) *Leyendas y recortes*. Lima: Imp. «La Equitativa».
(1895) *Herencia (Novela peruana)*. Lima: Imp. Masías.
(1897) *Analogía. Segundo año de gramática castellana en las escuelas normales, según el programa oficial*. Buenos Aires.
(1901) *Apostolcunae ruraskancuna pananchis Clorinda Matto de Turnerpa castellanomanta runa simiman tticrasccan. Traducción al quechua del Evangelio de San Lucas y los Hechos de los Apóstoles*. Buenos Aires. Tomos subsiguientes rindieron al quechua los evangelios de San Juan, San Pablo, San Marcos y San Mateo. Se publicaron en muchas ediciones en Buenos Aires, Nueva York y Lima.
(1902) *Boreales, miniaturas y porcelanas*. Buenos Aires: Imp. de Juan A. Alsina.
(1909) *Cuatro conferencias sobre América del Sur*. Buenos Aires: Imp. de Juan A. Alsina.
(1909)*Viaje de Recreo. España, Francia, Inglaterra, Italia, Suiza, Alemania*. Valencia: F. Sempere y Compañía.

Bibliografía selecta de crítica:

Berg, Mary G. «Clorinda Matto de Turner's Experimentation with Naturalism in *Herencia* (1895)» en J. P. Spicer-Escalante y Lara Anderson, eds., *Au Naturel: (Re) Reading Hispanic Naturalism*. Newcastle-upon-Tyne, Cambridge Scholars Publishing, 2010, 153-166.

_____. «Clorinda Matto de Turner: periodista y crítica» en Betty Osorio y María Mercedes Jaramillo, eds., *Las desobedientes: Mujeres de nuestra América*. Bogotá: Panamericana, 1997, 147-159.

Carrizo Rueda, Sofía M. *Poética del relato de viajes*. Kassel: Ed. Reichenberger, 1997.

_____., ed, *Escrituras del viaje: Construcción y recepción de «fragmentos de mundo»*. Buenos Aires: Editorial Biblos, 2008.

Grierson, Cecilia. *Educación técnica de la mujer*. Buenos Aires: Tipografía de la Penitenciaria, 1902.

Gutiérrez Samanez, Julio Antonio. Prólogo a la segunda edición de Matto, *Viaje de recreo*. Cusco: Municipalidad del Cusco, 1997, i-xi

Hintze, Gloria. «Memoria y testimonio en dos textos de Clorinda Matto de Turner» en Florencia Ferreira de Cassone, ed. *Memoria y autobiografía en Iberoamérica*. Buenos Aires: Editorial Dunken, 2008. 189-211.

_____., ed. *Escritura femenina: diversidad y género en América Latina*. Mendoza: Facultad Filosofía y Letras, UNCuyo, 2004.

Letras. Número monográfico: *El viaje y sus discursos*. Buenos Aires: Pontífica Universidad Católica Argentina Santa María de los Buenos Aires, #57-58 (enero-dic. 2008).

Mills, Sara. *Discourses of Difference: An Analysis of Women's Travel Writing and Colonialism*. London: Routledge, 1991.

Molloy, Silvia. *Acto de presencia. La escritura autobiográfica en Hispanoamérica*. México: Fondo de Cultura Económica, 1999. (*At Face Value: Autobiographical Writing in Latin America*. Cambridge: Cambridge UP, 1991)

Peluffo, Ana. *Lágrimas andinas: sentimentalismo, género y virtud republicana en Clorinda Matto de Turner*. Pittsburgh: IILI, 2005.

Peñate Rivero, Julio y Francisco Uzcanga Meinecke, eds. *El viaje en la literatura hispánica: de Juan Valera a Sergio Pitol.* Madrid: Verbum, 2008.

Pratt, Mary Louise. *Ojos imperiales.* Buenos Aires: Universidad Nacional de Quilmes, 1997. (*Imperial Eyes: Travel Writing and Transculturation.* London: Routledge, 1992, nueva ed. 2008)

Recalde, Héctor E. «Feminismo y antifeminismo a principios del siglo XX». *Todo es Historia*, Año XXXIX, 466 (mayo 2006), 50-62.

Richard, Jean. *Les récits de voyages et pèlerinages.* Brépols: Turnhout, 1981.

Szurmuk, Monica ed. *Mujeres en viaje.* Buenos Aires: Alfaguara, 2000.

_____. *Women in Argentina: Early Travel Narratives.* Gainsville: FloridaUP, 2000.

Troncoso, Oscar. *La modernización de Buenos Aires en 1900.* Buenos Aires: Archivo General de la Nación, 2004.

Viaje de Recreo

Espaňa, Francia, Inglaterra, Italia, Suiza, Alemania

Clorinda Matto de Turner

A mis hermanos
Doctor David Matto y Josefina Villar
de Matto (Con recuerdo a Daniel,
ausente de la vida)
       Clorinda

Clorinda Matto de Turner

Salida de Buenos Aires...

Parece que aún se balancea la nave sobre las caprichosas ondas de este río de La Plata, que tiene treinta y seis leguas de anchura, y que en la mañana del 27 de mayo de 1908 ha menguado sus aguas, llevándolas quién sabe a qué misteriosas cavernas, burlando el itinerario de salida de los buques.

El cielo, por su parte, está cubierto de una atmósfera blanquecina que semeja el tenue velo de una virgen, y en la tierra brillan gotas cristalinas como lágrimas que la desposada ha vertido sobre los marchitos azahares.

Ha llovido anoche, y queda la neblina sutil. El temporal no ha sido suficiente para detener a mis buenas amigas, compañeras y discípulas, que se han agrupado en el dique 4 llevando al efecto flores, perfumes, amuletos de buen deseo para tan largo viaje. ¡Qué triste es siempre la hora de decir adiós! ¡Cómo el corazón es propenso a enraizar allí, aquí, donde encuentra cariño y amistad! Vacilo entre quedarme o partir... ¡Partiré! Es forzoso acallar al corazón, obedecer al cerebro y realizar la obra.

El silbato del *Savoia* anuncia que levantaremos anclas. Los adioses, abrazos, promesas de recuerdo, anhelos de ventura, se multiplican. ¡Feliz viaje! ¡Adiós, adiós!...

El barco está lleno de pasajeros: nuestra suerte queda confiada a la pericia del comandante De Barbieri; estoy como incrustada en la barandilla de babor, bajo la emoción profunda de una despedida colectiva y particular; el vapor camina lentamente, los grupos se enralecen, algunos pañuelos todavía se sacuden como blancas palomas mensajeras de cariño, y en la ancha ría veo alejarse de mi vista aquella Buenos Aires hermosa y gallarda, la primera en la América del Sur, la única por la grandiosidad que el porvenir le depara con el esfuerzo combinado de nacionales y extranjeros.

Llevamos algunas horas de viaje: la nave ha ido *a tientas de piloto* entre una densa neblina, y al amanecer apenas si hemos distinguido a Montevideo, donde la bandera de los Treinta y Tres[1] flamea gloriosa y tengo corazones que me aman.

El río de La Plata ha entregado su poderoso caudal y la carga que lleva flotante al gigantesco Atlántico, y tenemos mar y cielo por cuatro días. Los pasajeros ya inician la vida de intimidad familiar que se impone en largas travesías. El vigía nos habla de tierra. Es el Brasil.

Amanece un día de regocijo. El sol parece bañado en substancias nuevas que abrillantan su rostro, dando a sus rayos la suavidad de la seda.

Entramos en *Santos:*[2] es una bahía que podría tomarse por vestíbulo del Edén asiático. ¡Qué espectáculo, qué sensaciones supremas ante aquellas márgenes de verdor vívido y perenne, montañas alzadas, cielo riente, atmósfera tibia y perfumada por las plantas de los bosques!

Nacida en país montañoso, después de diez y seis años de vivir en plano[3], ¡qué intensidad tienen en mi espíritu las sensaciones de esta hora!

El *Savoia* debe embarcar mil sacos de café para Europa; dispongo de tiempo e iré a tierra. Bajo la escala con el prejuicio de encontrar una ciudad de belleza, y ¡o desencanto! ¡Qué contraste tan hiriente entre la pomposidad de la entrada a la bahía y la pobreza mendicante de la ciudad de Santos! Su higiene está en mantillas: rostros negros o cobrunos[4] son los que asoman como nativos, y los vendedores de bananas o ananás esperan hacer su agosto cada vez que un buque con pasajeros atraca en su muelle cómodo y sólido.

Después de todo un día de sol sofocante, soportando el ruido crujidor de cadenas que suben y bajan el pescante, pitea la máquina y se-

---

[1] *La bandera de los Treinta y Tres*: símbolo nacional de la República Oriental de Uruguay. Esta bandera conmemora el desembarco de los treinta y tres patriotas orientales en Uruguay, efectuado el 19 de abril de 1825 donde empezaron a luchar por la independencia del país. Por ley emanada del Congreso de la Florida fue la bandera de la Provincia Oriental desde el 25 de agosto de 1825 hasta 1828, en que fue reemplazada por la primera bandera nacional. Los Treinta y Tres Orientales es el nombre con el que históricamente se conoce a los hombres liderados por Juan Antonio Lavalleja que, en 1825, emprendieron una insurrección desde lo que hoy es la Argentina, para recuperar la independencia de la Provincia Oriental (actual Uruguay), en ese momento bajo dominio brasileño.

[2] *Santos*: puerto brasileño.

[3] Nacida en los Andes peruanos, Clorinda Matto se estableció en Lima en 1886 y se desterró a Buenos Aires en 1895. Quizás refiere aquí a una última estancia en los Andes en 1892.

[4] *Cobrunos*: cobrizos

guimos, abrigando la esperanza de que dentro de algunas horas anclaremos en Río de Janeiro, la ponderada capital fluminense.[5]

Comenzamos a distinguir tierra lejana; el buque, también como si fuera ser viviente que se reanima al ver el término de una pernada, cobra bríos y aumenta su andar. Los que sufren del mareo agravan sus cuitas, pero los que exentos de esa tortura viajamos sin perder ninguno de los detalles, gozando de perspectiva y paisaje, nos hemos instalado sobre cubierta, y desde nuestro banco vemos que las montañas se nos acercan, se alejan, vuelven y presentan configuraciones diferentes y caprichosas.

Por fin, ahí está la cadena de montañas que se inicia con los picos de *Santa Cruz* y *Pan de azúcar*, y continúa con estos gigantes de formas tan especiales que han recibido nombres intérpretes de la representación. El *Gigante* es realmente un cíclope que duerme; los *Órganos* semejan la tubería de tal instrumento; el *Garrafón* imita a uno de los botellones de tierra; *Cabeza de negro,* con todos los contornos y perfiles; y el *Dedo de Dios,* que cual índice de un ser gigante escondido entre el mar y la tierra, señala el cielo de atmósfera diáfana, donde los efectos de luz, a la salida y puesta del sol, ofrecen cuadros de mágica visión. La imaginación más exaltada no puede llegar a la realidad en cuanto al panorama de la bahía de *Río de Janeiro*. Esto es grandioso. Las gradaciones de los colores del iris, los matices de las selvas, la altura y configuración de las montañas, todo es armónico y aumenta la belleza del conjunto.

Nuestro buque, gallardeando sobre la superficie cristalina del río, pasa por entre otros buques surtos ya, lanza sus estridentes gritos de llegada, suelta anclas y dispara el cañonazo de fondeo, viéndose rodeado de infinidad de pequeñas embarcaciones a remo y a vapor que dejan paso libre a la lancha amarilla, donde viene la visita de sanidad.

Atraca a la escala una lancha a vapor que viene conduciendo al señor ministro plenipotenciario del Perú, doctor don Juan José Calle, acompañado de su bella hija Carmen, quienes desde su residencia de Petrópolis han tenido la gentileza de venir a buscarme. La presencia de estos compatriotas me ha producido la impresión del encuentro de mi familia en playa extranjera. Me invitan para un paseo terrestre; interrogamos al comandante acerca del tiempo de parada, y con su ama-

---

5   *Fluminense*: relativo a Río de Janeiro, Brasil. De *flumen*, «río» en Latín.

bilidad de costumbre nos dice que el *Savoia* tiene que embarcar dos mil sacos de café, operación larga, porque la mercancía viene en lanchas; que podemos quedar en tierra hasta las siete de la noche.

¡Abur![6]... Bajo la toldilla del vaporcito, junto a estos tripulantes negros vestidos de verde y amarillo, comienza la charla alegre y jovial. ¿Qué sabe del Perú, cómo deja la Argentina, cuáles son los propósitos que me impulsan a recorrer la Europa?

Hemos demorado casi media hora en llegar al desembarcadero, extrañado que Río de Janeiro no tenga hasta ahora diques donde puedan atracar los buques. El doctor Calle tiene esperándonos su automóvil, y confiados a la velocidad, comenzamos a recorrer la población ilustradas por la agradable palabra del distinguido cicerone.

Río de Janeiro, para mí la ciudad de la magia por los relatos que de ella oí en las veladas de familia, en mi infancia, y las descripciones de viajeros más tarde, aquí está. Recorro sus calles, observo, comparo, me deleita la prodigalidad de la Naturaleza, que ha cubierto de palmeras las plazas públicas, y los jardines particulares, donde las flores de los climas calientes se yerguen orgullosas de su bello color y de su aroma exquisito. El plátano, arrogante, repleto de grandes racimos amarillos, a cuyos pies, descollante, el ananá oloroso ofrenda su piña cual poma de hadas; las antiplanicias[7] cubiertas del codiciable cafeto, las plantaciones de naranjos y limones, rivalizando con los cocoteros, forman un conjunto de hermosura, y la belleza de las plantas trepadoras con sus flores de colores vivísimos que sirve de marco o muro artísticamente colocado alrededor de cada casa, la convierte en un verdadero nido de poesía. Me explico ahora la potencia de colorido descriptivo en los escritores y poetas fluminenses.

La construcción arquitectónica se empequeñece ante la suntuosidad de la flora espontánea; las calles ahora están adquiriendo la rectitud y anchura de las modernas; sus paseos públicos son limitados, y parece que desde la visita que el presidente Campos Salles hizo a Buenos Aires, se ha despertado el deseo del embellecimiento de Río de Janeiro.

La avenida que actualmente se está abriendo, a imitación de la de Mayo, y el corte que se ha dado a las calles para la edificación que veo en obra, me inclinan a tal suposición.

Tengo que cumplir un deber, realizar un deseo abrigado desde que

---

6   *Abur*: del idioma vasco *Agur*, y éste del Latín *Augurium*, fórmula para despedirse. «Hasta luego».

7   *Altiplanicias*: terrazas

proyecté este viaje. Visitar al escritor Coelho Neto[8]. Su casa está en rua do Rozo, número 39. Paso mi tarjeta, y sin demora alguna se abren las puertas. Como la visita será corta, mis compañeros prefieren quedarse en el automóvil, y llego al salón–escritorio del ilustre literato, al que encuentro enfermo. Había sufrido la luxación del brazo izquierdo, y estaba recluido. ¡Con cuántas manifestaciones de afecto fui recibida!

—Me alegro doblemente de su venida; vea que esta desgracia del brazo me impidió el ir a bordo a saludarla; este es el día más feliz de mi vida, ilustre amiga, no lo olvidaré jamás –dijo el autor de *Magdala* extendiéndome la diestra, ofreciéndome en seguida una butaca de marroquí café, claveteada con plata, y agregó: —¿Qué puedo ofrecerle?

—Nada, querido Coelho; los minutos son contados, y quiero pasear el palacio del Portete.

—¡Qué gusto de verla! –repite–; ¡usted ha sufrido tanto en su patria a causa de la ofuscación de la gente, que ha creído ver una herejía en mi poema *Magdala,* que no es otra cosa que la tentación de la montaña, asunto tratado en forma más ideal!

—Verdad, ilustre Neto, pero no crea que en mi patria estuvieron todos ofuscados; allá hay hombres de mucha ilustración y de criterio sano; fue una campaña de frailes que por mercantilismo visten el habito, como un tendero toma su guardapolvo para despachar detrás del mostrador, y eso ya pasó; hoy, en mi patria, se me juzga con criterio muy diferente, y yo misma recibo los acontecimientos con temperamento distinto; después de esta visita a usted, he de visitar al Papa; en religión pasa lo mismo que en política; hay patriotas y patrioteros; yo respeto sólo al verdadero creyente, cualquiera que sea su filiación o credo.

—Aplaudo; así, una mujer de convicciones, consciente en la altura

---

8 *Coello Neto*: Henrique Maximiano Coelho Neto (1864–1934), narrador y político brasileño cuyo cuento «Magdala» aquí mencionado, fue publicado en *El Perú Ilustrado*, la revista literaria limeña más importante de su época, entonces bajo la dirección de Clorinda Matto. El cuento, basado en la vida de Cristo, y que sugería que éste sentía una atracción sexual por María Magdalena, se publicó el 25 de agosto de 1890 y enfureció a muchos lectores. El arzobispo de Lima, bajo amenaza de cometer un pecado mortal, prohibió que se leyera, vendiera o hablara de la revista. Se acusó a la revista y luego también a la novela de Clorinda Matto, *Aves sin nido*, de 1889, de haber difamado a la Iglesia. La controversia fue creciendo. El arzobispo excomulgó a Matto, empezaron las demostraciones públicas a su favor y en su contra, en Cusco y Arequipa fue quemada su efigie, y *Aves sin nido* quedó incluido en la lista de libros prohibidos por la Iglesia católica. Pero Matto y *El Perú Ilustrado* tenían muchos defensores, y el 7 de julio de 1891, la prohibición que el arzobispo había impuesto con relación al periódico fue retirada ante las múltiples promesas de Pedro Bacigalupi, dueño de la revista, comprometiéndose a vigilar más estrechamente el material que se publicara. Cuatro días después, Matto renunció a su cargo de editora y directora de *El Perú Ilustrado*.

de la tolerancia recíproca –dijo, y rió con risa llena de gozo, en aquella atmósfera saturada de un olor de café y tabaco finísimo, frente a una mesa llena de diarios y revistas, al lado de un atril, donde está un libro abierto llevando cruzado el señalador de cinta amarilla.

Yo recorría con la mirada todo el ámbito de este templo de la meditación y del trabajo, cuyas paredes están totalmente cubiertas por bibliotecas con libros de lomos multicolores.

—Tengo amigos que han quedado afuera, y me esperan; adiós,– dije levantándome.

—Y ¿por qué no han bajado? Vamos, ilustre amiga; al regreso de usted de Europa, hágame un telegrama; queremos recibir a usted los de letras como se merece una mujer ya consagrada por la fama; no lo olvide, hágame el telegrama –repetía acompañándome hasta el dintel de la puerta, donde estreché nuevamente la mano del escritor más brillante en las pléyades brasileñas, cuya fisonomía revela su espíritu soñador y creador, así como su contextura fina y delicada denuncia un temperamento nervioso. Sus ojos oscuros, de mirar dulce, contemporizan la vivacidad de la frase que de sus labios brota llena de energías.

Los punteros del reloj parece que en vez de contar minuto a minuto, han girado vertiginosamente. Pocos momentos tenemos disponibles: hemos llegado a una elegante confitería, donde el doctor Calle y Carmen me obsequian con refrescos, y salimos con dirección al palacio del Portete, el más hermoso edificio público que tiene Río de Janeiro; luego hacia el de Catette. La noche nos circunda, y aprecio la deficiencia del alumbrado en las calles y plazas que vuelvo a transitar hacia el embarcadero, donde nos espera el vaporcito que me restituirá al *Savoia*. Voy sola, pues como la hora sería avanzadísima para regresar, convenzo a mis amigos de que es imprudente e innecesaria su ida. La despedida es cordial, y llevo gratitud en mi corazón para estos compatriotas que han hecho tan agradables las horas pasadas en Río de Janeiro.

Estoy nuevamente instalada en mi camarote. La marcha sigue en la oscuridad, sin que ésta nos permita contemplar otra vez el hermoso panorama del país de los diamantes y las esmeraldas.

Esta vez la travesía marítima será larga, porque no tocaremos en puerto alguno hasta Santa Cruz de Tenerife. En cambio, la vida de a bordo se ha hecho más familiar y divertida. Entre los pasajeros van distinguidas familias argentinas y una compañía teatral de zarzuela que alborota el escenario flotante, sin que falten los juegos, las apuestas, los bailes ni las escaramuzas de las mujeres, que pretextan dolor de cabeza para retirarse de la mesa o no concurrir al comedor, cosas que dan pábulo a la chismografía femenina. Queda ante nuestra contemplación la enormidad de los océanos, con sus aguas ora verdes, ora azules; sus olas, que se encrespan como algodón matizado y mueren calladas en la inmensidad de la superficie, y la estela que deja el barco formando verdaderos encajes de creaciones tan variadas como artísticas, muestrario grandioso del cual copiaran sus dibujos ideales los fabricantes más renombrados y las encajeras de Venecia, Chantilly, Valencia y las flamencas holandesas. Hace días que estamos sin ver más que mar y cielo, como si dijésemos agua verde y espacio azul. Éste será nuestro escenario, en el que la Naturaleza nos tiene preparados los más grandiosos espectáculos para expandir el corazón, avivar el espíritu, llegando a la conclusión de que uno en alas del otro vuele al infinito para buscar ese eterno desconocido Autor de tanta belleza. Con razón Michelet[9], el dulce Michelet, en su libro *El mar*, ha grabado las dos grandezas, una divina, otra humana: ¡Dios y Amor!

La salida y la puesta del sol en pleno Océano es la celebración de un culto único para Aquel que imaginó y fabricó el mar y el sol.

Estamos próximos a la línea ecuatorial y se hacen los preparativos para celebrar el cruce con las fiestas de costumbre y el bautizo de Neptuno[10] a los que por primera vez pasan. Se ha servido un banquete, donde el comandante ha hecho los más cultos honores a los pasajeros, y se improvisa un concierto, con el concurso de los artistas viajeros.

¡Cómo fija la atención esta variedad de tintes que las aguas toman en trechos determinados! Jamás podrá concebirlo la mente de quien no ha visto esta vasta superficie con liquido ya azul claro, ya oscuro, ora verde oscuro, ora claro, aquí blanco verdoso o terroso, semejante a los

---

9   *Michelet*: Jules Michelet (1798–1874), historiador francés, autor de muchísimas obras de gran influencia y gran difusión, sobre historia, filosofía, estética, etc. A Clorinda Matto le entusiasmaron varios libros de Michelet, probablemente en las traducciones de 1877 al castellano; por ejemplo: *El sacerdote, la mujer y la familia*; *La mujer*; *El mar* (mencionado aquí); *Las mujeres de la Revolución*, y muchos otros. De *El mar* dijo Menéndez Pelayo que es «de una especie de poesía sentimental y panteísta a un tiempo, que empieza por deslumbrar y acaba por enervar al que cae bajo su influjo». Menéndez y Pelayo clasificaba a Michelet como el representante histórico del romanticismo de Victor Hugo por su «fantasía poderosa y debordada...uno de los más grandes poetas que en su género cabe imaginar» (*Historia de las ideas estéticas en España*, t. V, 486).

10 *El bautizo de Neptuno*: al cruzar la línea ecuatorial, es costumbre celebrar el «bautizo» de los que la cruzan por primera vez, para darles la bienvenida al reino de Neptuno, dios legendario de los mares.

ríos en creciente, y sobre esa superficie aparecen diversas clases de animales acuáticos: lobos, peces voladores, parvadas de delfines, salmones, atunes, monstruos marinos que saltan y vuelven a sumergirse después de excitar la curiosidad.

Esta es una de aquellas tardes magníficas. Sentada sobre cubierta contemplo poblaciones fantásticas formadas en el lejano horizonte por el espejismo de las nubes sobre el mar. Selvas tupidas, llamaradas de fuego que van cambiando de líneas con velocidad mágica y tornando al negro, al plomizo de las selvas dantescas. Paisajes de luz donde el iris juguetea con sus siete colores y hace combinaciones de vivacidad y palidez que, copiadas por el pincel del artista parecerían inverosímiles. Montañas de púrpura y grana, castillos de nieve que se esfuman como algodón escarmenado, toman formas de animales, plantas, seres irrisorios de la nomenclatura mitológica que Ovidio nos mostró en sus *Metamorfosis*. Mi mente se abisma, todo mi ser lo invade un estremecimiento semejante al contacto del mentol o la pila galvánica ante estos cuadros grandiosos hechos por las nubes, la sombra, la luz y el mar, cuya descripción exacta no puedo hacer, y arrojo la pluma sobre mi pupitre movedizo en la cubierta del vapor, que cruza rompiendo las olas, que murmurantes le abren paso como cantando un himno a la superioridad del hombre.

España

Navegando siempre a flor de aguas tranquilas, vislumbramos, por fin, la esperanza de pisar tierra, pues el nombre de *Santa Cruz de Tenerife* se repite de boca en boca y allí aparece como oasis a nuestras fatigas.

Arribamos. Ha soltado anclas el buque, y recibida la visita sanitaria, que no encuentra enfermo ninguno a bordo, nuestras ilusiones de desembarco se han desvanecido al soplo de una información del departamento de sanidad que da el tifus y la bubónica como pestes reinantes en Buenos Aires a la salida del *Savoia* el 27 de mayo. Se ha prohibido desembarcar y quedamos contemplando el puerto de La Cruz.

En cambio la nave está rodeada por una avalancha de botes, donde los mercachifles sirios van con cargamento de tejidos, pañoletas, mantelería, baratijas, fruta, berzas, que mediante cuerdas y canastas colgantes se manda a los compradores de nuestra *ciudadela* flotante. La abundancia de guindas, albaricoques y plátanos ha invadido la cubierta. El comisario de a bordo me brinda sus servicios para enviar mi correspondencia a tierra, y desde aquí hago mi saludo a las relaciones de América por medio de las popularizadas tarjetas postales. Enfrente se levanta el pintoresco edificio de un hotel que tiene sus ventanas y su castillo sobre el mar.

Estamos tan cerca a la costa, que podríamos conversar con los de tierra levantando algo la voz. Hermosa es la vista que presenta el Pico de Teide, uno de los más altos del mundo, pues mide 3.716 metros de altitud. La población alcanza a 30.314 habitantes. La cadena de los cerros imprime un carácter especial a la topografía, y el estilo de las construcciones tiene majestad señorial.

Llama mi atención la cantidad de muchachos buzos de trece a catorce años que, casi desnudos, imploran desde su bote una propina arrojada al agua. No faltan pasajeros que ceden a la insinuación y echan una moneda de diez céntimos: los muchachos se zambullen con la velocidad de un pez, y vuelven a la superficie con la moneda sujeta entre los dientes, que la enseñan como trofeo de victoria.

Se han embarcado unos cuantos pasajeros, y la nave levanta anclas, dirigiendo la proa hacia Barcelona.

Cuando distingo las costas del África, una tristeza semejante a un velo gris y tupido envuelve mi espíritu, estrechándose, ajustándose más y más a la vista de la aridez de la montaña, sin darme cuenta del dolor que la origina. Pienso en las razas humanas, remontándome hasta la leyenda bíblica de Cam y Jafet,[11] me pregunto si el negro será más feliz que el blanco, e imagino la dolorosa situación de un blanco perdido en aquellos desiertos, donde el negro se enseñorea.

Ya estamos en *Tánger,* corte diplomática del sultán, cuya política preocupa tanto a la América en estos momentos. Con ayuda del anteojo de larga vista, he revistado las naves ancladas en el puerto callado y rocalloso, clasificando los colores de las banderas que flotan al tope de los buques de guerra, portadores de la imposición y de la muerte, dos

---

11 *Cam y Jafet*: Los hijos de Noé que salieron del arca fueron Sem, Cam y Jafet. Cam, del norte de África, fue el padre (antepasado) de Canaán. Génesis 9:18. Jafet era padre de las naciones europeas. En la versión de King James: «In the selfsame day entered Noah, and Shem, and Ham, and Japheth, the sons of Noah, and Noah's wife, and the three wives of his sons with them, into the ark».

factores del aniquilamiento humano. Ahí está tan próximo el camino a *Casablanca,* donde España y Francia mandan a sus hijos como holocausto del Derecho en el altar marroquí. El buque avanza rápido y llega enfrente de *Ceuta*[12]*,* la de los caseríos sombríos, donde los delincuentes españoles cumplen las condenas de la ley mal o bien aplicada, pues la gomosidad de ellas, que a maravilla manejan los jueces, no tiene igual en la historia del derecho humano, y es así en la mayoría del mundo. Allá, como centinela de piedra que tantos ¡alerta! ha dado a los náufragos, viendo pasar los barcos y transcurrir los siglos, está el Peñón de Gibraltar.

Estamos en pleno día, con sol radiante. El reloj marca las tres de la tarde; el Océano está tranquilo; muy de cerca podemos examinar la mole del Peñón con su cresta artillada, en cuya circunscripción de cinco kilómetros viven 19.100 súbditos de Inglaterra. Es el 14 de junio. Penetramos en el Estrecho de Gibraltar; nos encontramos en pleno Mediterráneo, cuyas ponderadas borrascas no se han manifestado, y en el trayecto nos hemos cruzado con más de veinte embarcaciones de vapor, de vela, con diferentes banderas y calados, que comercian entre Europa y América.

Una pasajera que se ha embarcado en Tenerife con destino a Génova se me llega amigable y me relata, creo deseando atenuar lo riguroso de las autoridades sanitarias, el cómo había sido asolada toda una población canaria en sólo quince días por la peste bubónica, importada del Brasil en las bolsas de café, donde iban también ratas viajeras, habiendo sido las primeras víctimas los peones de la aduana que hicieron la descarga de aquel *presente griego*[13]. «Ni uno solo quedó, ¡ay qué dolor! –dice la señora;– de la Argentina no tememos nada, porque tardan más en la travesía, pero ustedes han tocado en Santos y en Río y han hecho muy mal», termina en tono sentencioso.

Cádiz está a la vista. Tuvo su época de esplendor, que está ligada a la historia de los virreinatos de Indias, cuando era la gran puerta de salida y entrada del comercio con las Américas, sustentado por los galeones. Hoy, en relación, está semimuerta, aunque la provincia de Cádiz tiene 452.659 habitantes.

---

12   *Ceuta*: ciudad autónoma española ubicada al lado norteafricano del Estrecho de Gibraltar, en el mar Mediterráneo. Históricamente era un punto crucial para el comercio de varios imperios.

13   *Presente griego*: hay que tener cuidado, desconfiarse, de lo que pueda encerrar un regalo; referencia al caballo de Troya utilizado por los griegos en su invasión de Troya (estatua de caballo con soldados adentro, descrito en la *Eneíada* de Virgilio, 19 AC).

El 15 por la mañana tocamos en *Hormigas,* donde se ven todavía vestigios del *Sirio,* cuyo naufragio en viaje al Brasil y la Argentina arrancó gemidos de dolor a tantos corazones, y en el espejismo de los recuerdos, entre estas osamentas de buque, veo erguirse la evangélica personalidad de aquel obispo brasileño que descendió al misterioso abismo de los mares con las manos levantadas bendiciendo a los náufragos, y el corazón dictando a los labios palabras de consuelo y de esperanza. Figura hermosa de varón santo y noble, más grande aún en esta época de egoísmo y de almas achatadas en que los hombres han perdido el coraje para arrostrar los peligros y sólo piensan en sí mismos, abandonando en la racha a los débiles, como ocurrió en ese naufragio, donde, según narración de los salvos, hubo varones que quitaron a viva fuerza el salvavidas a mujeres y a niños.

La vista de *Cartagena,* con sus casas blancas de rojos minaretes, me arranca de tan desoladoras reminiscencias. Cartagena, ciudad alegre, de industriales y trabajadores, tiene 41.315 habitantes, y su campiña se extiende risueña como orla de raso verde en el horizonte azul.

El buque, navegando siempre gallardo, rompiendo con su doble hélice la placidez de los mares que nos han brindado calma, tranquilidad, bienandanza, arriba a la altura de las *Islas Baleares —Mallorca, Menorca* e *Ibiza–*, en cuya superficie de 5.014 kilómetros viven 311.649 personas, que entregan al mundo comercial de ambos hemisferios el regalado fruto de su trabajo.

Los va y viene de los pasajeros aumentan en grado extraordinario; las señoras se quedan en sus camarotes acicalándose con más esmero; la tripulación luce su vestido de gala, los desarrolladores de ancla comienzan a funcionar, la máquina paulatinamente disminuye la fuerza impulsora, hasta que da resoplidos como de pulmones de leviatán. El reloj señala las siete de la mañana del 16 de junio, y fondeamos en *Barcelona.*

Aquí desembarcaré. Ha llegado la hora de separarse de los compañeros de viaje, con quienes hemos hecho diez y nueve días de vida de familia sin más contratiempos que la negativa de desembarque en Santa Cruz de Tenerife y los malos ratos dados por seis muchachos malcriados y peor educados, que han sido la pesadilla de los pasajeros de cámara. Uno de ellos, en connivencia con los otros, ha causado la pérdida de un dedo a una señora anciana que se aireaba en una silla–hamaca de las de doblar, que jamás deberían usarse. ¡Qué escena tan triste! El dedo estaba sobre el piso de tabla, la señora inconsciente, los pasajeros consternados; llega el médico de a bordo, practica la cura sin poder añadir el dedo, que es arrojado al mar, tal vez para regalo de un pez listo; la mutilada y los espectadores recobran la calma sin que los muchachos malcriados se corrijan.

La cubierta es asaltada por lancheros que llegan en demanda de pasajeros y equipajes; entrego mis números a uno de ellos, previa contrata de dos pesetas por bulto puesto en el hotel, y dos por desembarco personal; total, catorce pesetas. ¡Adiós! Desde el bote se repiten las despedidas, y la pequeña embarcación cruza las aguas del puerto, donde están surtas más de ochenta naves mercantes. La majestuosa, imponente figura de Cristóbal Colón[14], aparece causando el efecto de un padre de familia que sale a recibir a los hijos que llegan de heredades por él descubiertas.

¡Noble Colón! Los viajeros de América te saludamos reverentes, con los corazones palpitantes, con dulces emociones. No importa la muerte de tu cuerpo entre los grillos de la prisión, ni la discusión sobre tus cenizas y tu sepulcro, si tu alma vive en el amor de dos mundos, si tu labor estrecha a dos razas y tu obra se agranda porque América crece.

Salto a tierra en un espléndido muelle de escaleras de piedra, anchas y cómodas. La primera impresión de llegada tan agradable sufre un contraste calamitoso por la legión de cojos, mancos, ciegos, lisiados, harapientos, tullidos, demacrados, viejos, jóvenes y nulos que asaltan y sitian al viajero que desembarca, alargándole su pedazo de brazo, mostrándole los restos de una pierna o empalmando manos ya esqueletizadas, ya mutiladas, y empleando frases enternecedoras. ¡Dios Santo! ¡Y no ser yo rica para dar siquiera un mendrugo monetario a tanto regazo del vicio, más que obra de la fatalidad! Hay que escaparse. Me escabullo, refugiándome en un carruaje, cuya portezuela cierro con ligereza; pero las voces *Por la Virgen de Zaragoza, por la mamita del Pilar, por su salud,* me siguen largo trecho. Pobre humanidad tronchada, putrefacta, repugnante, ¿porqué los filántropos no te esconden bajo techo hospitalario y te envuelven en los algodones fenicados de la caridad? Recuerdo a Buenos Aires, donde el pordioseo está prohibido. Los ca-

---

14 *Cristóbal Colón*: interesante la reacción de Matto frente a Colón: le tutea, reconociéndole primero como padre de familia que le saluda, para enseguida recordar su muerte en la prisión, las injusticias perpetradas por España.

ballos del carruaje trotan indiferentes, al parecer, a la calamidad de los seres racionales, y la decoración ha cambiado rápida, alegre, poniendo a la vista la Rambla de las Flores, una verdadera avenida que por ambos costados ofrece altares magníficos de flores, cuyo aroma satura la atmósfera y cuyos colores matizados recrean la fantasía, especialmente los claveles y crisantemos, de un tamaño sorprendente.

He dado al cochero la dirección del Hotel Continental, situado en la plaza de Cataluña, y vamos por la Rambla del mismo nombre, rodeando un poco el camino a fin de pasar por la hermosa Plaza de Palacio.

El Hotel Continental ocupa el centro del movimiento de la ciudad por la afluencia de tranvías eléctricos, automóviles, carruajes, etc., y es uno de los alojamientos cómodos para el viajero.

Estoy instalada en mi alojamiento, pago diez pesetas diarias sin comida, y mi oído comienza a extrañarse del sonido del idioma. El catalán no tiene la suavidad del castellano.

Llega el equipaje, y el lanchero termina por cobrarme cuarenta pesetas, en vez de las catorce convenidas a bordo. Protesto: él arma un barullo, me ruborizo de ser protagonista de la tragedia financiera, saco la cartera y pago las cuarenta pesetas: la estafa está hecha y cae el telón. Después que el *autor* se ha marchado, el mozo del hotel me dice con calma y paciencia: «Le han robado veinticinco pesetas a la señora, porque a lo más debía pagar quince.» —«¿Y por qué no me salvó usted, por qué deja que estafen así?» El mozo agacha la cabeza y calla. Hácela inclinar el espíritu de protección mutua: mañana le tocará su hora de aprovechar; es la guerra del que no tiene a todo aquel que se cree con dinero, no importando los sacrificios con que se haya llegado a poseer algo, si es verdad aquello del tener, pues muchos viajeros no tienen más que fe y otros audacia. En general, los indianos, como aquí llaman a los americanos, tienen o deben tener mucho oro.

Aquí no vendría bien el decir después de sacudir el polvo del camino, porque en viaje marítimo ningún polvo se recoge; por lo tanto, diré que después de tomar mi baño tibio y una taza de café, que lo hallo detestable, me lanzo a conocer la población. Admiro el Palacio de Justicia exteriormente, diluyendo en mi mente las convicciones que el vivir ha dejado en mi criterio la palabra *justicia humana,* tan magistralmente definida por *la tela de araña que atrapa a las pequeñas moscas y rompen los moscones;* sigo por la Ronda de San Antonio y vuelvo al hotel entrada la noche. La ciudad está magníficamente alumbrada y el movimiento ha aumentado. El comedor del hotel, que da sobre la plaza, tiene todos sus balcones abiertos, y los focos de luz se dualizan en los grandes espejos de las paredes. La noche es calurosa, pero no de calor sofocante.

Como es natural, mis investigaciones se encaminan hacia la representación nacional. El Perú tiene aquí un Consulado. El local está en la calle de la Princesa, bajo, número 56. En la puerta ostenta un hermoso escudo de mi patria; el local es limpio, amplio, a cargo de don Pedro Company que, siendo de nacionalidad española, dedica sus esfuerzos al ensanche del comercio peruano y encarna esta provechosa unión iberoamericana. Diligente, sagaz, no puede ser mejor personero de la nación peruana. El señor Company, que conocía mi nombre y sabía de mi actuación americana, me ofreció sus servicios con sinceridad española, vale decir de caballero.

Temprano se presenta el cónsul peruano, acompañado de dos amigos, para invitarme a excursionar al *Tibidabo,* una sorpresa que Barcelona ofrece a los viajeros que desean abarcar en conjunto el hermosísimo panorama que se destaca[15]. En la puerta del hotel subimos a un tranvía eléctrico, que después de recorrer 1.276 metros, nos deja en la plazoleta de la *Bonanova,* desde donde parte una pequeña senda a la estación del funicular del Tibidabo.

En esta plazoleta está la capilla de los *Exvotos,* a cuyo triste recinto penetro contagiándome de la unción religiosa de mis guías. ¡Pero qué sensaciones, desconocidas en ese vivir de América, sibarítica, sin lecciones de dolor, me esperaban aquí! He recorrido las diversas colecciones de los exvotos, y me he sentido átomo ante la magnitud de aquel dolor, de esa fe, de aquella esperanza que cada cosa pregona con tanta mayor fuerza cuanta es la simplicidad que representa. Estos objetos son las promesas de los náufragos en sus momentos de angustia, de lucha entre la vida y la muerte, hechas en aras de la fe, y por la fe cumplidas.

¡Cabelleras largas y sedeñas, ya rubias como manojo de espigas o haz de sol, ya negras cual carey pulido, extendibles sobre los hombros de alabastro o de ámbar; cabelleritas rizadas que nos hablan de tiernas

---

15 *Tibidabo*: parque en montaña que se inauguró en 1899.

criaturas, gritando junto a sus padres, que piden salvación en medio del mar; zapatitos diminutos que ponen entre nuestras manos piececitos impalpables de niños que el Océano quiso devorar!... ¡Ay! yo me siento aquí religiosa por la fe del amor, y lágrimas de dolor asoman a mis pestañas para caer sobre esta tierra de duda y desesperanza. No puedo disimular mis emociones ni quiero pasar por *espíritu fuerte*. Lloro, y salgo de la capilla con mi corazón oprimido, enfermo.

El aire de la calle, la vocería de la gente y el pitillo del tranvía que anuncia partida, distraen mi ánimo y cambian la situación. Los amigos que en silencio me han seguido, me señalan el coche, el cónsul peruano me da la mano y subimos.

Mi espíritu está preparado para las más íntimas emociones; más ¿podré acaso describir las sensaciones recibidas en esta ascensión? La línea es de 1.180 metros de longitud, se extiende entre pinares tan frondosos y tupidos, que jamás los vi semejantes. En ocho minutos de subida que hace el efecto de elevarse en globo, estamos en la cúspide de la montaña.

En el montículo, a la izquierda del grabado, queda el Observatorio Astronómico levantado por la Real Academia de Ciencias de Barcelona. En todo el trayecto se ven tablillas que indican las respectivas alturas; una de éstas representa la Torre de Eiffel de París, que mide 333 metros sobre el nivel del mar, y la cúspide del Tibidabo es de 532 metros. El Funicular llega al *Apeadero,* donde los viajeros pueden elegir camino hacia el Observatorio, a Vista Rica, a la Rabassada, a San Cugat del Vallés, etc. Junto a este apeadero está situado el establecimiento de vulgarización e investigación científica, llamado *Mentera,* fundado por don Fernando Alsina. Una vez en la cumbre, el cuadro es grandioso.

Barcelona tendida a sus pies, el mar por delante con la población de buques: los montículos ostentan su tupida cabellera de pinares, formando un conjunto que no ofrece ninguna otra atalaya de Europa. Desde aquí se ve el *Montserrat*, celebrado por los escritores, el *Montseny* y los Pirineos. Llevada por beatífica admiración, visito en Montserrat la Villa Juana, un nido blanco escondido entre el follaje de pinos añosos y plantas aromáticas, donde vivió y murió el poeta Jacinto Verdaguer[16], llamado el sublime por los barceloneses. Viviendo en semejante medio, no es de extrañar que cantara como ave y pensara retando a los filósofos

---

16   *Jacinto Verdaguer*: sacerdote y poeta catalán (1845–1902). Entre sus obras destacan *La Atlántida* (1876), *Idilios y cantos místicos* (1879), *Montserrat* (1889), *Oda a Barcelona* (1883), *Canigó* (1886).

del *nadismo*. En la cima del Tibidabo están instalados: el tiro Flobert[17], cría de palomas mensajeras, galería fotográfica, el extenso restaurante con el caprichoso salón japonés y el templo que se construye dedicado al Sagrado Corazón de Jesús.

El crepúsculo descolorido se extiende rápidamente y comenzamos a descender por la ruta de Vallvidrera, en cuya planicie están situadas multitud de fábricas, pues Barcelona es una de las ciudades notables por su industria. Todo lo fabrica: desde el papel impulsor de la ciencia hasta el cigarrillo que envenena; el libro que es luz y el alcohol que degenera las razas, matando la inteligencia. Maravilla al observador la explotación de las materias alimenticias, conservas y confituras. El movimiento comercial es activísimo en Barcelona, y los sistemas de locomoción los últimos en la nomenclatura del invento: tranvías y ómnibus eléctricos, automóviles, etc., y no me explico por qué, en este concurso del progreso, conserve los ferrocarriles en su casi primitivo sistema y con un servicio malísimo.

Los centros de instrucción pública femenina están, en su mayor parte, en manos de religiosas. Bastante trabajo me costó el poder penetrar en el colegio de las monjas de los Sagrados Corazones, merced a empeños del cónsul peruano. La hermana superiora me dio repetidas explicaciones para disculpar el desaseo tan notable de la casa. «Hoy tenemos profesión; mire el altar qué hermoso lo han arreglado, y con estos quehaceres no se ha podido atender a la limpieza debidamente», dice la hermana en cada vericueto donde hallamos basura. El plan y los métodos de enseñanza son iguales a los de las sucursales de América. Nos dirigimos a las Escuelas Municipales del Parque. Están en clase. Un solo salón para dos grados diferentes, dividido, como la esfera, por una línea imaginaria. El maestro normal don Ramón Porqueres y Crevillé fue muy galante al presentarme a los niños con un discurso, que me obliga a dirigirles la palabra. Les digo que en la Argentina y el Perú, países de la América descubierta por ese Colón cuyo monumento tienen en el embarcadero, hay muchos niñitos como ellos, y que en su nombre los saludo; les cuento algo relativo a los dos países; los chicuelos se entusiasman y gritan *¡olé! a los niños argentinos y peruanos...* El profesor, con trabajo, restablece la calma y hace que entonen uno de sus cantos escolares, llevando él la batuta.

---

17 *Flobert*: un tipo de rifle hecho en Bélgica.

En la Rambla de Cataluña, número 96, está el Consulado General de la República Argentina, que con brillo y consagración sirve el periodista y distinguido caballero don Alberto J. Gache[18]. El edificio, con todas las condiciones para oficina y casa de familia, responde a los prestigios de la gran nación cuyo hermoso escudo de armas está enfrente y en cuya asta saludo al pabellón argentino. Aquí he pasado horas de solaz abrillantadas por la cultura de María Lucía, la digna esposa de Gache, el refinamiento poético de Roberto J. Payró[19] y la palabra siempre animada del cónsul argentino.

Me esperaba la grata sorpresa de encontrar a mi viejo y querido amigo el laureado doctor Carlos R. Tobar[20] que, huyendo de los rigores invernales de la política ecuatoriana, reside aquí, consagrado a labores científicas y literarias. Acaba de publicar la segunda edición de su obra *Consultas al Diccionario de la Lengua*, y ha instalado la oficina central del «Comité de la Paz», que sostiene y propaga la *doctrina Tobar,* o sea la paz interior de las repúblicas latinoamericanas. La secretaría de este interesantísimo centro la desempeña otro escritor notable, Enrique Deschamps, que también es cónsul general de su patria, la República Dominicana.

Desde los balcones del Hotel Continental veo pasar la procesión del *Corpus Christi,* que el pueblo lleva en estos momentos con entusiasmo infantil, exhibiendo sus tradicionales *gigantes y cabezudos.* A propósito de éstos ha habido un cambio de notas acaloradas entre el Cabildo, alcalde y regidores, quienes se quejan de que los cabezudos «no han sacado este año las casacas de ordenanza, y que el vecindario clamorea por tan enorme irregularidad». La prensa diaria también ha discutido

---

18 *Alberto Gache*: escritor argentino (n. 1854), y luego cónsul argentino en Madrid, autor de muchos cuentos y libros, algunos publicados bajo el seucónimo de «Martín Guerra». Publicó *España progresiva* (1914), *El cultivo del arroz en la República Argentina* (1914) y *Corazones y cerebros* (Barcelona, 1924) sobre escritores de su época.

19 *Roberto Payró*: renombrado escritor y periodista argentino (1867–1928). Fundó el periódico *La Tribuna* en Bahía Blanca, Argentina, y luego fue editor de *La Nación* de Buenos Aires. Escribió mucho sobre sus viajes (*Los italianos en la Argentina, La Australia Argentina (Excursión periodística a las costas patagónicas Tierra del Fuego e Islas de los Estados), En las tierras del Inti)*, y durante la primera Guerra Mundial sirvió como corresponsal en Europa. Autor de novelas y cuentos (*Divertidas aventuras del nieto de Juan Moreira, El falso Inca, Nuevos cuentos de Pago Chico*), era admirado por Matto por sus discusiones sobre las posibilidades del socialismo.

20 *El doctor Carlos R. Tobar*: Carlos R. Tobar, escritor ecuatoriano, nació en Quito el 4 de noviembre de 1853 y murió en Barcelona el 19 de abril de 1920. Se doctoró en medicina en la Universidad Central del Ecuador en 1880, de la que posteriormente fue Decano de la Facultad de Filosofía y Rector en dos ocasiones. Adicionalmente tuvo una amplia trayectoria diplomática. En 1904, actuando como Ministro Plenipotenciario, en Brasil, le correspondió firmar el Tratado de Límites Tobar–Río Branco, condicionado al término del conflicto con el Perú. Fue el autor de la llamada Doctrina Tobar.

este «desacato a la tradición», dándole un viso de seriedad que, seguramente, no aceptan en totalidad los habitantes, cuyo número alcanza acerca de 600.000 personas.

Voy a seguir viaje a Madrid por la ruta de Valencia, porque tengo propósito de visitar a Francisco Sempere, el galante editor de *Aves sin nido,* cuya tercera edición él ha desparramado por el mundo latino, llevando unidos su nombre de editor y el mío de autora. Sempere, que asociado con el genial Blasco Ibañez[21] ha creado y sustenta la *Biblioteca blanca,* preferida y buscada por la juventud de América, porque entre sus similares aporta mayor contingente a la cultura y a la libertad del pensamiento.

El doctor Tobar ha querido que se queme el incienso de las satisfacciones en el hogar, donde es santa la palabra amistad. Estamos de fiesta en el templo de la felicidad doméstica, donde actúan una esposa modelo, dos hijas encantadoras, un hijo promesa de glorias y una hermana adorable. En la mesa, ornada con las hermosas flores de estación, departimos hasta darnos el adiós de despedida; todo está ya lejano, menos el recuerdo, que vive cerca de mi corazón, de aquel almuerzo, aquella mañana, esa querida familia.

Estoy en el vagón. Comienza el pintoresco camino por la orilla del Mediterráneo, cuyas olas besan a menudo los rieles, como refrescando las ruedas que en su girar loco devoran la distancia, cruzando el ferrocarril más de once túneles por las rocas perforadas, semejando escóndites momentáneos para la mayor sensación que se recibe con el mar a la derecha y a la izquierda, estos interminables vergeles de naranjos y limoneros que saturan la atmósfera con las emanaciones del azahar y la bergamota, y esas enormes llanuras de caña de azúcar y arrozales, donde parecen centinelas de avance las máquinas de riego, y a cuyo alrededor se esparcen poblaciones obreras apiñadas junto a las fábricas, cuyo número aumenta en proporción a la proximidad de la capital. El tren se ha detenido en veinte estaciones de tránsito; cada una de ellas ofrece al viajero la novedad de los productos regionales, siendo la fruta dulce y variada uno de los mejores regalos en esta tarde calurosa. Los nardos, las azucenas y los claveles denuncian la proximidad a Valencia, la de los encajes impalpables y de los abanicos ideales. Después de recorrer esta interesantísima parte de la Península desde las siete de la

---

21 *Vicente Blasco Ibáñez*: novelista español muy renombrado (1867–1928), nacido en Valencia. Autor de muchísimas novelas, entre ellas *Los cuatro jinetes del apocalipsis, La barraca, Cañas y barro, La catedral, Mare nostrum*, y muchas más.

mañana, llegamos a las cinco y media de la tarde a la estación principal.

Una vez instalada en el hotel, tomo un carruaje y voy a la calle del Palomar, número 10.

—¿El señor Sempere?[22]

—No está.

Dejo tarjeta y regreso al hotel, desde cuyos balcones, que dan a una gran plaza, mido las proporciones topográficas de la ciudad. La parte antigua tiene sus calles estrechísimas, tanto, que dudaba si el carruaje podría pasar por ellas o quedarse atrancado en un vericueto. En la parte nueva, aquellas callejas donde se encontraban los caballeros de capa y espada y fácilmente podían medir su acero con un rival afortunado, han cedido plaza a las avenidas amplias y rectas, por donde cruzan los tranvías, coches y carretas.

Me sentaba a cenar, cuando anunciaron a don Francisco Sempere, presentándose en seguida un caballero esbelto, en cuya frente ancha y levantada se refleja el pensamiento reposado y una bondad ingénita, pregonada por sus ojos de mirada honda. Nos estrechamos la mano como dos antiguos amigos; me presenta a su esposa, que lleva el simpático nombre de Consuelo y derrocha la gracia y donosura de la valenciana. Ambos se hacen cargo de mi persona con la obsequiosidad y llaneza propias del carácter castellano, y nos lanzamos a recorrer la ciudad. Vemos dos secciones de cinematógrafo con el argumento leído, donde la protagonista es una Magdalena modernizada. Salimos con dirección a una horchatería, me invitan la famosa *horchata* de *chufas*[23] peculiar de Valencia, como lo es la *paella,* plato semejante al arroz con pollo que guisamos en América.

Valencia está a mucha altura por su ilustración y su espíritu avanzado; tiene siete diarios; cinco matutinos y dos vespertinos, entre ellos *Las Provincias,* que dirige don Teodoro Llorente, *El Pueblo,* fundado por Blasco Ibáñez, *El Radical*, *El Mercantil Valenciano*, *La Voz de Valencia*, *La Correspondencia* y *El Correo.*

La sociedad está dividida en liberales y católicos conservadores. Los primeros, radicales en sus ideas, han logrado conquistar la mayor suma de libertad.

En pie muy temprano, continuamos la tarea excursionista, puesto

---

22 Francisco Sempere: (1859–1922) Político y editor español. Colaboró en la organización de la Editorial Prometeo y fundó F. Sempere y Compañía que publicó muchísimos libros valiosos, entre ellos *Aves sin nido* (1889) y *Viaje de recreo* (1909) de Clorinda Matto.

23 *Horchata de chufas*: bebida dulce, blanca y fría hecha de las raíces de una planta, *Cyperus esculentus* (en inglés nut sedge plant, también llamado «earth almond» o «tiger nut»). El sabor es algo parecido a la almendra.

que los minutos son contados. Visitamos la renombrada Universidad y la magnífica galería de pinturas, que atesora lienzos originales de Goya y Velázquez, copias magistrales de los grandes maestros, escenas interesantes de la historia española localizada en Valencia. Aquí hablamos de Sorolla, el hijo genial de esta región florida; nos encanta la profunda atención con que una señorita, futura *firma*, como dicen en el *Salón,* copia un cuadro de Murillo.

Las torres de Cuarte y Serranos, la Real Maestranza, la histórica Catedral, han absorbido la mañana y vamos hacia la parte nueva con la espléndida rambla, que por medio de un tranvía conduce hasta la orilla del mar. Verdaderamente que maravilla el ver la actividad en las casas exportadoras que acondicionan uvas, melones y otras frutas frescas, conservas diversas, etc., con destino a la América, donde los productos valencianos se han recomendado por su calidad y tienen un gran mercado para lo porvenir. Las fábricas se multiplican, notándose en ellas pasmosa actividad, rivalizando en la perfección de la manufactura. Las de encurtidos y las de papel, aunque de diversa tendencia, ocupan lugar preferente, y en las vitrinas y escaparates de las tiendas puede preciarse la diversidad de los dijes y artefactos de la industria valenciana.

El mercado no tiene un local apropiado ni moderno, pero en cambio ofrece tal cantidad de flores y frutas, que la vista y el olfato se regalan. Con fundado motivo se ha dicho que Valencia es el jardín de España, un jardín espontáneo, natural, donde las margaritas, los nardos, los granados, naranjos y limoneros, embalsaman el ambiente; el Turia y las grandes acequias murmuran cantinelas para las adelfas que reverdecen sus orillas, y el mar saluda con notas que se pierden entre la espuma las ruinas cubiertas con un sudario de jaramago que esconde las grietas abiertas por los siglos.

Los sarracenos apellidaban a Valencia valle de la ilusión, y a sus mujeres huríes, según afirma la escritora Concepción Jimeno de Flaquer[24]. La ciudad del Cid es cuna también de muchas glorias nacionales, y especialmente menciono a las mujeres que no solamente se han impuesto por su belleza, sino por su obra. Minicea, fundadora de la mejor bi-

---

24 *María de la Concepción Jimeno de Flaquer*: periodista y feminista española (1850–1919) muy admirada por Clorinda Matto. Nació en Alcañiz, Aragón. Colaboró con Juan Valera en la revista *La mujer* en 1871. En 1872 fundó la revista *La ilustración de la mujer* en Barcelona, y publicó varias novelas y colecciones de ensayos. Vivió en Francia y Portugal, y en México en 1883 dirigió *El álbum de la mujer*. Desde 1890 fue directora del periódico *El Album Ibero–Americano* de Madrid. Actuó como intermediaria cultural entre España y América y promocionó el intercambio cultural. Ver www.escritorasypensadoras.com/fichatecnica.php/54

blioteca del siglo V, en el monasterio de San Benito; Fátima, la hija de Josebem-Yahia Almoganí, una de las más eruditas que escribió sobre jurisprudencia; Angela Mercader Zapata, Jerónima Ribot. De las contemporáneas, ahí está Concepción Aleixandre, doctora en medicina, en posesión ya de la notoriedad por talentos y competencia profesional.[25]

Interesan la atención las tropillas de cabras que cruzan las calles ofreciendo su leche al son de esquilas y cascabeles, cuya vibración contrasta con la de las campanitas de los tranvías y el piteo del ferrocarril.

La hora se acerca, debo decir adiós a la región edénica. El señor Sempere no ha descuidado ni el detalle de las canastillas de provisión, conocedor del servicio ferroviario, que es detestable, lo más atrasado en la materia, pues en los trenes no se halla establecida la conexión con los coches *restaurants* ni tienen el servicio de lavabo e higiénico.

En la estación encontramos una comisión eclesiástica, escoltada por guardias civiles, que lleva de Tortosa la *cinta de la Virgen* a la reina Victoria, que está para dar nuevo vástago, y aunque se supo, se pregonó y se estaba festejando el alumbramiento sin trabajo y la venida del nuevo príncipe –don Jaime–, la comisión continuó su camino, pretextando que la «cinta serviría para otra vez», lo cual no ha sido desacertado, porque según anuncio de la *Gaceta Oficial*, el entusiasmo de los jóvenes esposos no decae por el peso de la corona ni las conveniencias diplomáticas. Mejor es así.

En el vagón encuentro una señora gruesa, dueña de diez o doce maletines, paquetes y cajas apiladas en el andamio de alambre, y que será mi compañera hasta Madrid. Los pasajes de Barcelona a Valencia en primera clase con opción a 30 kilos de equipaje, cuestan 44 pesetas y 35 céntimos. De Valencia a Madrid, 62 pesetas.

Vienen los últimos adioses; ¡con qué pena salgo de la ciudad! La estación se queda repleta de gente en la actitud de las multitudes que despachan un globo aéreo, y el convoy principia la vertiginosa carrera por los campos de belleza mágica, donde el Júcar serpentea la pradera, que en verdad, como ya ha dicho una viajera, es un extenso «tablero de ajedrez» formado de cuadrados que son arrozales, cañaverales, plantíos de lino, trigo, avena, alfalfa, cebada, etc., y cual figuras de diversos tamaños y formas caprichosas en enormes lonjas, los olivares, pinos, vi-

---

25 *Concepción Aleixandre*: Valenciana (1862–1952), ginecóloga, periodista. Con dos otras mujeres, se matriculó en la Facultad de Medicina de la Universidad de Valencia, se graduó en 1889, y obtuvo una plaza en el Hospital de la Princesa de Madrid. Publicó varios trabajos sobre divulgación sanitaria y sobre obstetricia. Más tarde asumió responsabilidad por una sección de orientación feminista en la revista *La medicina social española* (1916–1920).

ñedos, castaños y los infinitos naranjales, cuyos níveos azahares caen cual copos de espuma aromatizando la línea que el tren recorre tragándose distancias, devorando pueblos, cabañas y diez y ocho estaciones. A las doce de la noche llegamos a Albacete, donde los vendedores de cuchillos asaltan las portezuelas de los vagones ofreciendo su mercancía.

Mi compañera de vagón, que está profundamente dormida, se despierta, e incorporándose lanza denuestos contra «estos demonios que le quieren encajar sus navajas por los ojos». La parada es rapidísima, dura sólo cinco minutos y el monstruo rodante sigue.

La oscuridad de la noche comienza a desaparecer. Se creyera que el tren huye de las tinieblas y va hacia la conquista de la luz. La aurora se inicia con el azul de tenues palideces; los pinares, las praderas de hortaliza, las fábricas van tomando forma cada vez más definida y clara; el arrebol sonrosado se extiende en el horizonte como el velo impalpable en que ha de envolverse la aurora, para esconderse del sol próximo a llegar. Tan grandioso espectáculo me hace olvidar todas las mortificaciones de una noche penosa pasada en el tren. Toda la luz del sol se derrama desde un cielo ideal.

El día es espléndido. –¡*Aranjuez!*– grita la voz anunciadora de las estaciones –y el convoy hace su rápida parada en esta encantadora población, jardín de flores escogidas. El Ebro, hijo de los montes Cantábricos que riega una extensa región y va a entregarse al Mediterráneo, nos ha dejado, y los pulmones comienzan a aspirar el aire del Tajo, que naciendo en los montes Ibéricos riega Sevilla y Córdoba y va a morir en el Atlántico. La montaña se inicia, distínguese ya el Manzanares, y en lontananza la *coronada villa*. Desde las ventanillas del tren la contemplo con el alma radiosa de afecto, la mente iluminada por la luz de los recuerdos y el corazón palpitante con emociones filiales. La memoria recorre el pasado del hogar donde se amaba a los españoles, me imagino que voy a encontrar miembros de mi familia, aquellos antepasados con sus cuerpos sanos para habitación de almas sanas; de frente ancha donde bullen los gérmenes del ideal, cabeza levantada que disipa la nube de la ficción; corazones hidalgos que saben amar con la pureza de su cielo zafirino y estrechar la mano con el calor de franca amistad.

Ahí esta *Madrid*.

El tren entra en la estación de Atocha, cuya elegancia impresiona agradablemente. Esta es la más amplia de las cuatro estaciones madrileñas. El vestíbulo, que está debajo de una marquesina, puede contener dos mil personas. Su existencia no es muy antigua, data desde 1882, pues el 9 de agosto de ese año se inauguró bajo los auspicios de Alfonso XII. El edificio, cubierto de cristales y hierro, consta de tres cuerpos: aquí están instaladas las oficinas de correos y telégrafos, los caloríferos, lampistería y salón real; éste consta de tres habitaciones: vestíbulo, tocador y salón de espera, cuyas paredes tapizadas con seda dan realce a los muebles de estilo Luis XVI. En la planta baja están las salas de servicio: llegada y salida de viajeros, distribución de equipajes, oficinas de policía, servicio sanitario y boletería. Un espacioso y cuidado jardín embellece la entrada de la estación y sus alrededores. En las avenidas quedan estacionados los carruajes, automóviles y los ómnibus de los hoteles que van en busca de pasajeros. La estación de Atocha ocupa los terrenos donde estuvo la montaña del Príncipe Pío.

El ómnibus del hotel Victoria se hace cargo de mi equipaje, y subo en un coche descubierto, deseosa de recoger todas las impresiones de llegada abarcando el paisaje. Salimos a la plaza de las Cortes, en cuyos jardines está la estatua de Cervantes; me detengo para contemplar ésta y la fachada del Congreso de los Diputados, de orden corintio, en cuya entrada están dos enormes leones de bronce, fundidos por el escultor Ponzano con los cañones tomados a los moros en la guerra de África.

Continuando por la plaza de Cánovas, encontramos la gran fuente de Neptuno. Aquí se halla el edificio del Museo de Pintura y Escultura, uno de los más notables de Europa por la cantidad de obras originales. Dando la vuelta hacia la izquierda se ven las estatuas de Velázquez y de Murillo. La primera es obra de Marinas, fue descubierta por los reyes en 1899; la segunda, obra de Gabino de Medina, se inauguró en 1871. Subiendo por la Carrera de San Jerónimo, veo la iglesia de los Jerónimos, el edificio de la Real Academia Española en la calle de Alarcón, la estatua de María Cristina y el Museo de reproducciones artísticas. La primera excursión ha terminado. El carruaje se detiene en la Carrera de San Jerónimo, número 45, donde está situado el hotel. Las horas de las comidas principales son de doce a una del día y de ocho a nueve de la noche. Antes he pedido un baño y contrato el carruaje desde las tres de la tarde.

Me dirijo a la renombrada Puerta del Sol, donde convergen las principales arterias del centro y todos los tranvías que recorren la ciudad y campaña. Esta plaza tiene cinco mil metros cuadrados de circunferencia y resulta ya estrecha para el tráfico actual. Aquí se ve el Ministerio de Gobernación con el reloj de tres esferas que corona el edificio y la célebre bola que baja a las doce del día.

Mis fuerzas no decaen, más bien se vigorizan con el ardor de la curiosidad. Quiero ver todo en el menor tiempo posible; me lanzo de nuevo a pasear, cruzo la calle de Sevilla, este paradero de cómicos y toreros, donde tantos pululan hoy, y me dirijo a la calle Lope de Vega para detenerme en el número 15, casa en cuyo muro se lee, grabada en un medallón de mármol, esta inscripción:

> Al Fénix de los Ingenios, Fray Lope de Vega Carpio, que falleció el 27 de Agosto de 1635 en esta casa de su propiedad: la Academia Española, año 1860.

Muy cerca, esquina Cervantes y León, está la del autor de *Don Quijote*, y tiene también en su fachada otro medallón de mármol, que ostenta el busto, y en la parte inferior se lee:

> Aquí vivió y murió Miguel de Cervantes Saavedra, cuyo ingenio admira el mundo. Falleció en el año 1616.

El guía me conduce a la calle del Prado, frente al Ateneo, que visitaré otro día detenidamente, pues aquí deseo dar una conferencia sobre América. Subimos hasta la plaza del Príncipe Alfonso, donde está la estatua de mármol de Calderón y el Teatro Español; a pocos pasos la iglesia de San Sebastián, de reciente celebridad por el matrimonio del rey Alfonso XIII con Victoria, celebrado aquí, y seguido de la cruenta tragedia de la calle Mayor, donde un desequilibrado arrojó la bomba que tantas víctimas hizo al estallar, salvándose los jóvenes desposados, a quienes acompañaba la simpatía del mundo entero. Entro en el templo, deseosa de conocer la celebrada obra del escultor Monasterio, *Cristo de las Guardias,* y los cuadros *El prendimiento del Señor,* atribuido a El Greco, y *El martirio de San Sebastián,* pintado por Carancho. Una copia de este sublime cuadro he visto en mi país, pero el éxtasis del arte invade en presencia de los originales que admiro. Es hora de continuar la marcha; vamos hacia el Teatro Romea, del género chico; luego pasamos por la Facultad de Medicina, Hospital Provincial, Fábrica de Tabacos y Escuela de Veterinaria, que no me interesan, y prefiero entrar en la Real Fábrica de Tapices, donde se puede apreciar la importancia de la industria española y la intensidad del genio creador aplicada a la urdimbre.

El guía ha venido temprano. Después de una noche de reposo reparador, tomados baño y desayuno, nos lanzamos a la calle. Deseo conocer la ciudad y sus edificios notables antes de ponerme en contacto con la sociedad mediante las cartas de presentación que tengo para familias y personajes de la corte, porque una vez en sociedad hay que llenar los deberes por ella impuestos, y el tiempo ya no pertenece al viajero. Por otra parte, tiene tantos encantos esto de viajar sin ser conocido, que la sola libertad que otorga resarciría privaciones de otro género.

El servicio de los tranvías comienza desde las siete de la mañana hasta las doce de la noche, y las tarifas de los recorridos según las líneas son desde cinco hasta cincuenta céntimos. La de los carruajes es de una peseta por carrera de primer límite y dos por hora, pero siempre hay que dar propina al cochero.

Vamos a la plaza de Isabel II, en cuyos jardines se eleva la estatua de la Comedia; aquí están el Conservatorio de Música y Declamación y el Teatro Real. Damos la vuelta por la calle de las Hileras y nos dirigimos a la plaza de San Martín y las Descalzas, donde están las hermosas estatuas de Piquer y Pontejos, fundadores del Monte de Piedad y la Caja de Ahorros, cuyos edificios quedan enfrente. En la iglesia de las Descalzas Reales hay varios sepulcros artísticos, y es notable su bóveda pintada al fresco. Nos queda muy cerca el templo de San Ginés, ponderado sin razón, pues lo mejor que contiene es un cuadro representando el martirio del expresado santo.

Con el propósito de conocer los barrios bajos vamos a la plaza del Rastro, por las calles de Maldonadas y Toledo; salimos a la plaza de la Cebada, con su gran mercado de hierro; volvemos por la plaza de Puerta de Moros, llegando al templo de San Francisco el Grande, donde se celebran todas las fiestas religiosas oficiales, y su riqueza consiste en el número de cuadros pintados por los más insignes artistas españoles contemporáneos y su púlpito, que es primor de tallado. En la sacristía y en el coro se ven obras notables de pintores antiguos. La planta circular se divide en siete capillas; las puertas, estilo renacimiento, son de tallado exquisito, obra de Antonio Varela; la rotonda hermosísima, circundada por las estatuas marmóreas de los doce apóstoles, debidas al cincel de Martín, Vallmitjana, Samsó, Bellver, Suñol, Gandarias, Benlliure y Moltó.

Tengo una tarjeta de la intendencia, y podemos cruzar el río Manzanares por el puente del Rey, entrando en la Real Casa de Campo, que es bellísima por la frondosidad de sus alamedas, la vegetación exuberante de sus montes, la cantidad de agua del gran estanque y la hermosura del *chalet* de la Sociedad de Tiro de Pichón de Madrid. Ocupa un polígono irregular de 1.747 hectáreas y está a la margen derecha del Manzanares. Su fundación data desde Felipe II, es decir, mediados del siglo XVI. En el interior son notables *La Faisanera, Casa de labor, Cuadras, Cocheras, Casa de vacas*, etc.

Continuamos el paseo por la Florida hasta la iglesia de San Antonio de Padua, donde están los frescos de Goya, dignos de la celebridad de que gozan; seguimos por los Viveros de la Villa hasta la puerta de Hierro por el camino que se desliza a la margen del río, siempre entre árboles frondosos, orillado por *restaurants* y tabernas, donde la gente pasa horas de jolgorio, especialmente los domingos, en que las coplas intencionadas, el armonioso vibrar de la guitarra y las bulliciosas castañuelas responden a las fisonomías alegres y satisfechas de las manolas y los chulos domingueros. Hemos subido por la cuesta de Areneros al paseo de Rosales, desde donde se contempla un espléndido panorama, y llegamos a la plaza de la Moncloa, en que se levantan los siguientes edificios: Cárcel Modelo, Instituto Agrícola de Alfonso XII –donde se forman los ingenieros agrónomos, peritos agrícolas y licenciados en administración rural –, Asilo de San Bernardino e Instituto del doctor Rubio. En camino de regreso para nuestro hotel, al llegar a la calle de Daoíz, el guía me nombra los jardines de la Infancia, que tenemos a la vista, la Escuela Modelo y el gran arco Monteleón, que recuerda la epopeya de la guerra de la Independencia española[26]. Pasando por la Universidad Central, que visitaré detenidamente otro día, y el Ministerio de Gracia y Justicia, llegamos al mercado de los *Mostenses,* una es-

---

26 *Arco Monteleón*: arco en la Plaza del Dos de Mayo, realizado por Antonio Solá en 1822, que representa a los primeros héroes de la Guerra de la Independencia, y la heroica resistencia del pueblo de Madrid contra la invasión francesa, el 2 de mayo de 1808. El arco da entrada al parque de Monteleón. En este paraje, se encontraba el palacio de los marqueses del Valle, duques de Monteleón y de Terranova.

pecialidad del género, pues aquí no se vende más que huevos, pescado y caza. Avanzamos a la plaza de Santo Domingo, a la calle de la Tornera, donde está la lápida glorificadora del capitán Luis Daoíz, y en la calle de Preciados conocemos la casa donde nació el general Torrijos.

Tan amplia y hermosa excursión ha solazado mi espíritu, abriendo el apetito. En el hotel hago los honores a la suculenta cocina española, saboreada con los vinos legítimos, libres de las anilinas con que en América nos envenenan los industriales de la química moderna. En la hora destinada al reposo escribo algunas cartas y tarjetas postales, y ordeno los papeles para distribuir las recomendaciones y cartas de presentación.

Mi ilustre amigo el doctor Francisco Cobos, al despedirme gentilmente a bordo, me entregó dos cartas: una para el doctor Faustino Rodríguez Sampedro, ministro de Instrucción Pública[27], y otra para el doctor Jesús Pando y Valle[28], secretario general de la Unión Ibero-Americana de Madrid. Estas dos presentaciones han sido suficientes para abrirme todas las puertas, poniéndome en relación con la sociedad madrileña.

El doctor Pando y Valle es un hombre de gentil apostura, espíritu dúctil, trabajador incansable en el campo intelectual, y un cumplido caballero de la alta aristocracia. Me ha honrado con su visita y puesto a mi disposición la biblioteca y los salones de la Unión Ibero–Americana, que tiene su gran edificio en la calle de Alcalá.

Al manifestarle mi propósito de dar unas conferencias sobre América, me aconseja postergar la fecha, porque al presente Madrid está poco menos que desierto por el veraneo de las familias.

---

27 *Faustino Rodríguez San Pedro:* (1833 – 1925). Abogado y político español, fue ministro de Hacienda, ministro de Estado y ministro de Instrucción Pública y Bellas Artes. Cursó los estudios de Derecho en la Universidad de Oviedo, para ejercer luego como abogado en esta misma ciudad y trasladarse más tarde a Madrid, donde su despacho alcanzó un gran renombre. En 1899 pasó al Senado como senador vitalicio llegando a ser vicepresidente de dicha cámara. Cuando le conoció Clorinda Matto, era ministro de Instrucción Pública y Bellas Artes. Fue profesor de la Universidad Central de Madrid, Académico de la Real Academia de Ciencias Morales y Políticas, Presidente de la Unión Ibero–Americana durante cuya presidencia creó el denominado entonces Día de la Raza, actualmente Día de la Hispanidad. Fue también Presidente del Consejo de Administración de los Ferrocarriles del Norte.

28 *Jesús Pando y Valle:* (1849–1911), escritor asturiano, abogado, periodista. Dirigió varias revistas, y desempeñó cargas importantes en gobiernos estatales. Sirvió como director y redactor de varias revistas y diarios, como la Gaceta de Madrid. Cuando le conoció Matto, era secretario de la Unión Ibero–Americana, donde siguó hasta su fallecimiento. Fue promotor y realizador del Congreso Hispano–Americano celebrado en Madrid en 1900. Fue autor de muchísimos libros de poesía, novela, cuento, historia, comercio y leyenda.

Acepto el consejo, resolviendo continuar el viaje en dirección a Francia, para regresar a fin de octubre.

El señor Pando y Valle me pone en relación con escritoras, periodistas, educadoras españolas, cuyo número y preparación me sorprende, pues en América nos hemos familiarizado sólo con doña Emilia Pardo Bazán[29], la ideal Concepción Jimeno de Flaquer[30] y la audaz y correcta Carmen de Burgos Seguí[31], más conocida por su seudónimo de *Colombine,* ignorando nombres consagrados por la fama que constituyen gloria para la causa de la mujer emancipada por la ley de la luz, que ilumina y embellece.

He ido a buscar en su bella casita de la calle Ferraz a la genial Concepción Jimeno de Flaquer con poca suerte, pues no estaba, pero en cambio, al regresar al hotel tengo la suprema alegría de encontrar a la autora de *Evangelios de la mujer* y tantos otros libros, que llevan deleite al espíritu e instrucción a la mente. La señora de Flaquer es una dama cumplida e interesantísima. Su personal corresponde a la delicadeza de sus creaciones, concuerda con la hermosura de sus pensamientos. Después de conocer y tratar a la mujer, se ama y admira más a la escritora, lo que pocas veces ocurre, pues las decepciones que los escritores dan juzgados a través de sus obras e idealizados por la fantasía del lector son frecuentes. La cabellera rubia que corona una linda cabeza y cae tal cual vez en pequeñas ondas sobre la frente ancha y blanca, hace de Concepción una musa acariciada por el sol aragonés, a la cual dan majestad de reina su porte elevado y su modalidad distinguida. Hemos

---

29 *Emilia Pardo Bazán*: Pardo Bazán (1851–1921) fue una de las escritoras españolas más eminentes del siglo XIX. Fue sumamente importante para Matto como inspiración y ejemplo. Escribió más de 500 obras utilizando una variedad de géneros literarios, aunque se conoce más como novelista. Una de sus mayores contribuciones fue el hecho de propagar el movimiento literario del naturalismo en España, iniciando un gran debate sobre el tema. Pardo Bazán además, fue una de las feministas más visibles de su época. Publicó varios artículos en los cuales denuncia el sexismo predominante en España y sugiere cambios a favor de la mujer, empezando con la posibilidad de una educación semejante a la que recibía el hombre. Entre sus muchísimas obras importantes figuran *Los pasos de Ulloa* (1886), *La madre Naturaleza* (1887), *Insolación* (1889), *Biblioteca de la mujer* (1891), *Un destripador de antaño* (1900), *La mujer española* (1907). Ver https://www.msu.edu/~wilso122/bazan/

30 Ver la nota 23.

31 *Carmen de Burgos Seguí, «Colombine»*: (1867–1932), nacida en Almería, España. Era maestra, novelista, periodista y conferencista, y estaba entre las primeras defensoras muy visibles de la igualdad social y cutual de la mujer. Contribuyó a los periódicos *El Universal* y *El Heraldo* de Madrid. Figuran entre sus muchas obras *Los inadaptados, El anhelo, El abogado, El artículo 438, Cuentos: El tesoro del castillo, Cuentos de Colombine, En la guerra, Honor de familia, Puñal de claveles.* Sus libros de cocina sumamente populares y difundidos, sobre todo *¿Quiere usted comer bien?* y *La cocina práctica* se encontraban – y se encuentran – en millones de cocinas.

hablado largo, con la confianza de antiguas amigas; le he comunicado mis proyectos de viaje; he recibido sus consejos de postergar las conferencias, según la opinión del señor Pando y Valle, persona a la que consagra íntimo afecto; me ha ofrecido presentarme por carta a escritoras amigas de Francia e Italia, y nos despedimos, llevándose ella todo el cariño y la admiración de mi corazón, dejándome en posesión de una amistad fraternal. No puedo partir antes de visitar a la doctora Concepción Aleixandre[32], que, a más de ejercer su profesión de médica con notable acierto, pertenece al número de las escritoras científicas, que por medio de conferencias populariza la higiene del hogar y es una dama tan querida en todos los círculos sociales. Voy a su consultorio, a la vez casa–habitación de la calle Argensola, donde la encuentro consagrada a sus labores profesionales. Hay cuatro señoras enfermas que esperan el turno; la hora es avanzada, pero me resigno y espero también. Cuando ha llegado mi número, la doctora lava sus pequeñas manos, se despoja del delantal y me atiende con marcada amabilidad. Mientras ella me conversa con vivacidad de frase, llena de entusiasmos por la América florida y joven, yo estudio su fisonomía reveladora de mujer estudiosa, noble, perseverante; sus ojos oscuros tienen centelleo vivo, su estatura es regular, y su semblante tiene esa dulce tenuidad de las que sobresalen por bondad.

Me despido, ofreciéndole otra visita al volver de la jira; ella también va a salir hacia Suiza en viaje de vacaciones, pero regresará primero que yo; así es que ella será la que me busque a mi llegada. He buscado y recibido la visita de Carmen Rojo, directora de la Escuela Normal Central, escritora brillante, y de Magdalena S. Fuentes[33], profesora normal y novelista, que acaba de ser laureada por el Ateneo. Conozco igualmente a Melchora Herrero de Vidal, escritora de nota, que es profesora normal y de comercio[34]; a Carmen Blanco Trigueros, periodista de la redacción de *El Globo*[35]; Consuelo Álvarez, de la redacción de *El*

---

32 Ver la nota 24.
33 *Magdalena S. Fuentes y Soto*: profesora en la Escuela Normal Superior de Madrid.
34 *Melchora Herrero y Ayora de Vidal*: escritora y educadora aragonesa (18??–1933). Autora de *Para las mujeres: reflexiones y consijos filosófico–morales* (1905), *En el jardín de las mujeres* (1906) y muchos libros de cuentos, consejos, ensayos, y recetas. Ver http://pcwww.liv.ac.uk/~chomik/2_aut_herrerodeayora.html y http://www.vanderbiltuniversitypress.com/pdfs/HooperCh1–1.pdf
35 *Carmen Blanco y Trigueros*: Periodista y narradora nacida en Granada. Colaboró en periódicos de Granada y de Madrid, publicó una novela en Barcelona en 1878, otra en 1879, y varios libros de cuentos. Fue redactora de *El Globo* y colaboró en *El Album Ibero–Americano* en 1905. Ver http://www.escritoras.com/escritoras/escritora.php?i=27

País; María Encarnación de la Brigada, que es presidenta de la Asociación Huérfanos del Magisterio y profesora normal. Voy a la redacción del *Heraldo* en busca de Carmen de Burgos Seguí, la genial *Colombine;* ella no está, y me recibe Luis Morote, el autor de *Pasados por agua, Rebaño de almas* y otras obras que en América circulan con profusión[36]. Soy presentada al director del citado diario y se me dispensa la más cordial acogida. Carmen no tiene hora fija; así es que debo resignarme a postergar nuestra entrevista hasta mi regreso. Entretanto, aún tengo en mi anotador los nombres y direcciones de Carolina Soto y Carro, María del Pilar Contreras de Rodríguez, Salomé Núñez Topete, Asunción Vila, Clementina Ragel, Blanca de los Ríos de Lampérez, Matilde G. del Real, María de Echarri y Concepción Saíz, todas escritoras, poetisas, a las que debo agregar la vizcondesa de Barrantes y la marquesa de Ayerbe, que ejercita sus talentos al servicio de la mujer como presidenta del *Centro Ibero-Americano,* de cultura popular femenina. Este hermoso grupo de mujeres españolas, que entregan al público su pensamiento impreso, que educan el espíritu por medio de la poesía y la música, es grata promesa al porvenir glorioso de la causa femenina. Con estos sentimientos estrecho la mano a cada una de ellas, enlazando no sólo la acción simultánea, sino el afecto de las escritoras españolas y americanas del Sur, cuya nómina he hecho conocer en los centros de cultura visitados.

El señor Saturnino Alonso Arto, militar retirado, y su distinguida señora Antonia Castro, a quienes fui recomendada desde Buenos Aires por el señor Marcos Pascual, hacen por mi cuanto en su esfera de acción es posible para agradar a una viajera. Ellos vendrán a buscarme para hacer juntos una visita al Banco de España. Mientras llega la hora convenida, recorro la plaza de Alonso Martínez, donde está la estatua de Quevedo; la plaza de Colón, donde se yergue el monumento del ilustre genovés, y sigo por el precioso paseo de la Castellana, flanqueado por hermosos hoteles y palacios aristocráticos. En la ruta encuentro el famoso obelisco que da su nombre a la plaza; más allá la estatua del Marqués del Duero y el monumento a Isabel la Católica, todo de

---

36 *Luis Morote y Greus*: (1864–1913) escritor y periodista español nacido en Valencia, perteneciente al movimiento del Regeneracionismo. Se doctoró en Madrid con el gran pedagogo, Francisco Giner de los Ríos, y se interesó en la política y el periodismo. Era muy conocido por sus libros, que incluían teatro, novela, análisis político y social. Algunos de los títulos mas difundidos eran *La moral de la derrota* (1900); *Los frailes en España* (1904); *El pulso de España (1904); De la Dictadura a la República (La Vida Política en Portugal)* (1910); *La tierra de los Guanartemes (Canarias orientales)* (1910); *Rebaño de almas (el terror blanco en Rusia); La Duma: La revolución en Rusia* (ca.1905);*y Pasados por agua*.

bronce: la reina está a caballo, tiene a su derecha al cardenal Mendoza, a su izquierda a Gonzalo de Córdova, y descansa sobre un pequeño pedestal rodeado por una verja. Hacia la izquierda está la Escuela de Sordomudos y Ciegos, a la derecha el Palacio de Exposiciones, y enfrente las puertas del Hipódromo, en cuya vecindad está la Escuela de Minas. Regreso siempre por la Castellana y Recoletos a la iglesia de Santa Bárbara, que guarda sepulcros artísticos, luego el edificio de las Salesas, y a la vuelta, la plaza en cuyos jardines se levantan majestuosas las estatuas de Fernando VI y Bárbara de Braganza.

Llego al punto de cita donde los esposos Alonso me esperan, y juntos visitamos, mediante concesión antelada, el grandioso Banco de España, situado en la parte más central de Madrid, esquina a la calle de Alcalá y Salón del Prado. Presenta cuatro fachadas de piedra, de Alconera en la parte superior y de Carrara en la inferior. Tiene planta alta, baja y sótanos, a los que se desciende por ascensor eléctrico, y en éstos se encuentran las secciones de seguridad del sistema moderno; las paredes están cubiertas de lunas azogadas que reproducen multiplicada la figura que aparece, de modo que el guardia ve en todas direcciones a la persona que entra. Las cajas de alquiler o depósito cerrado, semejantes a nichos incrustados en los muros, son de acero y la cerradura combinada con dos llaves, de las cuales una guarda el depositante y otra el gerente, y sólo a la acción de ambas llaves funciona la portezuela. En la planta alta está el despacho del gobernador y de los altos empleados; en la baja todas las oficinas de negocios de la institución.

Tengo una entrada invitación para el Congreso de los Diputados, gentilmente enviada por el diputado doctor Rafael Calzada. Voy a una galería especial deseosa de oír a los oradores notables que están anunciados. El recinto es hermoso; la concurrencia imponente. Habla el jefe del ministerio, señor Maura, a quien refuta el señor Moret, jefe de los liberales. La cultura de la frase en la discusión, el razonamiento tranquilo, el orden que reina entre los concurrentes, dan mayor solemnidad al debate, graciosamente endulzado por azucarillos, caramelos y bombones que se consumen en plena Cámara. Mis impresiones son excelentes, y tengo que dejar temprano la sala por haber aceptado una invitación para el Teatro Romea. En Madrid hay catorce teatros. El *Real,* amplio, lujoso, en cuyo *foyer* espléndidamente decorado se ve el busto de Gayarre; el de la *Zarzuela,* el *Español,* de la *Princesa,* de la *Comedia,* notable por el telón que representa la Inmortalidad, el *Apolo, Novedades, Lara, Moderno, Eslava, Lírico, Cómico* y el ya mencionado *Romea.* Las salas de cinematógrafo están popularizadas, pero la Plaza de Toros ejerce mayor fuerza de atracción para el pueblo que se divierte. Esta plaza puede contener cerca de doce mil personas; entre las localidades se destacan notables el palco real y el de la presidencia.

Permanezco dos días más en Madrid para visitar el palacio de la Biblioteca Nacional, Museo de Ciencias Naturales, Archivo Histórico, Museo Arqueológico y el de Arte Moderno, que están todos en un solo edificio, en el paseo de Recoletos, cuya primera piedra puso la reina Isabel II en 1866. Consta de planta baja, entresuelo y principal; en la primera hay veintidós salones, cuarenta y seis en el entresuelo y noventa y nueve en el principal. Hay once patios, de los cuales seis están cubiertos y son destinados a exposiciones. El frontón, obra de arte notable, ostenta grupos en alto relieve representando a las Artes y Ciencias que florecen al benéfico influjo de la paz. En el vértice está la estatua de España levantando una corona de laurel, y en los ángulos las estatuas del Genio y del Estudio. Después de admirar la obra no se puede menos que saludar al autor, Agustín Querol. En la escalera principal se encuentran las estatuas de San Isidoro y Alfonso el Sabio; más adelante las de Luis Vives, Lope de Vega, Nebrija, Cervantes, Berruguete y Velázquez; vienen después los magníficos medallones del entresuelo con bustos de Fray Luis de León, Calderón, Quevedo y otras glorias castellanas. No intento anotar lo que he visto y sentido en cada sala; eso queda en el recuerdo como sensación indefinible al roce impalpable del espíritu y el arte. Mi organismo intelectual ha asimilado mucho en medio de su sed de luz, de sapiencia, y rechazo con energía las informaciones exageradas que a América llegan sobre el atraso y la ignorancia españoles.

Como tengo la resolución de volver, dejaré algo para el regreso. Ahora hay que pensar en las maletas. Acabo de pasar revista a este ejército improvisado que, tendido en fila, según el tecnicismo militar, espera la propina, y hay que darla, aun a mozas cuya cara lampiña jamás vi y cuyos servicios no tuve ocasión de aprovechar durante mi permanencia en el hotel; pero es cuestión de dignidad americana, y allá van las pesetas, que desinflan el portamonedas.

En la estación ferroviaria se repite la misma cantinela: hay que propinar (no láudano por suerte) al cochero, al que abrió la portezuela, al que me da la mano para bajar, al conductor de la maleta de mano y al que me indica el coche del vagón. Los carritos cargados con almohadas de alquiler ruedan de un extremo a otro: muchos pasajeros se hacen con tal elemento de comodidad a cambio de una peseta. Pitea; la locomotora se mueve pausadamente; el aire, con el olor peculiar de las estaciones de ferrocarril, comienza a cambiarse; el tren toma la pujanza de alas de leviatán, ¡y vuela!... El *Escorial:* es su rica biblioteca la que interesa, no los sepulcros de los reyes; *Ávila*, célebre por su hija Teresa de Jesús; *Medina, Valladolid, Venta de Baños, Burgos.* En una de las estaciones intermedias suben a mi coche cuatro curas que van a Segovia. Si yo fuese supersticiosa, ya estaría desterrada mi tranquilidad. ¡Dios mío! ¿Qué irá a suceder? Pero no; el tren rueda igual. *Miranda, Victoria, Alsasua, Zumárraga, Tolosa, San Sebastián, Irún.* Todas estas poblaciones, con estación de primera clase, hemos pasado contemplando una variedad hermosísima de paisaje a través de los Pirineos, con sus enormes crestas, faldeados por villas ideales, fábricas de renombre y arideces desoladoras; ya picachos floridos como la imaginación de una novia, ya desiertos cual el corazón de una viuda. Los aires del Guadarrama han oreado mi frente, y mi espíritu se entrega a la contemplación de la majestuosa montaña con esa sublime variedad de matices al contorno, ya grises sombreando el cielo azul, ya sombreados a su vez por el follaje de los pinares, con sus valles sembrados de alquerías y chacras, ya tétricos por los precipicios, rasgados quizá por sacudidas terrestres, grietas enormes en peña dura o pizarrosa, y luego otra región, lujuriosa por su vegetación. El paso de los Pirineos es toda una poesía de amor y de dolor. En sus rocas imponentes crecen florecillas balsámicas y se hiela el hombre con el cierzo invernal.

En *Hendaya* cambiamos de tren, después de la inspección aduanera al equipaje, que no ofrece dificultades ni molestias al viajero.

¡Adiós, dulce y sonoro castellano! Ya mi oído percibe sonidos nasales; en el nuevo coche del tren al que subo, tengo que mascullar el idioma del cual arrancaron himnos, cantatas y dulces plegarias Chateaubriand, Lamartine y Víctor Hugo. Son las doce de la noche; las idas y venidas, las carreritas y los ademanes de despedida aumentan; se oye la voz del pregón y el silbato de reglamento: el convoy camina en territorio francés.

La noche está negra y sofocante: ondulando en el espacio vagas, indecisas, cruzan figuras fantásticas. La velocidad del tren aumenta el parpadeo de las estrellas en los pedazos de cielo que a ratos deja ver la montaña cerrada. En *Lourdes* bajan cuatro enfermas que van a las vertientes, llevadas por su fe inocente.

Alborea. La luz se inicia y va extendiéndose suavemente como gasa impalpable que ha de lucir la mañana, y puedo contemplar de frente aquellos fantasmas de la noche despojados de su tétrica vestidura, convertidos en montes, arboledas, peñascos. El sol llega para dorar la montaña, y el cortejo de arreboles que le ha precedido se retira rápido como telón descorrido, quedando en el escenario el rey de la luz y del calor. *¡Burdeos!*, grita la voz del pregón de estaciones. Muchos pasajeros quedan aquí. El mar, apacible y callado, sostiene infinidad de barcos de distintos tamaños; la bulla de las fábricas, el movimiento del puerto llega hasta el vagón; suben nuevos viajeros, y la locomotora empieza otra vez su labor pujante, que no cesa en toda la planicie cultivada y riente hasta la estación *d'Orsay*. Son las 12 horas 45 minutos del día 9 de julio.

Estamos en *París*.

Francia

El corazón palpita, presa de incertidumbres; la memoria recorre con su vuelo mágico los episodios de la historia francesa, que registra hechos y narraciones que han conmovido al mundo, ora arrancando lágrimas, ora levantando admiración.

La historia de la Francia es la del amor, de la locura, del heroísmo, del crimen, amalgamados en el mecanismo de los siglos y agigantados por el pensamiento escrito.

¡Todo sublime y repelente, verdad o mito, asalta la mente como burbujas de cristal caliente, presentándonos el pasado, desde las bancas escolares hasta la mesa de redacción de *Búcaro Americano!*[37] Ondas de luz topacina[38] parpadean en el cerebro, ante la realidad de lo que ayer

---

37 *Búcaro Americano*: revista que Matto fundó y dirigió en Buenos Aires entre 1896 y 1909.
38 *Topacina*: color topacio

no más era ráfaga ilusoria. La estación d'Orsay es en estos momentos un hormigueo humano, donde voy a mezclarme, confundida, azorada, comenzando la enorme lucha con el idioma extranjero, pues ya nadie me dirá amiga, compañera, en el materno castellano, y al sonido extraño acompañará desde hoy otro idioma, comprendido en todos los países, sin fronteras, sin reglas gramaticales: el oro.

Tengo que cruzar por este mar de gente para ir al departamento de registro de equipajes.

La oficina está a cargo de una señora, como jefe principal. Cortés, amable, me pregunta si llevo tabaco o aguardiente. Respondo que no: ella ha estado con la mirada fija en mí, y sin poner en duda la declaración, marca las maletas con la cruz griega que hacen las aduanas. Gracias. Los mozos de cordel me acosan con sus fichas, tomo un número, entrego las valijas y comenzamos la subida por la escalera giratoria, un verdadero peligro para el viajero que no está prevenido de la rapidez y el término de la ascensión. A mí casi me coge el pie izquierdo, y me salvo de ser triturada entre sus ruedas mediante un movimiento rápido instintivo. ¡Qué horrible sacudida de los nervios! Habré palidecido con tan fuerte impresión. Por fortuna, la presencia de mi compatriota el joven abogado Ángel Vega Enríquez[39], que ha ido a esperarme, disipa los efectos del susto que he llevado. El doctor Vega Enríquez, periodista peruano, hijo de una distinguida amiga mía, reside en París desde tiempo atrás y conoce, como pocos americanos, esta capital y sus alrededores. Avisado de mi llegada, ha tenido la gentileza de reservar departamento en el hotel Ronceray, de la avenida Montmartre, y allá nos dirigimos en coche descubierto para apreciar la perspectiva de la entrada por este lado de la ciudad, y el doctor Vega

---

39 *Angel Vega Enríquez*: periodista y pintor cusqueño, descendiente de la nobleza imperial incaica, que fundó *El Sol* de Cusco en 1901, entonces el único diario. Se distinguió como indigenista y reformador, y luego como pintor. En 1913 fundó el Centro Nacional del Arte y Historia. En sus memorias de 1930 cuenta como «...liquidé El Sol y emprendí un viaje de salud y restauración a Europa, viajero inquisitivo y trashumante en París, y entonces estudiante en las algarabías del Barrio Latino, trabé relación de eterna recordación con la ya célebre cusqueña Clorinda Matto de Turner, quien no deja de citarme a raíz de ese entonces en su libro póstumo «Viaje de Recreo». Estaba realizando uno de los ideales más caros de mi vida, cual fue el de vivir en la capital luminosa del mundo a costa de trabajo y perseverancia, colaboraba en «América Latina» de Francia, y «La Razón» y «El Nacional» de Buenos Aires». Ver http://cusquenos–ilustres.blogspot.com/2006/03/ngel–vega–enrquez_02.html Clorinda Matto era muy amiga en Cusco de su madre, Angela Enríquez de Vega y la hermana de ésta, Trinidad María Enríquez (1846–1891), la primera mujer en el Perú que ingresó en la universidad en 1875, la primera jurista peruana, y antes de eso, maestra de Clorinda Matto en el Colegio de Educandas de Cusco. Fundó la Sociedad de Artesanos del Cuzco en 1876, y editó *La voz del Cuzco* (1891), una publicación reformista.

Enríquez, que se ha constituido en mi cicerone, va indicando nombres de calles, de templos y edificios, nombres que pasan por mi oído sin quedar en la mente, confusa y atolondrada en aquella hora.

La impresión que en el alma de los viajeros produce la capital de la Francia es grandiosa, indescriptible. Para mí no ha sido igual. La imaginación fue más allá de lo real. Es verdad que la altura, la belleza arquitectónica de los edificios, el arte diseminado por todas direcciones, el bullicio ensordecedor del tumulto de sus bulevares, donde se apiñan los transeúntes, los coches, automóviles, bicicletas, ómnibus, tranvías y carretones, es algo que paraliza por el momento la percepción auditiva y nos entontece, pero eso pasa. Me encuentro en un estado de inconsciencia por otro motivo, del cual saldré, seguramente, después de un reposo. Hemos pasado por el *Hotel de Ville,* cuya magnificencia despierta ensueños producidos por lecturas relativas a la *ciudad iluminada,* y la reacción comienza a acentuarse, no obstante la debilidad física, pues hasta aquella hora, dos de la tarde, no he tomado más desayuno que una naranja.

Aquí estamos a las puertas del alojamiento, quedo instalada y he pedido un baño antes de almorzar.

Sentados a la mesa en la gran terraza del hotel, con todo el bulevar Montmartre por panorama y todo el apetito consiguiente al ayuno involuntario, encontramos las viandas divinas y les rendimos honores heliogabálicos[40]. Recordamos que es 9 de julio, pedimos champaña y saludamos a la Francia republicana y a la República Argentina, la patria de nuestras afecciones, cuya fecha clásica nos señala el Congreso reunido en Tucumán, que sancionó la libertad iniciada el 25 de mayo de 1810. ¡Pueblos grandes, pueblos libres: salud!

A las cinco de la tarde abandonamos la mesa; el cuerpo, rendido a la fatiga del viaje, pide reposo.

El descanso ha sido ilusorio para mí. No he dormido nada durante la noche, acosada de ataques nerviosos por la primera vez en mi vida. Así, tanto efecto ha producido en mi organismo el incidente de la escalera giratoria y la idea de una muerte por trituración de ruedas.

Un baño caliente y desayuno nutritivo atemperan el organismo y vamos a comenzar el programa excursionista. Contratamos un carruaje descubierto, ordenando al cochero que vaya al paso más moderado po-

---

[40] *Heliogabálicos*: glotones. Por Sexto Vario Avito Basiano (203-222 AD), conocido como *Elagabalus*, emperador romano desde el año 218 hasta el 222. De costumbres escandalosas entre las cuales estaba la glotonería extrema.

sible, y seguimos por la avenida de la Opera a los Campos Elíseos y Bosque de Boulogne, donde hacemos la parada.

El grabado que acompaña a esta página pone a la vista la grande avenida para que se puedan hacer apreciaciones semejantes a las mías cuando la crucé por primera vez. Las sensaciones son grandiosas a medida que avanza el camino. Hemos pasado por el edificio de la Bolsa, de donde salen cientos de personas pregonando en diferentes tonos los puntos, los cupones, los cambios, todo lo concerniente al juego bursátil. El edificio, de estilo corintio, está adornado por las estatuas del *Comercio,* la *Justicia,* la *Agricultura* y la *Industria*.

El arquitecto que lo construyó, de 1808 a 1826, ha reproducido el templo de Vespasiano en Roma. Llegamos a la plaza de la *Concordia,* cuya creación se remonta hasta María de Médicis (1616), y que constituye una avenida hasta el palacio de la *Conferencia,* llamado así porque en él se reunieron los embajadores españoles para conferenciar con Mazarino sobre el matrimonio de María Teresa con Luis XIV.

A la derecha se ven el Palacio Pequeño *(Petit Palais)* y el Palacio Grande *(Grand Palais),* y al frente el monumento levantado para honrar la memoria del escritor Armando Silvestre[41]; sobre un grupo de las Gracias se alza el busto. Entramos por el puente de Alejandro III. Es el más grande y más interesante de los puentes que cruzan *el Sena*. La primera piedra fue puesta en 1896 por el zar Nicolás II, y se terminó en 1900. A la entrada tiene dos muros pilastrales[42] que sirven de base a los *Pegasos dorados* que conducen la Fama; están flanqueados por cuatro figuras, personificando la Francia en diversas edades de su vida histórica; en la otra ribera, cuatro leones conducidos por dos niños, grupos alegóricos y las armas de la villa de París. Los Campos Elíseos y el Bosque de Boulogne bien merecen la nombradía mundial que tienen, por el vasto campo que abarcan, por el sol que se derrama sin medida y la abierta esplanada que los árboles han cubierta en aquella inmensa llanura, que forma horizonte. En América sobre todo, los nombres Campos Elíseos, Bosque de Boulogne, se repiten siempre en tono admirativo y resuenan con el timbre arrobador de un órgano gigantesco. ¡Cuántas historias conocen estos miles de árboles, bajo cuya fronda pasean las multitudes dejando al tiempo suspiros, frases amorosas o quejas amargas! ¡Cuántas novelas se han fabricado entre las ramas que

---

41 *Armando Silvestre*: (1837–1901), literato francés, autor prolífico y muy popular de muchas docenas de tomos de poesía, cuento humorístico, crítica de arte, y obras de teatro.

42 *Pilastrales*: pilares, columnas

al rielo del aire murmuran nombres de autores que, tristes y míseros en vida, muertos están consagrados por la fama y sus bustos de piedra coronados por la gloria! Como hormigas ocultas en los vericuetos, sentadas en diminutas sillas portátiles, cosen, bordan, hacen *crochet* muchas obreras que toman trabajo a domicilio, y que viviendo en mísera buhardilla van allí en busca de aire y de luz. De estas trabajadoras encontramos en todos los paseos públicos y plazas de París. También ocupan bancos mujeres estudiantes o simples lectoras, que tienen su sitio elegido al pie del árbol favorito. Desde el primer momento notamos la ausencia de mendigos, lo que dice mucho bien de un país populoso; en cambio abundan los caballeros de industria, los pilletes, los temidos *apaches* y los estafadores de toda jerarquía, desde el que fabrica diamantes hasta el que, reconociendo nuestro extranjerismo, nos cobra tres francos por objetos que para el del país valen un franco.

Bajamos en el hotel del Bosque de Boulogne, donde hemos de almorzar. Es un bello jardín con departamentos hechos para toda clase de temperamentos y de circunstancias. Las mesas del extremo izquierdo, al entrar, tienen capacidad para cuatro personas y están resguardadas por un gran parasol, cuyo cabo está al centro de la mesa y no incómoda, presentando una vista chinesca. El día hermoso, la variedad del paisaje recorrido, la hora, todo contribuye para que el almuerzo sea apetitoso y agradable. En Francia se beben vinos puros, porque el fraude, la anilinización y menjurjes[43] son severamente castigados y con celo perseguidos. Yo, como buena cristiana, soy partidaria del pan y del vino, conservadores del cuerpo sano para aposento de alma vigorosa. El americano en Europa hace el mismo efecto que los provincianos en la capital. Se les conoce desde lejos, antes que suelten palabra que los denuncie por el acento, nueva forma de denunciar al viajero. Como nos han reconocido desde que asomamos a las verjas del jardín–hotel, nos han cobrado doble o triple; no hay objeción que oponer: pagamos y damos las gracias, porque sin esa frase de mojigatería pararíamos peor que gañanes.

Vamos hacia el este; desde lejos contemplamos el plano de París por ese costado, con el río en toda su mansedumbre de corriente.

Hemos tomado un automóvil que nos dejará en la estación Oeste del Sena: aquí nos embarcaremos en un vaporcito para ir al Hotel de

---

43   *Menjurje*, mejunje: del árabe, cosmético o medicamento formado por la mezcla de varios ingredientes.

Ville, donde queremos hacer unas compras. Bajamos la escalinata, el vaporcito atraca, está casi lleno de obreros en la hora del descanso, la mayor parte albañiles por su vestido; algunos hacen su almuerzo, pan, rabanitos y vino, que llevan en un bolsón de cuero. Dos mujeres hablan sobre la tirantez de relaciones entre las patronas de la fábrica y las obreras. La más vieja dice a la menor: «Sí; yo también convengo, señorita, pero a fuerza de experiencia recomiendo la paciencia, porque el pan que dejamos de comer en los días de huelga no viene más, y el nuevo que viene es más duro que el otro, nos encuentra debilitadas y enfermas.»

La otra no responde y hace ademán de arreglarse las faldas, arrellanándose en el banco. El albañil que come a grandes rebanadas el pan acompañado con rábanos, pasea la mirada intencionada entre la mujer madura y la joven. Examino la constructura de los balnearios flotantes en una y otra orilla del Sena, mientras que el vaporcito, rápido, sigue el curso del río y atraca en la estación. Entramos en los gigantescos almacenes del Hotel de Ville, mare mágnum de la industria humana, donde no se sabe qué admirar más, si la fecundidad de inventiva para objetos de uso y de adorno o la habilidad para presentar todas las cosas y chucherías puestas a la venta. En los departamentos que dan a la calle están las mercaderías de poco valor, desde diez céntimos a veinte francos; en el interior, conforme se va avanzando, crecen la calidad y el precio. Dos varios ascensores conducen a los tres pisos altos, destinados a confecciones sobre medida, ropa hecha y cuanta prenda de vestir se desea. *La Ciudad de Londres, La Ciudad de México, Gaht y Chaves* y otras de Buenos Aires, son miniaturas junto a estas grandes casas parisienses, cuyos rivales sólo se ven en Londres y Berlín. Tres horas de voltejear entre la gente, los mostradores y las mercaderías, no han sido suficientes a nuestro objeto. Con todo, elegido lo indispensable, pago y dejamos la dirección para el envío.

El calor es sofocante, necesitamos un refrigerio, volvemos al hotel con toda la velocidad permitida a los automóviles por las ordenanzas municipales, y pedimos la cena en una de las mesitas que atestan las veredas en las calles principales de París. Al aire libre, a la sombra de un toldo, a la vez de llenar el deber de la nutrición, contemplamos el enorme desfile de gente, colosos ríos humanos que arrastran miles de colores; figuras y razas diferentes que bajan y suben por las aceras, mientras el centro de la avenida ofrece otro espectáculo no menos interesante por la variedad de sistemas de locomoción y la carga que conducen.

¡Qué conjunto tan ensordecedor! Marca el cerebro, los ojos se fatigan con este caleidoscopio sin fin, y es necesario tomarse un buen descanso, porque nuestro programa marca las visitas a los museos, tarea que ha de ser pesada. La excursión es hacia el *Museo del Louvre*. En el trayecto hemos saludado la estatua de Musset[44], viendo a través del mármol magnífico las venas y las pulsaciones de la sangre creadora de Rolla, y más allá la estatua de Gambetta[45], aquel patricio ardiente que al hablar de cierta causa dijo: *Hay algo que todos deben sentir, y de que nadie debe hablar*. ¡Qué pensamiento más profundo, qué mandato más sagrado! Cuadra a muchas naciones, no sólo a la Francia mancillada por el prusiano. Hemos llegado al pie de la estatua de Lafayette[46], el exquisito cuya aureola de gloria se extiende desde América hasta Europa, éste que a los veinte años de edad se embarcó en una fragata armada a sus expensas para ir a pelear en las filas de los americanos sublevados contra la dominación inglesa, y que vuelto a su patria, actuó en las filas de los diputados defendiendo las ideas nuevas, y cuyo pensamiento tuvo honda resonancia en la vida republicana de nuestras naciones. Me detengo a contemplar la magnificencia del gran palacio del Louvre; mi frente levantada al cielo, mi espíritu flotando en los inconmensurables espacios, mi memoria llena de aristas de fuego disputándose la salida para hablar de la poesía, del sentimiento, de la historia, de la grandeza, en fin, de la Francia. Todo esto realizado en silencio beatífico, sentido a través de recuerdos. Entramos en el museo.

¿Comenzaremos por Roma para terminar en Grecia? Vano sería intentar la descripción completa de este museo, pues requeriría todo un volumen: sólo apuntaré impresiones en mi cartera de viaje. Las entradas principales de los salones están designadas por letras: *A*, antigüedades egipcias; *B*, antigüedades asiáticas; *C*, bustos, mármoles antiguos, griegos y romanos; *D*, esculturas antiguas del Renacimiento; *E*, esculturas modernas; *F*, calcografía. Las grandes escaleras están señaladas

---

44 *Musset*: Alfred de Musset (1810–1857), dramaturgo, poeta y novelista francés.
45 *Gambetta*: Léon Gambetta (1838–1882), abogado y estadista francés prominente después de la guerra franco–prusa.
46 *Lafayette*: Marie–Joseph Paul Yves Roch Gilbert du Motier, Marquis de la Fayette (o Lafayette) 1757–1834. Oficial militar francés que ayudó mucho a la causa de libertad de los EEUU y sirvió como general bajo George Washington en la Revolución anericana, y luego tuvo una carrera distinguida en Francia.

con las letras *G, H, I, J, K*, siendo la más amplia y hermosa la escalera de Enrique IV, signada con la letra *N*, y conduce a las galerías principales. Tres días he vivido entre tanta grandeza humana y mitológica eternizada por el mármol, el bronce y el pincel. Un año sería escaso para estudiar cada obra con detención precisa. Cuando me encontré delante de Juliano el Apóstata[47], una misteriosa atracción me detuvo para contemplar esa frente ancha, esa cabeza hermosa y un semblante iluminado de luz; la capa de los estoicos sostenida en pliegues por la mano izquierda, la diestra en actitud de secundar la elocuencia de la palabra. Este que gobernó las Galias, y fue emperador de Roma, donde dio leyes sabias y reformó abusos; que sometió la Armenia y la Mesopotamia; que fue tan instruido; que tuvo costumbres sencillas; casto, frugal, generoso y moderado; que poseía la elocuencia y la filosofía, ¿por qué se apartó del cristianismo, cuya moral practicaba, cuya doctrina amó en la juventud? Estos pensamientos asaltan mi mente sin darme solución, porque otros nombres, otros bustos me llaman hacia sí.

Constantino el Grande; Julia Mamea, madre de Alejandro Severo, con su majestad romana; Marco Aurelio, cuya desnudez deja ver un cuerpo perfecto, viril, de cuyos labios creemos escuchar aquella famosa declaración: «Nadie ha hecho más bien a sus amigos ni más mal a sus enemigos como yo.» Trajano, con la suprema expresión de amargura por las decepciones sufridas, Tiberio, Livia, Nerón, Sila el tirano, Claudia, con su cabellera enroscada como una guirnalda de rosas blancas; Mesalina y Britanicus, cuantos nos acompañan en este paseo en el panteón de la historia, y allá en el fondo, sola como una estrella en cielo de púrpura, se nos presenta la Venus de Milo, que tiene su salón especial, a cuyo rededor se agrupan todos los visitantes, y es la más célebre de las estatuas del Museo del Louvre. *Es el triunfo de la glorificación de la carne,* como la ha definido la escritora española Carmen de Burgos Seguí[48]. Yo tampoco he encontrado «espiritualidad en la expresión de sus facciones ni en los ojos sin pupila». Más que la cabecita pequeña y el cuello mórbido, que extasía a los enamorados del arte como atracción viviente, me ha interesado el velo impalpable, que a causa de la mutilación de los brazos no sabemos si ha caído por voluntad lasciva o se debía levantar a impulso del pudor. La falta de los brazos deja en el misterio una parte de la verdad artística de esta piedra,

---

47   *Juliano el Apóstata*: emperador del imperio romano de 355 a 363, el último emperador no cristiano. Intentó suprimir el cristianismo y reforzar el paganismo neo-platónico.
48   Ver la nota 30.

que habla a la humanidad del amor en todos los tonos de los temperamentos y de las edades.

En los salones de pintura, ninguna me ha sojuzgado a punto de quedarme frente a un cuadro inmóvil y extática. *El niño tocador de flauta*, la personificación de la juventud griega, cuyo tipo ha desaparecido ya, atempera el calor de las discusiones, y viene Scipión el Africano con su altivez, y Arístides, a quien creemos que pregunta: «¿Por qué me destierras?», para escuchar la respuesta de las ingratitudes humanas: «Porque estoy cansado de oír llamarte el *Justo*.» Aun refiriéndome a la ponderada *Gioconda* de Leonardo de Vinci, cuyo rostro no se ha iluminado para mí hasta sugestionar mi criterio y exclamar: ¡divina! Copias de ellas están esparramadas en los salones y museos de América, especialmente los de motivos religiosos, y muchas ya he admirado en Barcelona, Valencia y Madrid. A esto añadiré que tengo preferencia artística por el modelado.

La mente necesita un reposo después de semejante trabajo: la evocación histórica y la contemplación artística. Nuestro programa abarcará otro paisaje. Al *Trocadero* y a la *Torre de Eiffel,* partiendo del bulevar Montmartre; recorremos los bulevares de la Magdalena, donde está la aristocrática iglesia de este nombre; de la Ópera, Capuchinos e Italianos hasta el Oeste del Louvre, pasando por la plaza *Vendôme,* donde está la columna del mismo nombre, imitación de la columna de Trajano de Roma, dejando a un lado *los Inválidos,* que visitaremos otro día, para recorrer el Museo de Artillería y admirar la tumba de *Napoleón I.*

Hemos subido por el ascensor al tercer piso de la Torre de Eiffel, es decir, al último piso, descansando en los anteriores para ir apreciando la diferencia de perspectiva según las alturas, hasta llegar a los 300 metros que mide esta famosa torre. En cada piso hay vendedores de tarjetas postales y chucherías, que los visitantes extranjeros compran gozosos para llevarse como recuerdo. Yo también he adquirido algunas, y envío tarjetas postales a seres queridos de la América. Desde esta altura se ve como hormigas diminutas a las personas que pasean en los jardines del Trocadero; a éstos cual juguetes en miniatura, y a los tranvías repletos de gente como lagartijas que se mueven con su vivacidad propia. Así serán, diminutos, microscópicos, la tierra, el sol, lo mundos ígneos para la mirada de Dios, puesto quién sabe en qué altura, en qué dirección de lo que llamamos rosa náutica, y el hombre, gigante de orgullo, tal vez será arista visible sólo para el ojo del Artífice Supremo.

Estos pensamientos, que envuelven mi mentalidad en velo melancólico, han paseado rápidos desde la Torre de Eiffel a la tierra y al cielo ignoto.

Descendemos al primer piso, en cuyo restaurante tomamos una taza de café para emprender el camino de regreso al hotel. Visitaré de paso en el bulevar de los Italianos al director de *L'Amérique Latine,* que en su interesante periódico publica mi retrato y honrosas referencias. Dirigimos al cochero por la ruta de la plaza de la *Concordia,* situada entre el Jardín de las Tullerías y los Campos Elíseos, una de las más hermosas, que mide 85.000 metros cuadrados y ostenta el obelisco egipcio de la época de Ramsés II, donado por Mabomet-Alí Pachá a Luis Felipe en 1831, que está rodeado de fuentes de agua con magníficas estatuas simbolizando las divinidades fluviales. Al este de la plaza está la entrada a los jardines de las Tullerías, abiertos todos los días para los paseantes; así que, sin inconveniente, se puede recorrerlos, admirando la belleza de ornamentación, su bosque de floridos árboles y los mármoles que le decoran, símbolos del Rhin y el Moselle, el Nilo y el Tíber, las cuatro estaciones, estatuas mitológicas, etc. El día, espléndido por la claridad de la atmósfera perfumada por las exhalaciones del jardín y del bosque, comenzaba a fallecer, iniciándose en el sol esos rayos sobre amarillo en los muros grises y sobre rojo en los cristales de que nos habla Mallarmé[49], avivándose en este atardecer el murmurio de las hojas, que parecen darse besos de adioses y el ruido de las aguas que juguetean en las fuentes. La hora de la salida de los obreros es solemne en todas las ciudades donde acuden aun de lejanas fábricas en busca de distracciones o de descanso. La voz de los pianillos y pianolas da a los bulevares parisienses otra personalidad diferente a la de Madrid, donde la guitarra y la copla hablan a nuestra alma con dulzura amorosa, mientras que el pianillo incita el cuerpo al movimiento, da escozores de pie, incentivos de pirueta, y por entre pelotones humanos, que sugestiona la vocecilla musical, atravesamos el arco de triunfo del Carrousel, levantado en memoria de los triunfos de Napoleón I en 1805.

---

49 *Stéphane Mallarmé*: poeta francés (1842–1898) muy famoso, importante por su simbolismo y su inspiración de toda una nueva generación de poesía experimental: futurismo, dadaísmo y otros movimientos.

Este arco no es más que la reproducción del de Septimio Severo en Roma. Sus columnas corintias tienen capiteles de bronce y sostienen los bajorrelieves de mármol, que representan al costado de la plaza: derecha, la batalla de Austerlitz; izquierda, la toma de Ulm; al costado de las Tullerías, la Paz de Tilsitt, la entrada a Munich, y en las faces laterales la entrada a Viena y la paz de Presburgo. La noche nos apura para tomar un refrigerio, y después de un pequeño descanso que sigue a la cena, bajamos de nuestro alojamiento al pasaje *Geoffroy,* donde está el *Museo Grevín,* que exhibe personajes y sucesos históricos en cera al tamaño natural, y son verdaderos retratos. Aquí hacemos conocimiento con figuras que han de ampliarse en Londres, como anotaremos a su vez. La corte de Napoleón, la del Papa, personajes de la Revolución, escritores notables, han desfilado ante nuestra marcha, y descendemos para ver la reproducción de las Catacumbas de Roma, aunque pronto visitaremos las verdaderas.

El día ha sido un tanto fatigoso por las distancias recorridas, pero bien empleado por las impresiones recogidas en lo más alto de la Torre de Eiffel y en el seno de la tierra con las simuladas catacumbas. Allá me he creído águila mirando a los hombres diminutos, y como devorando a la humanidad. Aquí me he sentido gusano entre la oscuridad y la roca hecha vivienda en el seno de la tierra.

París se divierte en detalle y en masa, festejando el 14 de julio.

París está enloquecido; se baila en los tabladillos levantados en las veredas, y allí se detiene al transeúnte para que *eche un baile* y siga su camino. Calles, bulevares, plazas, paseos, todo está invadido por la alegría de patriotas que cantan a la *Libertad, Igualdad* y *Fraternidad,* sin que se tomen el trabajo de meditar que libertad no existe en la vida, donde estamos atados a la columna del trabajo cotidiano; que la igualdad es utópica, donde habrá siempre negros y rubios, blancos y morenos, ricos y pobres, virtuosos y culpables, y en cuanto a fraternidad, ella es ilusoria cuando prima el mercantilismo y el oro es rey, amigo y vasallo. En medio de este pueblo casi he perdido la fe que traje de América en esa trilogía francesa, pregonada en libros doctrinarios, cuyas páginas sacan de quicio a muchos de nuestros escritores para alabar todo lo europeo, menospreciando lo americano. En América sí que tenemos libertad, igualdad y fraternidad, y casi estoy por creer que las tres *entidades* visitaron como fantasmas de luz la vieja Europa, pero luego se trasladaron a la joven América, donde encontraron brazos abiertos, sangre robusta y altruismo suficiente para decantar fraternidad. Ya vemos que en América brotaron la *doctrina Drago* y la *doctrina Tobar*[50], una proclamando el arbitraje obligatorio, otra la paz interna, ambas como símbolo de cultura y de progreso, pues las naciones ya no deben ser hordas salvajes arrancándose territorios ni abrogándose derechos regados con sangre hermana, ni los hombres deben ser ya las fieras devorándose en festines canibálicos. En América se detuvo también la diosa intangible, de túnica de luz y borceguíes de aurora, que conduce de la mano dos criaturas, un niño y una niña, y besando sus frentes les dice: «Hijos, los dos sois iguales por el cerebro, por el corazón; ambos lleváis iguales rumbos; iguales luchas os esperan y una sola paz: ¡el amor! Quedaos aquí, donde prosperará el débil y se perfeccionará el fuerte.» Y en América se puso la cuna mecida por el hada protectora del feminismo, o sea de la mujer–persona, del ser consciente y libre. En París hay muchas mujeres superiores, pero en el sentido genuino de la ilustración y los derechos, está en mayoría la hembra que vive, no para madre, sino para el placer, y a él dedica todas sus actividades y en él ve todo su objetivo, cobrando cara la mercancía y el invento.

La mañana se ha presentado con todas sus pompas de luz y poesía, como para disipar las impresiones recogidas ayer y anotadas en estas páginas exponentes de las situaciones de mi espíritu. Vamos a visitar los *Inválidos*[51] y el *Museo de Artillería*. Queremos ir por la plaza de *L'Étoile,* pasando por debajo del arco del mismo nombre. Esta plaza es una de las más importantes estaciones del ferrocarril subterráneo que recorre París por bajo tierra, y se llama el *Metropolitano.*

Estamos en las Tullerías. Comenzamos por la sala de armas. Ya hemos dicho que las sensaciones que se experimentan en estas visitas de museos no pueden describirse, porque ellas están en consonancia de la nutrición histórica que se lleva y de los gustos particulares sobre

---

50   *Las doctrinas Drago y Tobar*: la doctrina Drago, anunciada en 1902 por Luis María Drago, ministro de Relaciones Exteriores de la Argentina, declaró que ningún poder extranjero pudiera utilizar la fuerza contra otra nación americana para recuperar deudas. La doctrina Tobar, declarada por las repúblicas centroamericanas en 1907, estipuló que los países que la firmaban no pudieran reconocer un gobierno que llegara al poder como resultado de un golpe de estado o una revolución contra el gobierno elegido. Ver la nota 20 sobre Tobar.

51   *Los Inválidos*: el Hôtel des Invalides es un edificio construido en el siglo XVII por orden del rey Luis XIV para los veteranos inválidos de guerra que carecían de hogar propio.

arte. Estos mudos testigos y atestiguadores de la grandeza pasada, sólo hablan al que comprende su lenguaje. ¡La sala de armas! ¡Cuánto *ha progresado* la humanidad en el arte de matarse! ¡Por qué etapas ha pasado la inventiva del hombre para la destrucción del semejante! Ha superado al salvaje que con dardo envenenado y tiro certero hiere y mata a un solo prójimo. Lo que sí se recoge como fruto del estudio es el convencimiento, bien triste por cierto, de que la fuerza física ha decaído, porque los hombres actuales no resistirían ni veinte minutos aquellas armaduras de acero. ¡Pobres cuerpos deformados que se excitan con el ajenjo, usan cosméticos y en su raquitismo van tras el *ideal mujeres!* Los guerreros del siglo tampoco presentan el blanco valerosamente; tienen la pólvora sin humo, que borra la huella del crimen, convirtiéndole en hazaña; la dinamita pulveriza sin misericordia grupos de ciudadanos, artistas, genios tal vez de gloria para el hombre; el catión rayado corta el brazo del obrero y corta en flor las esperanzas del trabajador enamorado de la virgen, en cuyo seno palpita la promesa de un hombre. ¡Horror de la guerra! ¡Ojalá pudiésemos contemplarla sólo entre los muros de un museo! Por lo menos, lo que aquí vemos y admiramos pertenece a otras edades.

 Visitamos la lindísima capilla, donde el espíritu se eleva hacia el sublime desconocido, y las palabras de Víctor Hugo brotan a nuestros labios: «Hay momentos en que, cualquiera que sea la posición del cuerpo, el alma está de rodillas...» Seguimos. Aquí está la tumba de Napoleón I, que el arte y la veneración de la Francia han consagrado al que fue dueño de casi todo el mundo, y hoy ¡polvo! La cripta, bellísima, es reproducción de la de Santa María la Mayor de Roma. En la entrada y lugares cercanos abundan vendedores de chucherías con el busto de Napoleón, fotografías, etc., para recuerdo de la visita a los Inválidos. No dejo de adquirir algunas, y vamos hacia la estación del Metropolitano que, por bajo tierra, ha de llevarnos al cementerio más antiguo y más grande, al *Père Lachaise,* nombre del jesuita confesor de Luis XIV, a quien perteneció el campo primitivo. Tres son los principales cementerios en París: el mencionado, el de *Montmartre,* segundo en su género, donde entre otros reposan Ernesto Renan, Julio Simón, el doctor Charcot, Carlota Patti, los hermanos Goncourt, Enrique Heine, cuya tumba está ornada de violetas frescas que manos invisibles y cariñosas renuevan, tal vez deseando que sea inolvidable la frase del poeta: «¿No percibís perfume de violetas?» Aquí está el busto de Alejandro Dumas (hijo) en traje de trabajo; no afirmo si sus restos han sido ya trasladados al *Panteón,* del cual pronto hablaremos, y más allá Teófilo Gautier[52], en cuyo sepulcro llora la Poesía con las ternuras sollozantes del alma de *Espíritu*, y en la losa se lee:

L'oiseau s'en va, la feuille tombe	Huyen las aves al morir las hojas,
l'amour s'eteint, car c'est l'hiver.	y al soplo crudo del helado invierno,
	se desvanece lánguido al amor.
Petit oiseau, viens sur ma tombe	¡Pajaritos, volved sobre mi tumba
	a entonar vuestros cantos melodiosos,
chanter quand l'arbre sera vert!	cuando recobre el árbol su verdor![53]

El cementerio de *Montparnasse* guarda a Guy de Maupassant, Leconte de Lisle y otras notabilidades. Estamos, pues, en el *Père Lachaise*, sumidos en un mundo silencioso, pero que habla al espíritu el mismo lenguaje de los museos que hemos visitado, con la diferencia de que aquí estamos entre polvo humano, cráneos verdaderos que fueron depósito de grandes pensamientos y corazones ardorosos cruelmente helados por el cierzo de la muerte.

No tengo parientes aquí, no traigo suspiros ni oraciones, camino en pos de amigos encontrados a través de los libros, del pentagrama, del pincel o el cincel, lazos de unión entre los seres pensantes y sensibles a la acción del arte. He comprado flores con destino a la tumba de Eloísa y Abelardo, esos dos que al pasar por la tierra dejaron vibrante una plegaria de amor y de dolor. El sarcófago es una especie de capillita que guarda los bustos de los infortunados amantes: dos urnas, una junto a la otra, y un perro, signo de fidelidad, a los pies, es todo lo que de material queda en el mundo de aquellos que escribieron con lágrimas la leyenda de sus corazones, epilogada con sangre... ¡Yo también, que sentí en mi alma brotar lozana y crecer gigante la flor del corazón, he puesto flores frescas sobre este sepulcro, rindiendo homenaje al sentimiento más hermoso, alma de la humanidad, luz de la vida, el amor!... En la cúpula del monumento a Eloísa y Abelardo, está una cruz. Símbolo también de amor, amor infinito, de reconciliación entre la duda y la fe, triunfante la esperanza.

Seguimos leyendo inscripciones, admirando bronces y mármoles,

---

52 *Teófilo Gautier*: Pierre Jules Théophile Gautier (1811–1872) fue dramaturgo, poeta, novelista, periodista y crítico literario francés muy admirado por Matto.
53 Traducción de Matto de Turner.

repitiendo con emoción nombres y fechas: Chopín, Bellini, Rossini, un coro armónico cuyos ecos vibran todavía en los instrumentos por ellos divinizados; Alfonso Daudet, Gustavo Doré, La Fontaine, Molière, Balzac y Musset, en cuya losa están grabados los versos que él mismo escribió:

Mes chers amis: quand je mourrais,	Mis queridos amigos: cuando muera,
plantez un saule au cimentière;	plantad un sauce en el cementerio;
j'aime son feuillage éploré;	amo su follaje melancólico;
la pâleur m'en est douce el chére,	la palidez me es dulce y querida,
et son ombre será légère	y su sombra será ligera
a la ten oú je dormirai.	a la tierra donde duerma.[54]

Beranger, Ney, Lefévre, Allán Kardec, el cultor de la filosofía espiritista, Michelet[55] el sublime, que en *La mujer, El mar, El pueblo, La montaña,* nos ha enseñado a pensar con serenidad y justicia, que en *El insecto* nos ha demostrado lo imposible de la igualdad humana, porque ha comprobado que las hormigas negras sirven a las hormigas blancas; Michelet, el amigo que llamó a la mujer «la eterna enferma» por las dulzuras y los cuidados que ella reclama de su compañero, tiene escrito en su losa: *«La historia es una resurrección»;* Augusto Comte, fundador del positivismo, tantos otros nombres que nos son familiares, y que apenas podemos deletrear porque la contemplación del arte en múltiples formas atrae nuestros sentidos con sugestiones de ultratumba. Las víctimas del incendio de la Ópera Cómica, los soldados muertos en la guerra de 1870 y 71 y tantos otros tienen en este cementerio monumentos espléndidos, y en este mismo recinto están el cementerio *Musulmán* y el *Crematorio.*

Damos la vuelta por la avenida Gambetta a la de Voltaire, y seguimos a la plaza de la República, donde admiramos el magnífico monumento que la decora.

Los árboles, estos amigos protectores de la salud y mayores contribuyentes en la belleza del paisaje, serán hoy los que se lleven las mejores horas del día. Vamos a recorrer el democrático bosque de *Vincennes,* más hermoso, más hijo de la Naturaleza que el de Boulogne. Llegamos a la plaza de la Nación y nos detenemos para admirar el monumento *La Nación,* el más hermoso de cuantos hemos visto por sus

---

54   Traducción de Matto de Turner.
55   *Jules Michelet*: historiador prolífico francés (1798–1874) cuyos libros sobre la historia natural eran muy admirados por Matto. Ver nota 9.

alcances emblemáticos y la significación de una nación que en la paz requiere conquistar la gloria. Ningún trofeo militar. Una mujer de pie sobre una esfera que cargan dos viejos leones guiados por el genio de la Luz con su antorcha. Por un lado está la obrera con su hijo provisto de útiles de escuela, al otro el cuerno de la abundancia enriqueciendo la Agricultura. ¡Cuánto habrá gozado al pie de este monumento nuestro amigo el escritor Carlos H. Tobar, viendo admirablemente interpretada la doctrina de la felicidad por medio de la paz! Yo también siento deleite, y quisiera que nuestras naciones americanas tuviesen en cada plaza pública una obra semejante que les hiciese pensar en la dicha de la vida sin los horrores de la revuelta armada: la anarquía y la huelga. ¡Y qué sitio tan adecuado para tan grande, para tan significativo monumento! Por aquí desfilan miles de obreros hacia el bosque de Vincennes, entre cuyo follaje van a recrearse y hallar descanso a sus tareas semanales. Los domingos es de verse con regocijo este bosque convertido en un vasto comedor con los manteles extendidos sobre el césped, las viandas incitantes, el vino generoso y las gentes pregonando alegría en sus semblantes risueños.

La noche extiende su negro manto en medio de aquel verdor y bullicio; sin embargo, la belleza del bosque se impone a la caída de la tarde. Mañana resurgirá del seno oscuro en que acaba de sumergirse el sol radioso prestando obediencia a la ley del girar del mundo y los astros que el Supremo Legislador le ha impuesto.

Nuestro itinerario marca Versalles, la fantástica creación de Luis XIV, en cuyo recinto y alrededores viven hoy 54.982 habitantes. Tomamos en San Lorenzo el tren de las ocho cuarenta de la mañana, porque al paso deseamos visitar la renombrada fábrica de porcelana de Sevres, tan ponderada en América. De antemano hemos conseguido permiso para visitar este enorme palacio, cuya fundación en Vincennes data desde 1738, por los hermanos Dubois, mediante una subvención del rey, y que en 1756 fue trasladada a Sevres, como propiedad de la corona. En 1769 el químico Macquer presentó a la Academia de Ciencias las primeras piezas de porcelana dura y colorada con el *azul de rey*. Luis XV, la marquesa de Pompadour y la condesa Dubarry[56] manifestaron el más grande interés por esta fabricación, llamada a ser de celebridad mundial. Varias estatuas decoran la entrada; la principal

---

56 *La condesa Du Barry*: Jeanne Bécu, amante de Luís XIV, fue guillotoneada en 1893. Ver «Jeanne Bécu Du Barry, Comtesse» en www.encyclopedia.com

de ellas es de Bernardo Pallisyve. Hay cuatro salas de exposición de fabricaciones en distintas épocas, que en realidad son grandiosos muestrarios. Sus hornos recuerdan la alquimia infernal con que aterrorizaban la infancia las narradoras de cuentos espeluznantes, atestiguadas por los pintores de purgatorios y de infiernos. Sólo que en el caso presente las llamaradas gigantescas imprimen colorido a las hermosas creaciones del arte de alfarería.

Desde aquí subimos al tranvía, que cruza por campos vestidos con pompa por Flora, aldeas risueñas con sus casitas ideales distribuidas entre el bosque. Contemplo este vergel, pero mi corazón está opreso entre planchas de plomo. Son las páginas de la historia presentes en mi memoria. Cerrando los ojos me parece ver los pelotones de gente, la multitud enloquecida con el elixir del engaño o alucinación, llenando este mismo camino que nosotros transitamos para ir al mismo sitio donde nos dirigimos, y regresar convertida en muchedumbre de fieras sanguinarias, frenéticas, proclamando a la *Razón,* perdida su razón. Y esta misma senda vio pasar la carroza dorada del más virtuoso de los reyes de Francia: Luis XVI y su familia, prisioneros que iban a entregar sus cabezas nobles al nefasto invento de Guillotín.

Así, reconstituyendo los sucesos, silenciosa, con las pupilas turbias por las lágrimas, casi inconscientes, he llegado a la parada del tranvía. El Gran Palacio está al frente, con su edificio tan irregular al exterior. En el patio de entrada la estatua ecuestre de Luis XIV recibe a los visitantes con el brazo extendido, como si dijese: «El sol aún no se ha puesto en mis dominios.»

La Naturaleza parecía testificar aquella afirmación, porque disipadas las nubes de la mañana, el sol brilla en un cielo azul. Como es el primer domingo siguiente al 14 de julio, funcionarán las fuentes de los parques, así que apresuramos los pasos hacia el palacio encantado, residencia de hadas y delfines, donde la sombra de Luis XIV ha de acompañarnos hasta verse esfumada por la presencia de María Antonieta, y más tarde la de Napoleón I.

Luis XIV se propuso ensanchar el pequeño palacio residencia de Luis XIII, pero en tales proporciones, que en él cupiese toda la corte, y reunió todo lo que fuese arte y luz en la Francia. Sobre esa idea se ha levantado este palacio, capaz de contener diez mil personas. ¿Llegaríamos a una descripción detallada de este gran testigo del esplendor y la decadencia de una dinastía? ¡Imposible!

Anotaré con signos incompletos lo que me ha impresionado más.

El Museo Nacional de Versalles consta de diez partes diferentes. El departamento de Luis XIV y los sucesores, con una antigua y espléndida decoración, constituye un museo único en su género, y el Museo Histórico, fundado por Luis Felipe. El segundo patio comprende un número inmenso de cuadros, esculturas y bellas obras de arte; la colección de retratos históricos. La capilla, de tan linda arquitectura y poético mueblaje, conserva hasta los asientos y reclinatorios donde el rey enamoradizo oía misa tal vez pensando en la de Montespán, la de Maintenón[57] u otra; aquí resonaría vibrante la palabra de Bossuet, suave la de Fenelón, y aquí palpitaría dulce y tranquilamente el corazón de María Antonieta, sin presentir los horrores de la Conserjería. Siguen la sala de los cuadros históricos desde Clovis a Luis XVI; la de Historia de 1794 a 1830; la de Historia contemporánea; los grandes departamentos del rey, poseedores de todos los secretos, intrigas, amores, dolores y pensamientos de trascendencia universal.

No debemos olvidar que en la época de Luis XIV, protector de las artes y las letras, florecieron los Turena y Vauban; los Condé, Duquesne y Dugnay–Tronín, Colvert y Laubois; los Corneille, Racine, Molière, La Fontaine, Boileau, Bossuet y Fenelón; los Lebrien, Lesneur, Girardin, Puguet y Perrault, ejército brillante que hubiese conquistado más glorias para la Francia si el rey hubiese amado menos la guerra.

La galería de la Paz está anterior a la de los espejos, decorada con una riqueza sin igual; es de lo más notable y suntuoso que en su género puede soñar la fantasía. Encuéntrase débil la imaginación para representarse los grandes bailes de la corte dados en esta sala, en cuyas paredes se reproducían las miles de parejas ataviadas y enjoyadas como personajes de cuento de hadas.

La cámara de dormir de Luis XIV, con su magnificencia y elegancia, habla de los gustos refinados del rey. Está conservada como en 1701. Una magnífica balaustrada rodea el lecho en que falleció, después de 72 años de reinado, el 1 de septiembre de 1715.

Después del salón de la Paz, están los departamentos de la reina con sus decoraciones espléndidas. Allí están grabadas las imágenes de María

---

57 *Madame de Maintenón*: Después de la muerte de la reina María Teresa en 1683, el rey Luis XIV de Francia se casó con Françoise d'Aubigné, conocida como Madame de Maintenon. Ella fundó el Institut Real de Sint-Cyr en 1686, escuela para mujeres, que interesó mucho a Matto. Ver http://ellashistoria.blogspot.com/search/label/Madame%20de%20Maintenon

Teresa, de María Leczinsk y María Antonieta. Entre los cuadros es notable el matrimonio de Luis XIV con María Teresa, obra de Le Brun. Los departamentos de madame Maintenón se distinguen por la severidad del decorado; las tapicerías de todas las salas son primores de obra gobeliana, y la gran galería de las batallas, dividida en dos partes por columnas, decorada con 34 cuadros grandes y 80 bustos de príncipes, militares y notabilidades muertos por la patria.

Es hora de bajar por una de tantas escaleras de mármol blanco a los jardines, cuya primera estancia ostenta la grandiosa fuente de Latona, de mármol rosa con tortuguillas doradas que lanzan las aguas hacia el grupo de Latona y sus hijos, que corona la fuente circular: su magnificencia no ha encontrado rival en el mundo, y los surtidores, cuando funcionan, hacen un encaje impalpable, que en la mente deja la huella del ensueño.

Aquí comienza la gran avenida central con tapices de mullido césped, con profusión de estatuas representativas de personajes mitológicos, motivos campestres de caza y de pesca, ya en hilera, ya escondidos entre el follaje, por el arte preparado con exquisita minuciosidad. Allí los jardines de las flores rojas, moradas y blancas; los bordados, digamos así, hechos con matices de hojas y de pétalos, de geranios que se yerguen sobre el tallo y humildes gramillas que rastrean, saturando la atmósfera con el perfume suave que va a evaporarse junto al olor de los bosques. Hacia la derecha nos sorprende, no la continuidad del paisaje, sino la variedad sin el cambio de elementos, y el *cuadrado del Norte* presenta una delicia de jardín que tal vez las Hespérides[58] no tendrían semejante.

Después de contemplar la belleza de estos sitios pintorescos nos dirigimos a la fuente de Apolo, que encierra el bosque de las Columnas, que tiene un peristilo de 32 columnas de mármol, sostenidas por arcadas y fuentecillas, y ostenta el grupo del *Rapto de Proserpina*[59]. Nos sentamos en uno de los bancos a contemplar tanta magnificencia, donde revolotean y gozan mariposillas pintadas de vivos matices, de oro, de grana, de esmeralda, topacio y rubí. Mi imaginación también es asaltada por enjambre que mariposea en alas del recuerdo, de las edades y de hondos sentimientos. ¿En cuál de estos sitios el rey, de ro-

---

58 *Hespérides:* ninfas en la mitología griega que cuidan a un jardín. Ver: www.apocatástasis.com

59 *Rapto de Proserpina:* estatua de Bernini (1622) de Perséfone raptada por Hades, Proserpina raptada por Plutón. Ver: http://pi2bach.colegioalboran.es/?p=96

dillas, a los pies de Luisa La Vallière[60], bebió el agua ofrecida en el hueco de su blanca mano, declarando que jamás gustó néctar semejante, brindado en copa más valiosa? ¿En cual de estos bancos se sentaron ellos, enamorados, febriles, libando él la miel en los claveles de aquellos labios de virgen? ¿Por qué senda cruzó más tarde La Vallière para esconder su pena en el convento de carmelitas de Chaillot, vistiendo el hábito con el nombre de sor Luisa de la Misericordia?... ¿Y cómo no recordar el fin de la única mujer que amó Luis XIV, muerta de sed en expiación de aquella vez que dio a beber al rey en el hueco de su linda mano?

Dícese que si la princesa Enriqueta se había llevado consigo a la tumba toda la alegría de San Germán, La Vallière, a su vez, se llevó todo el amor de Versalles, pues esfumado Luis, acabado el hombre, quedaba solo el rey en brazos de la Montespán.

De estas reflexiones viene a despertarme el ruido de las multitudes que, cual arrastre de hojas secas por huracán poderoso, se lanzan en dirección a las *Fuentes de Neptuno,* las más grandes de los jardines, cuyas aguas comienzan a desbordarse en dirección a los cielos, lanzadas por el dios de los océanos y sus huestes, por millares de pitones de potencia diversa.

Estamos en la avenida que conduce a los históricos *Trianón,* el pequeño y el grande, a los que llegaremos en la hora de la poesía melancólica, muriendo el sol en el horizonte, escondiéndose sus rayos friolentos entre el follaje del bosque y produciendo un espejismo tembleque sobre aquellas pirámides, y abanicos, y plumones, y montañas de agua que hemos dejado corriendo en las fuentes de Neptuno. El grande *Trianón* es un pequeño, pero muy elegante castillo de un solo piso, que Luis XIV hizo construir para madame Maintenón en 1687. El interior está primorosamente decorado con cuadros de autores notables, contiene el museo de carruajes y tiene jardines esmeradamente cuidados.

El pequeño *Trianón* está a poca distancia del grande, hacia el noreste. Lo mandó construir Luis XV para la condesa Dubarry, y es mucho más poético e interesante que el anterior, porque está ligado al nombre de tres mujeres a cual más renombrada por su belleza y su actuación en la vida del Estado. Prescindiendo de la condesa Dubarry,

---

60 *Luisa La Vallière:* o Luisa de la Misericordia: famosa amante de Luís XIV, tuvo que dar excusas públicas a la reina. Entró en el convento de las Grandes Carmelitas del arrabal de Saint–Jacques en 1674 y vivía allá hasta su muerte en 1710. Ver: http://www.alexdumas.110mb.com/lavalliere.html

me refiero a la duquesa Elena de Orleans, la reina María Antonieta y la emperatriz María Luisa[61]. El *Boudoir* es un verdadero nido fabricado por el amor para esconder la dicha y hacer el idilio al unísono de los pajarillos que se pierden en el laberinto de las trepadoras, y desde allí saludan con sus cantos al sol que asoma, a la Naturaleza que presta savia al árbol y calor a los corazones.

Es tiempo ya de dar el adiós a este *pedazo viviente;* me retiro con emociones encontradas como dos corrientes, una de veneración por todo lo grandioso que hoy he saludado evocando la historia, otra de indignación para todas estas gentes con sus caras indiferentes, las mujeres hablando del sombrero y las cintas, los hombres de las cinturas, la cadencia en el caminar, la gracia y otras frivolidades que me parecen blasfemias lanzadas en el templo del arte y de la meditación. Cambiaremos de ruta para volver a París. Desde las ventanillas del tren hemos visto ya la Torre de Eiffel y el ángel de la Columna de Julio. El tren arrastra una multitud enorme de pasajeros, descendemos en la estación de Inválidos para confundirnos en el mare mágnum, y con dificultad conseguimos un automóvil que nos conduce a nuestro alojamiento: anhelo descanso después de una verdadera jornada en que mi espíritu evocador y mi sistema nervioso han hecho un desgaste enorme.

Por hoy debemos visitar el Panteón, pero antes, en el mismo trayecto, iremos a la Sorbona, el centro de resonancia intelectual en el mundo, y al que fui invitada para dar una conferencia sobre América, invitación no aceptada por no poseer bien el idioma francés y parecerme ridículo hablar en español ante público que lo ignora, y por algo de desencanto o decepción recibida al saber que abonando cincuenta francos, cualquiera puede dar conferencias en este cenáculo, que en América es considerado como franqueable sólo por la notoriedad o la competencia ejecutoriada.

El Panteón, donde está la tumba de Santa Genoveva[62], patrona de Francia, está levantado desde 1790 en la parte más elevada de París, y aquí reposan los despojos de los hombres notables, habiendo sido los restos de Mirabeau los primeros sepultados el 15 de abril de 1791, y el 14 de julio siguiente los de Voltaire. El recinto del Panteón ha pasado por variantes caprichosas: templo de culto en la Revolución, iglesia ca-

---

61 *María Luisa de Hapsburgo*: (1791–1847), segunda esposa de Napoleón I y madre de Napoleón II. Ver: http://www.answers.com/topic/marie–louise

62 *Santa Genoveva*: (420–500AD) una monja conocida por haberse protegido contra Atila el Huno con el ayuno y la oración. Ver: http://www.encyclopedia.com/topic/Saint_ Genevieve.aspx

tólica en 1851 y renovada en 1855, mediante el nombre de Víctor Hugo.

La construcción, en forma de cruz griega, es grandiosa: la cúpula tiene 83 metros de alto y 23 de diámetro. Esta cúpula reposa sobre columnata corintia y adornada por una lámpara sobre otra cúpula. La fachada, de 22 columnas estilo corintio, igual al Panteón de Roma; el frontón está decorado por esculturas representando la Patria entre la Libertad y la Historia, distribuyendo coronas entre seis niños. En el interior abundan los cuadros históricos, y de los muertos que duermen aquí el sueño de la gloria, el último es Emilio Zola.[63]

Hablando de mi visita al Panteón, no puedo olvidar la *Abadía de San Dionisio;* uno y otro encierran polvo humano, polvo histórico, y en esta última se realizaron hechos notables. Aquí, Enrique IV abrazó el catolicismo, exclamando: «Bien vale París una misa.» Estos muros presenciaron el matrimonio de la carne de Napoleón I con María Luisa, mientras el alma de la infortunada Josefina[64], repudiada, se asilaba en la *Malmaison*. Entre las inscripciones y monumentos leemos: Dagoberto I, Fredegunda y Catalina de Médicis. Desfilan los sepulcros de los borbones, Luis XVII y Luis XVIII, Luisa de Lorena, consorte de Enrique III, las princesas Victoria y Adelaida, pero solemnes, como si fuesen sepulcros de ayer por la tristeza que inspiran; las sepulturas de Luis XVI y Maria Antonieta, las víctimas expiatorias de los pecados de los Capeto. La emoción más intensa me embarga al encontrarme junto a los restos mortales de la reina, cuyo busto con vestido escotado, de rodillas, evoca todas mis lecturas y reproduce los juicios de Lamartine en su *Girondinos*.[65]

Salgo pronto de este recinto del dolor; voy a los jardines del Luxemburgo; aquí respiro aire puro, contemplo a muchas obreras trabajando bajo la fronda de los árboles, varias tísicas, entregadas al ensueño de la salud, porque dicen que lo que les aqueja *no es nada*. Veo aún estatuas, más estatuas, desnudo admirable por todas direcciones, y penetro en la Cámara de los Senadores, donde lo examino todo con mi-

---

63 *Emilio Zola:* (1840–1902) escritor francés, considerado padre del Naturalismo, se implicó en el caso Dreyfus y escribió el famoso *J'accuse* (yo acuso) en 1898 y se exilió. Autor de muchos libros muy debatidos y muy controversiales en su época. Ver Encyclopedia.com: http://www.encyclopedia.com/doc/1G2–3404707066.html

64 *Josefina:* Josefina de Beauharnais: después del asesinato de su primer marido, se casó con Napoleón y fue su primer esposa. Cuando no produjo un heredero, Napoleón nulificó el matrimonio. Ver: http://www.answers.com/topic/jos–phine–modeuro–in–encyclopedia

65 *Lamartine:* Alphonse de Lamartine, (1790–1869) poeta y político francés, escribió *Histoire de Girondins* en 1847 sobre los recuerdos de los patriotas de la revolución francesa. Ver: http://www.gutenberg.org/etext/18094

nucioso afán. Regreso a casa en ómnibus-automóvil, con el que completo el conocimiento práctico de todos los sistemas de locomoción en París, empeño que ha tenido mi guía.

Mis observaciones sobre las costumbres parisienses me dejan la huella de que casi todo es ficticio, superficial, dorado para relucir. Lo que se llama moral es aquí más convencional que en ninguna otra parte, y la metalización individual tampoco tiene rivales. Tengo dos renglones importantísimos, cuya visita voy a postergar: las bibliotecas y escuelas de instrucción pública con sus dependencias.

Debo salir para Inglaterra; mi itinerario no esta trazado en regiones, sino por recorrido. Esta noche iré a la ópera, para dar fe en América de las pompas teatrales europeas. Se canta *Aida*[66]; la butaca sólo cuesta diez y siete francos; así que me aventuro sin menoscabo de fondos.

Dormiré arrullada por la partitura, y mañana el vagón ferroviario me dejará en la otra frontera con nuevos sonidos para el oído y nuevas leyes a respetar.

El sol está alto, infiltrándose por los resquicios de la ventana. La abro, y mi habitación es inundada por los rayos vivificantes; el cielo está con un azul purísimo; la avenida repleta de transeuntes a pie y los distintos medios de locomoción. Ya tengo mi pasaje tomado desde la víspera. De París a Londres cuesta ida y vuelta 87.45 francos, fuera de comidas y gastos ordinarios de carruaje, etc. En París, en Londres y Berlín, está establecido el uso del taxímetro en coches y automóviles, de modo que el viajero no soporta las impertinencias de los amigos, como sucede en otras poblaciones; él mismo ve lo que marca, agrega una pequeña propina y desciende pacíficamente. Llego a la estación Norte a tiempo, me instalo en el coche del vagón, y a las 9:50 de la mañana comienza el veloz recorrido por campiñas nuevas. *Amiens* está a la vista; luego *Boulogne*, la villa terrestre, donde se puede almorzar, pero es preferible seguir a *Calais* terrestre, donde también hay un *buffet*. Resuelvo esto último; tengo a mi vista el mar de la *Mancha*, festoneado por estas hermosas montañas que en el *sistema insular* se llaman de *Gales* o *Cumbrios, Mostands* y *Mourne*.

Me alejo de París con el concepto de haber conocido una lindísima bailarina que, al rítmico son de los francos que caen en sus pies, vestida de tul transparente con sus cintas de raso y sus flores, hace piruetas en

---

66   *Aida*: ópera de Giuseppe Verdi con libreto de Auguste Mariette sobre una esclava etíope y sus relaciones con el rey. Ver: http://www.kareol.info/obras/aida/aida.htm

el solemne escenario de la Historia, sobre las cenizas de grandes cerebros y grandes corazones, decorado por la magnificencia de sus museos, la sonrisa melancólica de su Versalles y el palmoteo del público de extranjeros que a divertirse llegan.

Desciendo del tren, ya en confines del territorio de Francia; me despido hasta muy pronto, y saludo a Inglaterra.

Agosto 3 de 1908.

Inglaterra

Nuestro buque está amarrado al dique. Acondicionado para la travesía corta, tiene una gran plataforma al descubierto, que en breve queda convertida en sala de espectáculos al aire libre, carpa multicolora, pues los pasajeros se han instalado en sillas apropiadas, cuyo alquiler hay que pagar. Las señoras han abierto sus sombrillas de colores diferentes, y los caballeros los paraguas, muebles que no faltan al viajero europeo. Los que por primera vez hacen esta travesía y los que padecen del mareo, imprudente mal de mar, del que por dicha no sufro, están nerviosos. Un americano, que ha sido compañero de coche en el tren, notable por la cantidad de idiomas que conoce, aunque en realidad no sabe ninguno, pero es amable y entretenido, nos dice: «Ustedes no saben lo turbulentas y volubles que son estas aguas de la Mancha; son cual solterona inconsolada; a lo mejor se encrespan, rugen, suben, bajan, se estrellan contra las orillas arrastrando los navíos.» Unos ríen, otros se muestran hoscos y serios.

Han comenzado a soltar las amarras; las hélices impulsan el movimiento, y empieza la revisión de equipajes en la aduana inglesa, operación que, a la verdad, queda reducida a la cortesía de interrogar al propietario sobre artículos de contrabando; se acepta la declaración, se aplica a la valija el timbre de papel engomado, y adelante. Desde aquí noto que los hombres comienzan a confiar en la honorabilidad de los otros hombres.

He encontrado una familia mexicana que tiene tres niños de siete, diez y doce años, cuya madre está mareada con estos compañeros infantiles, que bien preguntones son; estoy apoyada en la barandilla contemplando este canal de la Mancha, pasaje de una nación a otra, y que varios han intentado cruzar a nado. Es un día espléndido; las aguas tranquilas ofrecen una superficie bonancible, donde la nave marcha con su cargamento humano, veloz, hacia *Dover, Folkstone* y *Canterbury*.

José de Alençar[67] dijo que «no hay hombre verdaderamente feliz si no ha conocido ya la desgracia». ¡En qué momento viene a la memoria este profundo pensamiento vivido! Cuando mi planta va a pisar tierra londinense y mi corazón saludar reverente *la patria del hombre que amé*, de quien fui amada, al cual estuve ligada durante diez años por cadena de afecto, que la muerte cortó con saña cruel. Veintiseis años contaba yo cuando el compañero[68] descendió a la tumba, en un pueblecito triste del interior del Perú, y la desgracia me adoptó por hija.

Pueden haber pasado muchas tempestades sobre mi frente, pero el infortunio ha sido uno, tan largo y pesado, que ya me creo con derecho a ser feliz. ¡José duerme el sueño dulce de los buenos, y yo, viuda, peregrina, lejos de mi patria, llego a la suya conservando el nombre que uní al mío, y al cual he querido rodear de todos los trofeos que en el mundo de las letras conquistase como trabajadora sin descanso!...

Desembarcamos: otra vez el ferrocarril; pero ¡qué contraste tan perceptible entre el servicio y la comodidad de estos coches y los que ya conocemos! No estaba, no, en alas del criterio apasionado el renombre de los ferrocarriles ingleses. Se han combinado la pulcritud y la comodidad de los pasajeros con todo el ingenio y la previsión de una madre. Cruzamos velozmente por cultivos y quintas pintorescas, confundidas entre grandes fábricas que lanzan bocanadas de humo denso; distinguimos un *camposanto* por las cruces y los monumentos que se yerguen entre la piedra blanca y la hiedra trepadora que agosta la flor del olvido; vemos el *Panteón de animales,* cubierto de losas y arbustos minúsculos, donde abonan la tierra los perros mimados y los gatos favoritos; todo pasa ante los ojos como ensueño, entre los cristales y el ruido de la locomotora.

---

67 *José de Alençar*: político y literato brasileño (1829–1877) distinguido. Sirvió como diputado y ministro de Justicia, escritor de muchas obras muy difundidas.

68 *El compañero*: Matto refiere aquí a su marido, Joseph (José) Turner, médico inglés que vivía en el Perú de sus negocios. Se casaron en 1871 y vivieron en el pueblo de Tinta (el «pueblecito triste») hasta que él murió en 1881. No tuvieron hijos, y ella no volvió a casarse.

¡¡*Londres!!*

Allí está la ciudad gigante, que bien merecía un Amazonas para regarla. Eso que se ve como llanura de plata vieja es el río formado por el *Tames* y el *Isis*, que con el nombre de *Támesis* corre llevando buques de arboladura, vaporcitos mercantes y cañoneras. Se detiene el tren: se apean algunos viajeros; es la estación de *San Pablo;* le siguen las de *Holborn, Cannon Street, Victoria* y *Charing Cross,* donde he de bajarme. Son las 5:50 de la tarde. Espero encontrar a una *miss* que vendrá a buscarme de parte de la señorita Adelaida Pitman, pero entre la enorme concurrencia nos alejamos en vez de acercarnos; así que opto por ir de mi cuenta, aventurando cualquier incidente en país desconocido.

Llamo un cochero, toma mi equipaje y en treinta minutos al trote, estamos en la puerta del Hotel de Familia 1, York Place, Portman Square W., donde soy recibida con toda la franca y sincera estimación de una *lady* inglesa a quien fui recomendada por el médico argentino doctor Cavallero, huésped de la casa en otro tiempo.

Londres, la primera ciudad del mundo, con 4.613.812 habitantes, ocupa una superficie dos veces mayor que París, la ciudad *alegre.*

Londres se me figura un rey vestido de púrpura, de armiño y de oro, llevando majestuoso el cetro de la grandeza. Se divide en diferentes cuarteles y circunscripciones, siendo las principales la *City*, que es el centro de los negocios y del comercio; *West-End,* el barrio rico y elegante, donde moran la aristocracia y los dignatarios del Estado; *Westminster*, el centro oficial o de gobierno, y otros.

He pedido a Miss Pitman una señorita para secretaria y compañera. Instalada en mi habitación, me asomo a los balcones, desde donde contemplo la cúpula de los grandes edificios en el radio que abarca la visual, y saludo a los grandes poetas, Shakespeare, Milton y Byron, a los notables historiadores Gibbon, Macaulay y Robertson, a los pintores Landseer y Lawrence, a los hombres de ciencia Newton y Darwin, a los viajeros Ross y Livingstone, a los marinos Drake y Nelson, conocidos a través de sus obras y compañeros de nuestras veladas de invierno.

Después de una cena confortable voy a descansar, pero la imaginación está llena de luces, de paisajes, de recuerdos que han venido a determinar casi un estado febril del organismo. Sin embargo, la materia se rinde y me abraza un sueño profundo, reparador de las fuerzas.

Cuando despierto son más de las ocho de la mañana, y esperan la camarera con el desayuno y Miss Bartlett con su semblante risueño, sus modales señoriales y su porte simpático. Ella será mi compañera durante la estadía en Londres. Nuestra excursión comienza inmediatamente. Vamos al Banco de Londres en busca de fondos, y hemos contratado un automóvil, que aquí se llama simplemente taxi, para todo el día. El número del auto es 19.710, L. Pasamos por la plaza de Trafalgar, mandamos parar el taxi y descendemos para contemplar de cerca la estatua de Horacio Nelson, el héroe que perdió un brazo en Tenerife y la vida en Trafalgar, después de haberla expuesto tantas veces en Tolón, Copenhague, en Bolonia y Nápoles, donde entregó su corazón a Lady Hamilton.

Esta plaza mide 20.000 metros cuadrados.

La columna corintia que sostiene la estatua de Lord Nelson mide 145 pies de altura, y el busto 17 pies; el pedestal, con bajorrelieves de bronce, hechos de los cañones tomados a los franceses; a los pies están cuatro leones colosales también de bronce. Este monumento se hizo con la suscripción voluntaria del pueblo en 1843, y costó alrededor de 45.000 libras esterlinas. Como hemos dicho, *West End* es la morada de la gente rica y aristocrática, así que la plaza Trafalgar, situada en la circunscripción, es el centro del movimiento gigantesco de la metrópoli. Por aquí tendremos que pasar a menudo.

El Banco de Londres, el primero del mundo por los capitales que maneja, su antigüedad y seriedad, nada de notable ofrece en su edificio externo, a no ser lo macizo de sus muros y la carencia absoluta de ventanas. En el interior todo es revelador de seguridad y puntual servicio: los pagos y recepción de fondos se hacen por medio de las famosas balanzas, cuya precisión llega a designar una moneda de otro tipo entre miles y miles de libras esterlinas, que no se cuentan una a una, sino por medio de palas metálicas se vacían en los pesadores. Este detalle llama la atención por la forma de transacciones en los otros países europeos y en América, donde tenemos el papel-moneda y relativamente pequeñas cantidades de moneda metálica circulante, [excepto] creo en el Perú, donde rige el patrón de oro y no existe papel-moneda. Los sótanos que guardan los tesoros están dispuestos de tal modo, que abiertas las llaves secretas, en un momento dado y en el transcurso de cinco minutos, ellos se llenan de agua, y allí perecen los ladrones y se apaga el fuego.

Después de cobrar nuestro giro, Miss Bartlett, con su espíritu religioso, insinúa que nuestra primera excursión sea a la catedral de San Pablo, y allá vamos.

En Londres hay alrededor de ochocientas iglesias, de las cuales 240 son independientes, 130 baptistas, 150 metodistas, 50 católico-romanas, y las restantes de diversos cultos.

La magnificencia y belleza de este templo, el segundo en la nomenclatura de su género en el mundo, y el espíritu esencialmente religioso del pueblo inglés, se notan desde el atrio, donde comienza la contemplación de la arquitectura gótica y las miradas son atraídas por ese gran monumento levantado frente al sitio donde la reina Victoria, la reina grande, se arrodilló en tierra el año 1897 en presencia de sus súbditos, para dar gracias a Dios por haber cumplido sesenta años de reinado. La estatua es de la reina Ana, y en el pavimento está una losa con la inscripción conmemorativa de la acción de gracias de la reina Victoria.

Como el ejemplo es el que mejor educa a la familia y así también al pueblo, ésta fue lección que después de grabarse en los corazones de la generación presente se perpetuó, para las que vienen, en esa inscripción que les dirá: «¡Antes que los poderes de la tierra está el poder de Dios!»

La catedral de San Pablo se erigió en el sitio que ocupaba el templo pagano de Diana, donde el apóstol discutió predicando el Evangelio de Cristo con aquella palabra convencida que le fue donada en el camino de Damasco. Ésta y la Abadía de Wéstminster son los dos templos verdaderamente interesantes e imponentes. Al penetrar en él encontramos celebrándose la *Conferencia Lamben* y la *Sagrada Comunión,* con asistencia de los obispos de Durham, de Winchester, de Londres; los arzobispos de Londres, de Canterbury, de York y otros, siendo enorme la concurrencia. Hemos tomado asiento y escuchado la prédica del arzobispo de York sobre la riqueza que atesora la honestidad en el trabajo y la virtud del trabajo. Una vez terminado el servicio, la multitud desfila y nosotras comenzamos la visita del interior, que es soberbio por la riqueza y notable por la rigidez.

La nave principal es un primor de estudio de luz. Ésta se proyecta por las múltiples ventanas, a través de vidrios de colores que dibujan paisajes bíblicos, escenas de la vida de Jesús y la de San Pablo. La sillería, el púlpito, todo está en correlación de la magnificencia. Al fondo se destaca el altar mayor como el área o el *Sancta Sanctorum,* que tal vez la imaginación de Isaías concibió y fue transmitida en sueño místico a los artistas que labraron el pórfido y el mármol italiano al estilo Renacimiento, sobrepasando a los encajes de Inglaterra y a los bordados de oro que la aguja ejecuta sobre raso blanco. Las esculturas abundan. Representan las del altar al Salvador, en la cúpula la Virgen y el Niño, al centro los apóstoles Pedro y Pablo. En las laterales y alrededor están los sarcófagos con monumentos notables. En primer término se destacan Nelson y Wéllington.

Nos detenemos ante Joseph Mallord William Turner[69], el famoso pintor, y seguimos contando treinta y un monumentos más, cuya enumeración nos resultaría cansada.

Recogemos por algunos momentos nuestro espíritu, absorto ante la grandeza del arte, nos inclinamos y repetimos nuestro himno de adoración a Dios, Padre de los artistas.

Salimos para ir a almorzar, y como dista mucho nuestro alojamiento, vamos a un restaurant próximo. Se llama *La popular* y está servido por mujeres únicamente. Nuestra amiga nos dice: *The popular,* son muchos en Londres, y es preciso fijarse en el servicio; aquí no se expende vino ni ninguna otra bebida más que agua o cerveza; son especiales los hoteles que tienen licencia para venta de licores.

Muy bien. Estamos instaladas en nuestra mesa: Miss me pasa la lista de comida con los precios fijos, y me advierte que cada una debe llevar una nota de lo que consume, para pagar en la caja a la salida. Este detalle me sorprende. Es la primera vez que veo ejercitada la suprema virtud de la honorabilidad entre los dueños del hotel y los consumidores. «No se sorprenda; de esto encontraremos mucho en Inglaterra», dice nuestra compañera.

Y así fue en efecto.

Nosotras mismas hicimos nuestra cuenta y nos levantamos, dejando en el platillo del café dos peniques de propina, más la mujer que nos servía cuidó de hacernos notar que dejábamos *aquello.* Cuando le dije que era su propina, «No, señora —me respondió—; yo tengo mi salario

---

69   *J.M.W.Turner*: pintor romántico inglés (1775–1851), uno de los pintores más eminentes.

y por él trabajo.» Nueva sorpresa para mí, que venía de París, donde hay que *propinar* hasta la sonrisa de la camarera. Llegamos a la caja, nuestra Miss dijo a la otra Miss lo que debíamos, pagamos y salimos con el propósito de andar dos horas en taxi, conociendo algunos barrios. Anoto la fecha, 9 de agosto; número del taxi, 3.679.

Las principales, o mejor dicho, las más populosas calles son: Oxford Street, Strand, Holborn, Viaduct, Pall Mall, Regent, Haymarket, Whitehall, Kingsway, Piccadilly.

El nombre de este circuito me llama la atención, pero Miss me dice que en aquellos tiempos en que damas y caballeros usaban ya la pechera de la camisa, ya el cuello blanco hecho de picadillos, fue éste el centro de la fabricación, y de allí viene el nombre. Vamos hacia el Támesis, visitamos los puentes, ordenamos al *motorman* y nos lanzamos en carrera vertiginosa.

Los principales puentes sobre el Támesis son el de Waterloo, cuyos faroles son hechos de bronce, de los cañones tomados al ejército de Napoleón I en la fatal jornada, término de sus correrías militares, precursora de su desgraciada prisión y muerte en Santa Elena; el puente de Londres, que es de los más hermosos, y el puente de la Torre. Por éste pasan cada día doce mil vehículos y cincuenta mil transeúntes.

Para subir y bajar a las torres, cuando el puente está suspendido a la parte alta, como se ve en el grabado, hay ascensor. En la noche se baja y queda cerrado el tráfico de embarcaciones a los docks que están aquí y hacen la descarga miles de embarcaciones. Conservando aún la visión fantástica de este puente y la aglomeración de buques, nos dirigimos al túnel y pasamos por debajo del gran río. Las sensaciones recibidas aquí, considerando sobre mi cabeza aquel caudal de agua y aquella población de madera flotante, no son para ser descritas con la palabra: es algo superior a la materia, y el alma, estremecida, las ha recibido. En el túnel nos hemos cruzado con carros cargados, coches y automóviles: el tránsito aquí es igual que por el puente externo.

Las horas han avanzado rápidas y debemos llegar a casa para la cena, que se hace entretenida y confortable en la mesa de Miss Pitman. Después de una hora de reposo y aprovechando la proximidad en que estamos, pues apenas tenemos cuatro cuadras de distancia, vamos a la *Exhibición de madame Tussaud e hijos,* que es la ampliación del *Museo*

Grevin de París, o sea la galería de personajes y sucesos en cera, distribuido en cuatro grandes salas seguidas, dos pasadizos, una sala especial de Napoleón y la cámara del Terror. A la entrada encontramos una señorita inclinada sobre el pupitre, examinando una boleta de entrada. Le dirigimos la palabra, no contesta, y nuestra compañera ríe. Primer chasco. Es una señorita de cera. Vamos, que la cosa es ridícula; no debió sucederme por la experiencia recogida en la galería Grevin de París.

El número 1 del catálogo corresponde a Matilde de Flandes, esposa del rey Guillermo I, que le sigue, y continúan los reyes y reinas hasta Enrique IV. Después entramos en el segundo grupo, que comienza con Margarita de Anjou hasta la reina Ana. Entramos en el gran salón y saludamos a Guillermo Penn, Jorge Washington, José Garibaldi y Voltaire, que charla con una coqueta; vemos los grupos del emperador de la China, la archiduquesa de Austria, Luis XVII y su familia, y la duquesa de Angulema; desfilan ante nuestro paso los presidentes de la República francesa Casimiro Perier, Sadi Carnot, Emilio Loubet, Félix Faure, etc.; luego los presidentes de los Estados Unidos, desde Abraham Lincoln hasta Teodoro Roosevelt; aquí está la simpática Guillermina, reina de Holanda; aquí los reyes de Italia, en seguida Guillermo Marconi, el inventor de la telegrafía inalámbrica, Martín Lutero, el pope Gaponi[70], ahorcado, los reyes de España hasta Alfonso XIII y el pequeño príncipe de Asturias, Carlos Dickens, el almirante Togo, Pío X llevado en la silla gestatoria.

Estos grabados dan idea exacta de la exposición y de la propiedad con que están copiados y eternizados los personajes.

Están las cortes de Inglaterra y Alemania rodeadas de todo su esplendor decorativo.

Continuamos señalando personajes, que nos interesan por la afinidad de gustos: Walter Scott, Shakespeare, Byron, Gounod, Verdi, Victor Hugo en su escritorio de trabajo, así como Emilio Zola.

Entramos en la *Sala del Horror*. Las sensaciones que se reciben corresponden al nombre que se le ha dado. Aquí está la representación real de la guillotina; aquí los grandes criminales que la justicia castigó; aquí los mártires que la injusticia inmoló. Cuerpos con las últimas vibraciones de la materia, cabezas separadas del tronco rodando por el suelo, recogidas en una canasta o recibidas sobre un lienzo. El cadalso

---

70 *El pope Gaponi*: pope (eclesiástico) ruso (1850–1906). Fundó misiones obreras de tendencias socialcristianas y en 1905 presidió sobre manifestaciones políticorreligiosas y fue matado en 1906, caso muy notorio en su época.

con toda su repugnancia; ¡allí la noble cabeza de Luis XVI, que para siempre se separa de su corazón magnánimo, y la blanca frente de la hermosa María Antonieta tinta con la sangre inocente! ¡Ay, cuánto dolor, cuánto extravío humano! ¡Vámonos pronto de esta sala; el corazón no soportaría por más tiempo esta tensión que le estremece, le sacude y le arranca lágrimas!...

Anoto un último detalle en mi cartera. Son 377 los bultos, cuadros en cera y pinturas que contiene la notable exhibición de madame Tussand de Londres.

Miss Bartlett, que con cariñosa solicitud adivina las fuertes emociones sufridas, me dice: «Esta noche hay que dormir bien; mañana pasearemos algunos parques y después la Abadía de Wéstminster; nuestro programa es lindo, ya lo veremos.»

Nos hemos dicho buenas noches, hasta mañana, y confiamos en el sueño reparador del cuerpo, dulce simulador del olvido.

La mañana está hermosa. Hasta ahora no he visto ni un día gris, de nublado denso, de que tanto hablan en América, pintando a Londres como la ciudad tétrica y sombría.

Antes de las ocho de la mañana aparece a la puerta de la habitación la cara risueña de mi querida compañera, quien me dice que está listo el taxi. Nos dirigimos a Hyde Park, cruzando bosques y llano en 390 y 630 acres, todo un viaje; Green Park y Kensington Gardens, donde nos detenemos para examinar el grandioso monumento levantado a la memoria del príncipe Alberto.

Este monumento es suntuoso y bello. Se ve aquí la mano y el corazón de una mujer enamorada como estuvo la reina Victoria del príncipe consorte, digno también de su parte del amor de una mujer reina como Victoria de Inglaterra, quien ha intervenido en la ejecución de la obra magnífica, cuyo costo es de 120.000 libras esterlinas, suma erogada por la nación, para perpetuar la memoria del príncipe, que fue protector de las artes, las ciencias y todo lo que significara progreso del reino. Por esa causa, en la profusión de mármol y bronce, resaltan en los cuatro costados del monumento 178 bajorrelieves con figuras de artistas, y en busto la Poesía y la Música, la Pintura, la Arquitectura, la Escultura. En los ángulos superiores grupos notables representan la Agricultura, el Comercio, la Manufactura y la ingeniería. Al centro, bajo el dosel, en cuya coronación hay una cruz, está la colosal figura del príncipe Alberto. Cada grupo, cada estatua, cada pequeño detalle, es un primor artístico realzado por los dorados, los tonos de los mármoles y mosaicos del basamento y los contornos, donde también figuran Europa, Asia, Africa y América. La inscripción, hecha sobre mármol azul con letras de oro, dice: *Queen Victoria and Her People to the memory of Albert, Prince Consort, as a tribute of their gratitude for a life devoted to the public good*.[71]

Volvemos a subir al taxi y nos dirigimos al oeste, donde veremos la *Alexandra House*, hogares de estudiantes que protege la reina Alejandra, quien hizo la fundación en 1886 cuando era princesa de Gales. Continuamos por Kensington High Street, para ver las antiguas casas que aún se conservan como reliquia histórica de veneración para ciertos nombres. Aquí está la morada de lord Macauley, muerto en 1859; la de Sir Isaac Newton, fallecido en 1727. Resolvemos almorzar en algún lugar cercano, prefiriendo por mi parte un restaurant popular para estudiar de cerca las costumbres del pueblo, como he hecho ya en los países hasta la fecha recorridos. Despedimos al taxi para quedar en libertad y regresar al centro por Brompton Tube. Tubo se llama el ferrocarril subterráneo.

Instaladas en nuestra mesa, el oído atento a las conversaciones de diferentes tonos, de diversas materias, cada cual por su oficio, por el asunto que le preocupa, los consejos y las noticias que da o pide: ni una nota en otro idioma, todo suena en inglés. Nos parece que hasta los cubiertos, al caer sobre las bandejas, dicen *thank you, please* y otras frases semejantes. Alguno tiene un libro abierto, y abstraído pasea su mirada entre la página y su plato; otro aprovecha los pequeños intervalos del servicio y toma notas en una cartera minúscula: ¿será comerciante, ingeniero, estudiante, quizás viajero como yo? Más allá dos tienen *The Times* doblado a lo largo y leen a ratos. Como Miss me ha impuesto el deber de hablarle en el idioma del país para ejercitarlo, paso algunos apuros por escasez de vocabulario, pero en su oportunidad soy ayudada por la buena amiga, aunque no deja de divertirse a costa de mi ignorancia. He dicho *chide* en vez de *chink* al echar agua caliente en un vaso, y mi compañera ríe explicando el sentido de cada una. En fin, la frase no se me olvidará: ya sé que *chide* es reprimenda *y chink* rajado.

---

71 «La reina Victoria y su pueblo a la memoria de Alberto, príncipe consorte, como un tributo de gratitud una vida consagrada al bien público».[traducción y nota de CMT]

Al salir del restaurant pasamos junto a unos vendedores de diarios, que son ciegos; los transeuntes toman un ejemplar y abonan el importe en una cajita, especie de alcancía.

Hemos llegado a la estación superior y descendemos a la interna, por medio de ascensor, que nos ahorra la escalera. En unos cuantos minutos estamos en el término del viaje y nos dirigimos a la gran Abadía, deteniéndonos a contemplar primero el edificio del Parlamento a la orilla del río.

La magnificencia de este edificio corresponde a la grandeza de su historia y a la importancia que tiene el cuerpo dirigente de la nación inglesa ante el mundo civilizado. Decir que ésta es casi una ciudad no es exagerado, porque el área que ocupa, ocho acres, o sean 416.312 pies cuadrados, contiene mil cien departamentos, sin contar los corredores; su costo va alrededor de tres millones de libras. La situación del edificio es originalísima y políticamente meditada, pues queda resguardado por el Támesis, está enfrente de la Abadía de Wéstminster, y aquí están las famosas torres, la de Victoria, la de San Estéfano, donde está la gran campana de 13 toneladas de peso, cuya vibración oye la ciudad de Londres sólo en los grandes acontecimientos. Los últimos ecos corresponden a la muerte de la reina Victoria y a la coronación de Eduardo VII. Hay profusión de estatuas. Hacia la ribera del río están las de los monarcas ingleses, desde Guillermo el Conquistador hasta Victoria, y entre el Parlamento y la Abadía se levanta la estatua ecuestre del rey Ricardo, llamado Corazón de León. Tenemos prometido un permiso de entrada al interior del Parlamento; así que esperamos recorrerlo otro día.

Pasamos por la puerta de la iglesia de Santa Margarita, de donde sale una cantidad de devotos. Paseamos un buen rato en los jardines de la Torre Victoria. Hay que dejar en descanso la mente, la vista, la memoria, prepararse para recibir nuevas impresiones sobre un terreno del cual tanto nos han referido los viajeros, la historia y la leyenda.

Nos sentamos en un banco y desde aquí contemplamos la fachada, a la cual los rayos del sol en la hora presente le dan un tinte fascinador, porque sus reflejos iluminan de Occidente el conjunto, que está lleno de la majestad de la idea que encierra y de los tesoros históricos que contiene. ¡Dios! en el infinito inconmensurable. ¡Los héroes! en la ceniza venerada.

Aquí, antes de penetrar en el recinto sagrado, donde nuestra mente será presa de sorpresas y éxtasis, rememoramos la historia de esta vieja Abadía, cuya fundación arranca casi desde el año 616, hecha por los reyes sajones en honor del apóstol San Pedro, y ha pasado por transformaciones diversas, siendo una de sus épocas notables la de los reyes Edgardo, Enrique III, Eduardo I, la reina María, Elizabeth y Enrique VIII. En conjunto podríamos decir que este es un grupo formado por la escuela, la iglesia, el hospital y la catedral de Wéstminster, constituyendo una sola y única grandeza.

Cuando nuestra planta pasó los dinteles de la Abadía, una sensación nueva agitó el sistema nervioso, y corrientes desconocidas enardecieron la sangre de las venas. Esa fuerza impulsora de los misterios que se llama fe, parece que empuja nuestro organismo, dando alas al espíritu incomprensible. Aquí estamos frente a frente de lo grandioso ejecutado por el genio, cantado por la poesía y *subilimizado* por la creencia.

En el momento en que hemos pasado sobre los sepulcros de los caballeros *cruzados,* que emprendieron la odisea para rescatar el sepulcro de Jesús, cuando leemos las inscripciones sobre las tumbas de los que con Ricardo Corazón de León y Godofredo de Bouillón tomaron la cruz y combatieron con la fe y la esperanza de Pedro el Ermitaño, corrientes magnéticas nos han estremecido, humedeciéndose nuestra pupila con las lágrimas de una devoción atávica. Nuestros antepasados, nuestra madre, han acudido al recuerdo, y en el corazón están conmigo, junto a estos muros, diciéndome cosas dulces de la niñez ida, conmoviéndome en la tarde de la existencia. Sobre las tumbas, en relieve, están las figuras de los caballeros: aquellos que entraron en Jerusalén tienen la pierna cruzada, recta los que murieron sin alcanzar esa gloria. En este vasto edificio, cuya vista produce una impresión tan profunda, duermen también el sueño eterno los que fueron notabilidad, poder o genio.

¿Pretenderíamos la descripción detallada de tanto monumento hermoso? ¿copiaríamos las inscripciones que son enseñanza de ultratumba? Para esto necesitaríamos un tomo especial, pues llegan a doscientos cuarenta solamente los que hemos podido examinar. No obstante, vengan aquí unos cuantos. Guillermo Shakespeare. La figura del poeta se levanta sobre un pedestal semejante a un altar; está representado de pie, tiene a la derecha la nomenclatura de sus obras y en la izquierda un rollo de papel medio desdoblado, donde se lee un pasaje tomado de *La Tempestad*. Sobre el pedestal están las máscaras de la reina Elizabeth, los reyes Enrique V y Ricardo III. Oliverio Goldsmith tiene su tumba modestísima en el interior del templo, y allí también está Carlos Dickens. Juan Milton, cuyos restos parece que se inhumaron en la iglesia de San Gil, pero aquí está su busto junto a una lira, una serpiente y una manzana en alusión a *El Paraíso Perdido*. Más allá los bustos del poeta Longfellow, de lord Macaulay, y un medallón consagrado al poeta Juan Gay, con un pensamiento que él escribió: *Life is a jest, and all things show it. I thought so once, but now I know it.*[72] Nos interesa el monumento levantado en la capilla de Enrique VII a la reina Elizabeth y su hermana María. Juntas están aquí las cenizas de Sofía, hija de James I, Eduardo V y su hermano el duque de York, muertos en la Torre cuando eran niños, lo que ha dado material para leyendas interesantes y trágicas.

Entre las curiosidades guardadas en la Abadía citaremos la *silla de la coronación* hecha por Eduardo I y el bastón tradicional, emblema de mando que dicen fue usado por el patriarca Jacob, y lo trajo a Londres el mismo rey Eduardo I. En la silla, que se cubre de rico brocado el día de la ceremonia, se han sentado todos los monarcas ingleses en su coronación, desde el ya citado Eduardo I hasta Eduardo VII.

El estudio de la luz en este templo y sus capillas es todo un primor. El artista ha tomado un haz de rayos solares y los ha distribuido con tal esmero, que la suavidad y todas las tonalidades de la sombra forman un conjunto sorprendente.

Como hemos dicho, la Abadía constituye el centro de un grupo. Al pasar de uno a otro encontramos en nuestro camino un pequeño patio; allí plantado un rosal que nos aseguran ser vástago de aquel que floreció las dos rosas tomadas como símbolo por los protagonistas de la formidable guerra conocida en la historia por la de *Las Dos Rosas*. A propósito de flores, se refiere que cuando la reina Victoria fijó sus ojos en el príncipe Alberto fue en un baile, y le obsequió con una rosa. Como el príncipe estaba de riguroso uniforme militar, no tenía ojal para colocar la flor, pero sacó su cuchillo y rasgó la casaca hacia el sitio del co-

---

72 «La vida es una broma, y todo lo demuestra. Yo pensé así una vez, pero ahora yo lo sé.» [Traducción y nota de CMT] Viene del poema «My Own Epitaph» de John Gay (1685–1732), mejor conocido por su obra «The Beggar's Opera».

razón, y allí colocó la flor que marcó la felicidad de esos dos seres que tanto se amaron en vida, y muerto uno el sobreviviente continuó honrando y engrandeciendo la memoria del príncipe consorte.

Nos dirigimos a la Escuela o Colegio de San Pedro, el antiguo refectorio de los abades, hoy convertido en sala escolar: conserva varios objetos históricos, entre ellos la mesa sobre la que la reina Elizabeth firmó la sentencia de muerte de la desventurada María Stuart. Nos hemos reclinado junto a esta mesa, rememorando el pasado de ambas mujeres reinas, Isabel y María. ¡Cuánta grandeza y cuánta pequeñez entre los esplendores de la corte! La corona, signo de superioridad llamada a dejar satisfecho el corazón, ha sido fuerza motriz para la sangre bullente, apasionada hasta torcer la ternura femenina y las caricias de madre. ¡Triste condición humana! En medio de estas reflexiones avanzamos por vericuetos de losa y muros de granito ennegrecido, por donde trepa el loto formando cortinajes y cenefas.

Los estudiantes de leyes cruzan por estas callejas antiquísimas, donde los pasos repercuten formando un contraste con aquel bullicio que tenemos al otro lado del río, donde la gente pulula devorando las enormes distancias y donde la transacción mercantil es vertiginosa. Ese ir y venir de las multitudes se facilita por medio de las vías subterráneas, puentes internos, diremos mejor, que cruzan de una vereda a otra. La cultura inglesa revela el establecimiento de *water-closets* internos. A tales distancias se ven barandillas de bronce que brillan por el pulimento y la limpieza. Son las indicadoras de las escaleras de mármol blanco, a cuyo término está el servicio; seis compartimentos perfectamente acondicionados, tres para señoras y tres para caballeros, a cargo de una mujer y un hombre, a quienes se les abonan dos centavos por los servicios.

El día ha sido pesado. La fatiga nos rinde, y es necesario tomarse un buen descanso. Después de la cena permaneceremos en casa, dormiremos temprano y mañana debemos visitar la Torre de Londres.

¡Qué sueño tan dulce y profundo el que nos ha abrazado, sin las intermitencias del insomnio! Ángeles tutelares nos han abanicado con sus alas impalpables, esparciendo perfume de amapolas. Despertamos con las fuerzas recuperadas y el espíritu alegre.

El cielo nos ha preparado un contraste. La ciudad está envuelta en el gran manto gris de la neblina densa. Llueve en gotas menudas, y las calles parecen achicadas, porque el cortinado de las nubes intercepta la visual de esquina a esquina. He aquí el día tétrico de Londres, de que tanto nos hablan en América. Falta que Miss Bartlett haya amanecido con *spleen*[73].

No hay tal. Ella se presenta como siempre, risueña, y sólo ha cambiado de indumentaria. «Póngase el impermeable, tome los guantes gruesos, vea el paraguas; nos es indispensable para los pequeños trechos de a pie; ¿y qué día mejor para estarse en la Torre, conociendo despacio cuanto allí existe?» Todo esto ha dicho *miss*, acompañando la palabra con la acción, pues nos ha ido dando las prendas de vestir, y en unos pocos minutos quedamos listas para bajar al comedor y tomar el desayuno. Mientras terminamos, el mozo ha llamado un taxi, y arrellanadas en su blando asiento salimos hacia la Torre por el Puente de Londres.

El trayecto desde York Place, Portman Square y Piccadilly lo tenemos recorrido ya varias veces; no obstante, siempre encontramos detalles nuevos a nuestro empeño de observación. El puente que cruzamos es el más hermoso de la metrópoli y soberbia la vista que presenta entre lo edificado y el agua. Ya se dibuja en el horizonte el castillo con la gran Torre, hablándonos ora de la residencia de los monarcas durante cinco siglos consecutivos, ora de las prisiones y de episodios fantaseados sobre motivos trágicos como *El hombre de la máscara de hierro*, de Alejandro Dumas[74], en cuyas páginas se oprime el corazón y el terror asalta. La edad de este enorme y mudo testigo de tantos hechos supera a la de otros en la gran capital. La historia menciona la época de Guillermo el Conquistador como su cuna, pero también relata reconstrucciones y modificaciones ofuscadoras de la claridad.

Estamos al pie de los muros. Los examinamos con detención. Su aspecto externo es imponente; el color de las piedras indica vejez matusalénica[75]. Penetrando por la arcada principal encontramos los alabarderos con el antiquísimo uniforme de colorines, que por tradición conservadora visten aquellos guardias del rey de Inglaterra.

---

73 *Spleen*: estado de melancolía, tristeza, mal humor. Referencia popularizada por Charles Baudelaire (1821–1867) poeta francés.

74 *Alexandre Dumas*: (1802–1870) autor francés de muchas obras de teatro y novelas históricas populares, entre ellas *Los tres mosqueteros* (1844), *El conde de Monte Cristo* (1846) y *El hombre de la máscara de hierro* (1849) entre casi mil otras obras.

75 *Matusalénica*: de una vejez extraordinaria. Cuenta la Biblia que Matusalén (Methuselah), el abuelo de Noe, vivió 969 años.

Principiamos la ascensión al castillo por una escalerilla angostísima en espiral, leyendo en varias direcciones un letrero que dice: «¡Cuidado con los pillos!» Llegamos a la capilla, de una sencillez tétrica; aquí no es posible concebir ni el calor de las creencias ni la dulzura de las oraciones. Allí están las sillas de primitiva rusticidad, las mismas en que Guillermo el Conquistador, Carlos II, Enrique III y tantos otros monarcas hincaron la rodilla y humillaron la cerviz ante la Fuerza Mayor. A un costado está la Sala de Armas, un nutrido arsenal o museo donde se guardan los instrumentos de matanza, y entre esos también se conservan la horca y la guillotina, que funcionaron en días nefastos para la humanidad y de agravio a la civilización.

Pasamos de largo; todo esto no nos interesa y nos hace sufrir, marchitando esta flor viva de nuestra admiración por Inglaterra. Estamos en el guarda-joyas de la corona, una grande vitrina de cristales gruesos rodeada por dobles rejas de hierro, dentro de las cuales pasea incesante el guardia, silencioso y de arrogante apostura. Lo que cuestan estas joyas, la magnificencia de la orfebrería, la pureza y tamaño de los diamantes, las perlas y todas las piedras preciosas; las formas, el cincelado y el valor de las pilas bautismales, todo forma un conjunto deslumbrador. Las joyerías artísticas de Paris, las de Oxford Street del mismo Londres, quedan convertidas en pobre bazar provinciano. La corona de San Eduardo, hecha para la coronación de Carlos II, la más antigua y más pesada; la de Victoria, mandada hacer en 1838, y que usó Eduardo VII en 1902, es obra moderna adornada con 2.818 diamantes, 360 perlas y otras piedras. El rubí colocado al frente fue dado al Rey Negro en 1369 por don Pedro de Castilla. Los enormes zafiros de los costados fueron adquiridos por Eduardo el Confesor. La corona de los príncipes de Gales es de oro macizo y joyas. La de la reina consorte de oro y pedrería. Entre las coronas de las reinas, es notable por su obra de arte la de María de Este, esposa de James. II.

El coste de la joyería de la Corona o *Regalía* está evaluado en tres millones de libras esterlinas.

Junto a esta vitrina están las insignias de las diferentes órdenes. Hemos admirado toda la grandeza del tesoro sin codiciar nada, porque creemos que las cabezas sin el peso de las coronas, son más libres, más felices, más llenas de ilusiones y más cerca de la suprema dicha: el amor a sus semejantes.

Recorremos aún el segundo piso; hemos descansado en el salón de los banquetes, hemos saludado algunas momias a caballo con los arneses y la armadura de otras edades; la Torre Blanca y la Torre Negra, tal vez la torre del placer y la del dolor, no nos han esquivado ninguno de sus departamentos; los hemos recorrido departiendo impresiones con nuestra compañera, y para despedirnos de este recinto histórico apuntamos un detalle interesante para las demás mujeres que rinden culto de adoración y de sacrificio a la ropa. En una habitación transparente, pues sus cuatro costados son de vidrio, se exhiben sobre maniquís los vestidos llevados por el rey Eduardo y la reina Alejandra el día de su coronación. Bien cuadra aquí el calificativo de regio. El manto de púrpura y armiño es de lo más hermoso que hemos visto hasta la fecha.

Bajamos con mayor velocidad que a la subida, vamos por diferente sitio, y ¡oh contraste! lo primero que encontramos al salir es una losa cuadrada resguardada por una cadena de hierro. La inscripción de la losa indica que en ese sitio fue ejecutada la infeliz Ana Bolena, madre de la célebre Isabel de Inglaterra, que con su amor trastornó la cabeza de Enrique VIII y el rito de una religión, siendo derrocada por otro amor, mejor dicho, por otra mujer, Juana Seymour, vengadora de Catalina de Aragón en el terreno de las compensaciones y de la frivolidad.

Almorzaremos en un restaurant frecuentado por estudiantes que no tienen familia en la City. Nuestra amiga nos conduce a uno muy lindo de tres pisos, de forma circular; parece un teatro donde el público es de comensales. El apetito está magnífico, sin necesidad de aperitivos amargos. El largo ejercicio ha sido el mejor de todos. Quedamos instaladas en una mesa de cuatro cubiertos, única disponible en este momento. Nos imaginamos que vamos a tomar parte en un gran banquete político de los que se sirven algunas veces en los teatros en América. A la entrada hemos comprado capullos de rosas, que *Miss* coloca en un vaso entre su plato y el nuestro. Verdad es que la mesa sin flores parece mesa de duelo, sin vida, sin alegría.

Nuestro oído está atento por acá y por allá. Nuestra mirada se dilata con la ayuda de los lentes.

Con nuestras observaciones recogidas en París, podemos confirmar lo que un viajero ha consignado en sus notas, que coinciden con las nuestras.

El culto de la energía está difundido en la juventud inglesa, donde los muchachos saben desde temprano que serán lo que se hagan ellos mismos. A la edad en que un joven inglés piensa en hacer su viaje al Continente, a las Indias, al África tal vez, un francés piensa en el amor, en la forma más indecisa y más deliciosa. A la edad de diez y seis años ya ha hecho sus primeros versos, conoce los horrores de la cena en café cantante, y espera tener barba para figurar en la sociedad. Nada ni nadie puede revelar al viajero los temperamentos de las generaciones en formación como estas charlas francas, impremeditadas y expansivas de los estudiantes alrededor de la mesa con los compañeros y amigos. Y por igual concepto, es también el restaurant o la taberna donde puede conocerse la capacidad, la cultura y las tendencias del obrero y de los pueblos.

Londres siempre será grande por el temperamento de sus hombres y la firmeza de sus hogares. En Francia el hogar propiamente dicho no existe sino por excepción, y de esto se lamentan los mismos estadistas, que se horrorizan ante la despoblación originada por la materialización homicida de la paternidad, veneno amargo vertido en la dulzura de la maternidad.

El día continúa triste y lluvioso. La cortina gris permanece extendida en contorno. Sin embargo, no contraría nuestros proyectos. Tenemos que visitar a Mr. Thynne, editor de la versión inglesa de *Aves sin nido*[76], hecha por la inteligente escritora educacionista Miss Hudson. Nuestro taxi se detiene a la puerta de la librería 6, Great Queen Street: es la parte principal de la casa. En el fondo se hallan instalados los talleres de imprenta. Nos recibe una hija del señor Thynne, administradora de la librería; el padre no está en la casa. Miss Bartlett le pide un ejemplar de *Birds Without a Nest,* y cuando lo tiene entre manos dice a Miss Thynne, señalándome: «Esta señora es la autora de este libro».

Una luz juvenil iluminó el rostro de la muchacha, que alargó la mano con mil palabras cariñosas. Maquinalmente le ofrecí el manojo de capullos, no olvidado en la mesa del almuerzo, y con gentileza, que es recuerdo imperecedero para mi, dijo: «Yo guardaré estas flores, yo las voy a esterilizar, quedarán como frescas; gracias, señora, gracias.» En este momento aparece la figura simpática de Mr. Thynne; somos

---

76   *Aves sin nido*: la primera novela (1889) de Clorinda Matto, traducida al inglés, como dice aquí, por J.G.Hudson y publicada en Londres en 1905, con el final cambiado para alentar a los lectores (y a posibles misioneros protestantes).

presentadas, y nos colma de atenciones. Le expresamos el deseo de visitar las oficinas de *The Times*. Medita unos segundos, y dice: «Vayan mañana a las dos de la tarde. Presente su tarjeta en la administración; eso bastará.» Miss Bartlett compra seis ejemplares del libro y salimos con rumbo a nuestra casa, deseosas de tendernos en el diván, descansar, soñar con tanto que hemos visto durante este día inolvidable. La solicitud de la querida amiga llega hasta quedarse en nuestra habitación y acompañarnos, haciendo interesantes comentarios de nuestras excursiones. Una taza de café contribuye a atemperar el frío de la tarde, y todo se muestra agradable. Nos despedimos, por fin, haciendo votos para que mañana el sol no nos esquive su hermosa presencia.

¡Qué mañana tan hermosa! Es natural. Después de la tristeza de un día de lluvia, el sol brilla con mayores fulgores; las gotas de agua que oscilan como resto del temporal parecen diamantes, próximos al engarce en la joyería de la Naturaleza. Todo ríe, todo brinca para contrastar con el entumecimiento del día anterior. La sirvienta ha sido la primera en anunciarme la belleza del día; le mando abrir los balcones y el sol dora cuanto encuentra en mi habitación; se reproduce en los espejos del ropero y me regala los siete colores del iris en los prismas de una lámpara de cristal colocada en la pared. Mi amiga tarda en llegar, y no deseando perder tiempo, voy a una papelería, donde compro tarjetas postales para enviar a los seres queridos en América. Pago la mercancía y el señor me devuelve unas monedas, asegurándome que le he pagado de más. Tomo el excedente bendiciendo la honorabilidad inglesa, y me dirijo a la sucursal del correo en Baker Street. Escribo, compro estampillas, acondiciono las postales, y con ellas en la mano, en soliloquio digo en castellano: «Pero ¿dónde estará el buzón?» «Por acá, señora», responde una voz fresca y simpática, que sale de la garganta de una rubia con cabellera de espigas de trigo sobre una frente de azucena. Es indescriptible la dulzura de la emoción que me causan las frases en mi idioma, la niña y el sitio. Ella es una de las empleadas del correo. Ya somos amigas. Me dice que aprendió castellano con el propósito de hacer un viaje a la América del Sur, frustrado por la muerte de su padre, y que ha optado por emplearse. Regreso a casa, donde encuentro a Miss Bartlett cuidadosa de mi suerte, creyéndome todavía incapaz de excursionar sola en este mare mágnum de las calles. Yo le refiero todo con ademán de triunfo, y mientras llega la hora en que nuestro reloj marque las doce del día para ir a las oficinas de *The Times,* vamos a recorrer el mercado central y el Palacio de cristal.

La nombradía de este edificio transparente es mundial, y cada verano son de diez a veinte mil los visitantes extranjeros que recorren el monumental departamento construido con hierro y vidrio solamente para la gran exposición industrial del año 1851. La nave central mide 1.608 pies y tiene secciones laterales y transversales, donde abundan estatuas, y el efecto que produce la arcada de cristal, de 720 pies de alto, en medio del follaje de las plantas que adornan el palacio y los colores de los vidrios que decoran tal o cual sección, es algo nuevo y delicado; diríamos que son sensaciones de gasa, de nube, de alas, estremeciendo el organismo, después de haber visto tanta grandeza de construcciones sobre piedra, madera y bronce. La fuente de cristal parece una sola con las aguas lanzadas en espiral al centro, en pulverulencia[77] a los costados. Los jardines ocupan un área de 200 acres; en ellos se encuentran terrazas de estilo italiano y español con flores variadas, fuentes, cascadas y estatuas. La gran terraza, resguardada por balaustrada, luce 26 estatuas de mármol, representando personajes del mundo. La disposición interna se reduce: *Lección Pompeya,* donde se ha intentado reproducir a la Roma de Tito; la *Central,* para orquesta; en el centro está el órgano, de 4.384 flautas, y en el recinto caben 4.000 personas; enfrente el departamento de conciertos, siguiéndole el destinado a los reyes, y el teatro, donde pueden acomodarse 2.000 espectadores y se dan sólo funciones de variedades y pantomimas. En el departamento izquierdo del Norte están las copias de la arquitectura y escultura de varias naciones como estudio de su civilización, colocadas en orden cronológico, y una especial de la corte romana. Las tres épocas medievales: *Germana, Inglesa, Franco-gótica.*

Al frente hallamos la gran fuente, en cuya base están las plantas acuáticas, gran *aquarium* y los jardines. Al oeste la Galería de retratos de hombres eminentes de todas nacionalidades y la Galería de cuadros de Historia natural y Etnología. Cerca encontramos el departamento de Geología, que es de los más interesantes por las lecciones prácticas que pone a nuestra vista sobre la formación de la tierra y sus habitantes; modelos de animales antediluvianos y contemporáneos, etc. Después encontrará el viajero el *Cricket Club,* el *London Polo Club* y el *Football*

---

[77] *Pulverulencia*: término geológico o mineralógico: roca en estado de descomposición, mineral que es fácilmente reducido a polvo. En este caso el agua de la fuente se dispersa, se fragmenta.

Ground and Cycle Track, donde puede divertirse según sus aficiones. Nosotras necesitamos ir de prisa a las oficinas de *The Times*. Estamos ya a la puerta del coloso. El edificio no ofrece nada de notable por el exterior; más bien da una idea pobre, sobre todo ahora que en nuestra mente bullen los espejismos mágicos del Palacio de Cristal. Transpuesto el umbral, un paje nos indica la administración, a la que llegamos por un pasadizo estrecho. Es una sala pequeña con mostradores y ventanillas, donde se atiende al público por el sistema bancario. Pasamos nuestra tarjeta con destino al director, esperamos unos cuantos minutos y se nos manda pasar adelante. Subimos por una escalera estrecha y oscura al segundo piso, donde hay un salón de recibo. La redacción está en el tercer piso. No es la hora de turno del director y nos recibe el vicedirector, Mister E. M. Amphlett, con las distinciones propias de un caballero. Conversamos sobre la importancia del diarismo en la marcha de la humanidad, informamos acerca de los progresos que en este ramo han surgido en la República Argentina y en el Perú, y expresamos nuestro deseo de visitar los talleres del diario. El señor Amphlett se excusa de no acompañarnos personalmente por el cúmulo de sus tareas, que bien las conocemos por nuestra parte, y nos da una tarjeta impresa, cuyos blancos ha llenado y dice: *The Times Office. Printing house square. Admit madame Matto de Turner and five friends to view the offices and machinery, at 12:40 midday. To the Printer.* «Con esto puede usted visitar los talleres las veces que guste, menos los sábados; aquí deja usted amigos», nos dice galante; estrechamos su mano y descendemos la escalerilla por donde subimos. Un empleado nos espera al término de la escalera. Es nuestro cicerone y con él entramos en la primera sala, amplia, llena de luz, donde están las cajas; le siguen dos más de iguales condiciones; luego viene el departamento de fundición: cada plancha ya impresa vuelve a ser masa y a tomar nueva forma; viene la sala de las máquinas: parece una sección de exposiciones. El momento en que funcionan las rotativas es grandioso por el ruido armónico; nos imaginamos que cada tipo es una voz que pide, que enseña, que aclama. Rumor ensordecedor de los pueblos que en mitin reclaman sus derechos, aquí se repite, pero la acción va a la inversa. Estas ruedas que giran, estas palas que crujen, amasan sobre el papel el pan de la inteligencia, que nutre al derecho y al deber, por igual.

Al momento he cerrado los ojos, porque tanto pensamiento grandioso que bulle en mi cerebro me anonada. Después de que he visto esta cascada de leche –el papel blanco–, que se tragan las rotativas, y he meditado el poder moral de *The Times,* vuelvo la mirada del recuerdo a nuestra Buenos Aires, saludo el elegante edificio de *La Prensa,* y con orgullo de americana le digo: «Eres el primero por tu gallardía; no tienes rival ni allá ni aquí.» Y en este saludo va confundido el nombre del doctor José C. Paz[78], fundador, que actualmente reside en París.

Al salir digo a mi compañera: «Daremos una propina al cicerone.» «Ni lo intente; se ofendería», nos responde, y subimos al automóvil. Recién, en este momento de descansar, reparo que aún no hemos almorzado. «Mi querida Miss, ¿qué dice el estómago?», interrogo, para oír la graciosa respuesta: «Tenemos cerca un lindísimo restaurant, donde con música y flores satisfaremos este gran apetito.» «Diga hambre», observo, y mientras, mi amiga ha dado la dirección al *motorman*. Desde la vecindad, mi olfato distingue la proximidad de la mesa, a la cual pronto nos sentamos: pido mantequilla, rabanitos y pollo, cosas que sé decir muy bien en inglés, sin el riesgo que corrió Alejandro Dumas, que cuando pidió ave le trajeron coche y cuando dibujó un hongo le presentaron un paraguas. En el transcurso del almuerzo hemos acordado descansar en casa de tres a cinco de la tarde, y después ir a comprar algo que necesito y así conocer las grandes tiendas. En el camino del restaurant a la casa, Miss ha notado mi profunda preocupación y me dice: «¿Dónde va, Miss, su habitual comunicabilidad? ¿qué la abstrae así, qué la preocupa?»

Si; estoy abstraída. Medito sobre la influencia que la lectura ejerce en los pueblos, marcando sus hábitos, refinando el gusto, conservando la solidez del hogar. Las responsabilidades educativas del escritor, en este concepto, se multiplican y se agrandan. Comparemos la actualidad de las dos naciones que el Canal de la Mancha separa. ¿En dónde está esa Francia grandiosa de Chateaubriand y de Lamartine, en dónde ese pueblo que se conmovía en *Nuestra Dama* con la voz vibrante de Bossuet que le hablaba de fe, de esperanza y deber ciudadano, derramando por doquiera haces de luz evangélica, alentadora del pobre, represora del rico, guía de la mujer? Inglaterra cerró sus puertos para la entrada de la obra de Emilio Zola, con la misma previsión con que el

---

[78] *José C. Paz*: (1842–1919), argentino que fundó el periódico *La Prensa* de Buenos Aires el 18 de octubre, 1869. Sirvió como deputado nacional en 1879 y luego como representante diplomático en Madrid 1883–1885, y París 1885–1893. A partir de 1900 vivió en Europa.

padre vela por la clase de lecturas de su hija, y este criterio paterno lo encontramos en un escritor francés. Cuando fue pedida la mano de la hija de Alejandro Dumas, él dijo a su futuro yerno: «Mi hija no tiene dote, pero le aseguro que no ha leído ni una sola de mis novelas.» Pudo ser broma del escritor; para mí, después de lo que llevo visto y observado, es burla en serio.

La parada brusca del automóvil notifica que estamos en el término de la jornada.

En Londres la mayoría de las casas de familia tienen la puerta de la calle cerrada, y en lugar de timbre eléctrico hay una perilla de bronce que se tira hacia afuera y agita el cordón de la campana interior. Así hemos hecho; el portero deja la puerta franca y vamos en pos de unos momentos de descanso. Tendida en el diván, ansío el reposo después de tanta fatiga; sí, el cuerpo entregado a la quietud ofrece bienestar, pero la imaginación labora con mayor empeño. Está grabada en la mente esa modestia, casi nada externa, y la grandiosidad interior de las oficinas de *The Times*, y en este burbujeo de proyecciones desfilan ante mí personas, especialmente escritores, semejantes a estos talleres. Pobres, tal vez raídos, modestos al exterior, con grandeza de ideas, noble corazón por dentro. Es como una dulce somnolencia la que me abraza; repito mentalmente nombres propios que me son queridos, que no quiero anotar aquí, y sin darme cuenta del instante he quedado narcotizada por el ensueño.

Cuando despierto paseo la mirada por el aposento y veo a mi amiga enfrente, dormida, con un libro en la mano. El reloj marca las cinco de la tarde, pero no quiero despertarla. ¡Ella ha velado tantas veces mi sueño y cuidado de mí con solicitud! ¿por qué no haré yo otro tanto? Me quedo contemplando su profundo adormecimiento tras el suave velo que se extiende sobre su rostro infantil, me agrada ver su frente blanca y su cabeza mal colocada en el respaldo del sillón. La fijeza de la mirada ha sido fuerza sugestiva para esta naturaleza sencilla; abre los ojos, y poniéndose de pie, soñolienta todavía, dice: «Yo también me había dormido, ¡Dios mío! ¡las cinco de la tarde! ¿es posible? Vamos, Miss, arréglese; tenemos que recuperar el tiempo perdido.» A la vez que habla, echa agua en el lavabo y comienza a acomodar las prendas de vestir.

Ahora no necesitamos carruaje, vamos a hacer toda la excursión a pie. Nos dirigimos a Oxford Street, 92, y entramos en *The Southampton Trunk, Portmanteau & Bag Stores,* que tiene siete sucursales en la ciudad. A pesar de que conservamos vívida la visión de las grandes tiendas de París, éstas sorprenden por lo gigantesco de la instalación y la demanda de clientes, casi en totalidad femeninos. Es poco lo que necesitamos aquí, y Miss nos dirige al departamento respectivo. Luego pasamos a la casa número 122 de la misma calle, que tiene cuatro entradas diferentes y dos sucursales en la ciudad; es *Bourne & Hollingsworth,* mucho más extensa que la anterior. El ascensor ha de conducirnos a diferentes departamentos, cada uno de los cuales equivale por sí solo a toda una casa como la de las más renombradas de Buenos Aires. Descendemos al primero, segundo y tercer pisos de los sótanos, casi ciudades mercantiles, amplias, llenas de luz y de aire. Elegimos, dejamos la dirección domiciliaria y ascendemos. En la planta principal, un nuevo ascensor nos lleva al primero, segundo, tercero y cuarto pisos superiores; cada uno de éstos es semejante a los del seno de la tierra que acabamos de pasear, con sólo la diferencia de las mercaderías que contiene. Las secciones de seda y de lana son espléndidas. Hemos comprado más de lo que pensábamos, como sucede siempre a la mujer que entra en una de estas casas, que deberían ser llamadas de tentación.

El tiempo nos resulta corto; ya por esta tarde no podremos visitar más que esta casa, y con ella tenemos suficiente hasta la hora de cerrar. Durante las mañanas de los días siguientes hemos recorrido consecutivamente *Duncan Smith, Costumier & Co.*, 48 Oxford Street; *The London Globe Company,* en los números 82 y 83, New Bond Street; la famosa instalación de *Jas Spence's,* que está en St. Paul's Churchyard y tiene cinco entradas, desde el 76 al 80 por un frente, tres y cuatro por el costado; la más popular y más grande de las de su género, *Soran Edgard Limited,* en el circuito de Piccadilly, cuyos cinco pisos a flor de tierra y tres internos, de sótanos, constituyen una grandiosa y deslumbradora población, donde las mujeres encuentran goces, idealizaciones y sensaciones que no sintieron en ninguno de aquellos templos sagrados levantados a la Historia y al Arte con el nombre de museos y galerías. Y pensándolo bien, la mujer tiene que ser así, puesto que su destino, en mayoría, es el de agradar al hombre, y al hombre le gusta más una muñeca bien vestida que dé sensaciones de raso, aunque nada despierte con esa sublime corriente llamada espiritualidad.

Hemos visitado la gran fábrica de perfumes de Atkinson[79], cuya agua de Colonia en sus frasquitos peculiares es conocida por todo el mundo. Esos frasquitos de octavo de litro, convertidos en gigantes de cien litros, están colocados a derecha e izquierda del salón mostrador como caporales del ejército de frascos de todas dimensiones, que se acondicionan para el expendio. La reina Guillermina de Holanda, por tradición de familia, acostumbra tomar un baño de agua de Colonia al levantarse de la cama; al ver estos grandes depósitos nos acordamos de ella, y como único caso de codicia del placer ajeno, exclamamos: «¡Quién fuera reina!» «¿Quisiera usted zabullir allí?», pregunto a mi amiga, y ella con soltura natural responde: «No; desearía que me vaciasen encima el frascote.» Tiene razón. He sido tonta en la pregunta; debí decirle si querría sumergirse en aquella bañera ideal, aunque sin la invulnerabilidad de las aguas de la Estigia, que dejaron el peligro en el talón de Aquiles.

Todos nuestros anhelos perfumísticos vienen a reducirse a dos frascos de a cinco chelines; mi gozo es sin embargo grande al ofrecer a mi amiga uno de ellos.

Vamos a visitar la Exposición Franco-inglesa. Pasaremos todo el día en ella.

Con sólo acordarse de que aquí está reunida la fuerza industrial, creadora y progresista de dos grandes naciones, ya puede emitirse *a priori* un juicio sobre lo colosal de la exposición, que por informes de la prensa y los científicos, no ha tenido igual hasta la fecha, y supera a las de París, Chicago y San Luis. Traspasados los dinteles de entrada, se sale a una plazoleta donde se han hecho cascadas que convierten en edificio mágico el palacio llamado del Agua. Se han abierto canales que cruzan el terreno de la exposición en diversas direcciones, y en esos canales van botes a remo. El grabado que antecede representa la entrada y exterior de la sección de maquinarias, dividida en dos partes, francesa e inglesa. Cada una de ellas contiene cuanto de notable se ha inventado en ambas naciones. La mente se debilita al querer calcular la cantidad de hierro, acero y otros metales que están aquí representando el esfuerzo minero y la potencia manufacturera del hombre, dirigidos por el rey genio, en medio del grandioso elemento obrero.

---

79   *La compañía Atkinson* de Londres se hizo famoso por sus perfumes a partir de 1799; hoy día todos esos perfumes se pueden adquirir en eBay por precios altísimos.

Uno de los pabellones más visitados y más ingeniosamente presentados, es el de Canadá. Los canadienses en ésta exhiben, gráficamente, veinte centurias de su vida sociológica e industrial, dejando en el recuerdo del visitante la convicción de los supremos progresos obtenidos y la admiración por las industrias del país desarrolladas por la multiplicación de escuelas prácticas de agricultura y ganadería.

En una de sus vitrinas se exhiben, en sala que simula paredes de madera amarilla, los retratos de cuerpo entero en bulto del rey Eduardo VII y el presidente Fallières, dándose la mano, todo hecho de mantequilla. ¡Hasta dónde ha llegado el ingenio y la paciencia canadiense! A fabricar de la materia más deleznable cosas iguales a las que sólo el mármol y el bronce estaban destinados. En la siguiente vitrina está otro cuadro en busto, también fabricado de mantequilla, representando a un pescador de salmón en su barca. Es de suponer que estas vitrinas, herméticamente cerradas, estarán a algunos grados bajo cero de temperatura, y son de oír los comentarios que circulan alrededor de estas caprichosas exhibiciones, que contendrán algunas toneladas de mantequilla. Cuando se cierre la exposición, seguramente que el rey, el presidente y el pescador irán a alguna mesa, y tal vez serán fritos en alguna sartén. ¡Vaya si será gracioso comer un *bifstek* frito en una oreja de Eduardo, o brindar una tostada con la nariz de Mr. Faillères, o bizcochos fabricados con el sombrero de este gallardo pescador!

Como la imaginación puede mucho, tal vez no los tomaríamos a gusto. Así piensa también nuestra amiga. Con quesos, avena, patatas, etc., han hecho lujo en la forma de presentar. En varias exposiciones americanas hemos visto papas enormes de tamaño, pero sólo tres o cuatro como muestras tomadas entre cientos de ellos, más aquí se ven montones con miles de papas gigantes en su género.

El Canadá, no contento con esta notable exhibición de sus productos agrícolas e industriales, ha evidenciado sus progresos con la exposición, hecha en un folleto donde prima la instrucción pública, con detalles interesantísimos, que a no ser el carácter ligero de estas páginas, insertaríamos mucho de lo estudiado aquí, que tal vez algún día podamos hacerlo en otro libro adecuado. En los distintos pabellones franceses sobresalen las obras de alfarería, orfebrería, flores, y sobre todo sombreros y confecciones de ropa, presentadas en regios salones sobre maniquís que son verdaderas personas con las actitudes y el refinamiento parisién. Aquí están varios modelos de estilo imperio con telas vaporosas, bordados, nenúfares, lotos, hiedra, oro, pedrería, la mar de cosas deslumbrantes sobre morbideces duras, así que son de cera. Admiramos todo el arte de los modistos, pero creemos que una mujer discreta no llegará a vestir este estilo destructor del pudor femenino, pues ha alterado el orden natural, dejando la cara cubierta por sombreros, paraguas y el resto descubierto, aparte de que desfigura la belleza de la mujer, cuya esbeltez natural ha convertido en tiesura de ave disecada.

Las sillas, provistas de ruedas, especie de cochecitos infantiles, empujadas por hombres fornidos y ligeros, facilitan grandemente el recorrido y sirven de alivio a las personas cansadas. Nosotras hemos utilizado estas sillas en repetidos momentos, para ahorrarnos grandes caminatas de un departamento a otro.

Estamos en el gran pabellón destinado al material de instrucción pública, llamado Sección de educación británica *(British Education Section),* y nos lanzamos en sus salones y vericuetos con avidez creciente. Una comisión ejecutiva, compuesta de doce miembros, presidida por el señor Guillermo Mather M. I. C. E. Ll. D. y dos secretarios, que son los señores Arturo G. Symonds y G. R. B. Lock, ha corrido con esta instalación, que puede conceptuarse la más interesante y la primera por su importancia entre las exposiciones realizadas hasta la fecha en las grandes capitales del mundo, pues de aquéllas se ha utilizado lo utilizable y aquí se ha demostrado el progreso educacional británico. Desde la iniciación de la enseñanza hasta la toga universitaria por una rama, y desde lo primario al taller manufacturero en sus múltiples conceptos por otra, puede apreciarse aquí toda la labor de hombres y mujeres en este importante asunto de la educación para la vida práctica, que aporta para el hombre la teoría spenceriana[80] *bastarse a sí mismo*, y ser ciudadano honesto dentro de la colectividad de hombres honorables, sea que vistan frac o blusa. Un libro de 232 paginas y en 4.° contiene el catálogo de la sección que anotamos, y por este dato puede sacarse la consecuencia de lo que importaría detallar siquiera lo más saliente de cada escaparate o pared. A la educación, que

---

80 *Herbert Spencer*: (1820–1903) filósofo, sociólogo y teorista inglés que originó el concepto de «the survival of the fittest,» la sobrevivencia de los más capaces, después de leer la obra de Charles Darwin sobre el origen de la especie. Era influyente su libro *Principles of Psychology* (1855) que exploró la base fisiológica de la psicología. Exploró las aplicaciones de los principios de evolución a la biología, la psicología, la sociología y a la moralidad.

es cosa tan diferente de instrucción, se le ha asignado la mejor parte de los salones, donde los técnicos han puesto la galería de pinturas seleccionadas, y las de obras manuales, que van fronterizas a las de música, escultura y clásicos, ofrecen modelos escolares encantadores por su sencillez de ejecución y la grande importancia en el trabajo manual.

Los visitantes fatigados con el estudio o asaltados por el tedio, que no es ajeno a estos centros, tienen al Oriente de los jardines una montaña de granito, donde corren por ziszás, casi imposibles, los botes de las llamadas *montañas rusas;* al lado se eleva el gran balancín, que consiste en dos enormes brazos de acero y madera de 100 metros de altura, con una especie de canastillas, de globos aéreos que suben y bajan llevando pasajeros a derecha e izquierda, después de haberles hecho experimentar el vértigo de la altura y de la rapidez en ascenso y descenso. Las horas han transcurrido veloces; renunciamos a ver la sección de diversiones y nos dirigimos hacia los grandes *buffets,* donde encontraremos helados, buen té y budines ingleses legítimos. El día se ha consumido con dolor de nuestra parte. Habríamos querido, no como Josué detener el sol, sino decir a la tierra: «¡Quédate quieta por unos momentos!» Regresamos a nuestro alojamiento por el Tubo; la cena nos espera exquisita en casa de Miss Pitman, con la fruta más rica que hemos saboreado en Europa: piñas de Cuba, uvas de Mallorca, ciruelas de Valencia, de calidad y tamaño sorprendentes.

El cansancio físico nos obliga a dejar para otra noche la ida al teatro, y mañana acordaremos el programa, después de que Miss nos traiga datos sobre puntos que le hemos pedido.

El día hermoso, con sol brillante y cielo azul, contribuye a levantar el organismo, alegrando el espíritu. Nuestra amiga nos trae el dato de que la compañía de Caruso actúa en el teatro donde pensábamos pasar la noche; como a Caruso lo hemos conocido ya en Buenos Aires, no despierta interés de novedad y resolvemos conocer los principales teatros *en seco,* es decir, de día, sin aparatos escénicos ni actuación. El local únicamente. Londres tiene alrededor de 30 teatros de primer orden y 60 casas-concierto *(music-halls),* cuyos auditorios se calculan en 150.000 personas.

El teatro de Sus Majestades es, sin duda, uno de los interesantes para el viajero. Destinado a la comedia y drama ingleses, sus tarifas son: palco, 10 s. 6 d.; palco balcón, 7 s. 6 d.; balcón 5, S.; alto, 4, 3 y 2 s., y platea

1 s. En ninguno de ellos se permite el sombrero puesto a las damas.

Citaremos los nombres de algunos de los otros teatros que nos han interesado: *Haymarket, Duke of York's, Garrick, Gaiety, Drury Lane Criterion, Royal Italian Opera* o *Covent Garden,* que es el tercer teatro de los europeos en su especie; admite 3.500 espectadores y tiene las mismas proporciones arquitectónicas del teatro de la *Scala* en Milán, con sus columnas corintias. Los precios de éste son los más altos entre los teatros londinenses: los palcos cuestan 21 s. y 15 s. los balcones. *Court, Comedy, Apollo, Aidwich, Adelphi, Imperial, Kingsway, Hicks, Lyceum, Lyric, New Theatre, Playhouse, Prince of Wales, Princess's, Queen's, New Royalty, Savoy, Scala,* etcétera. La temporada es de agosto a septiembre. Entre los *music-halls* son interesantes *Alhambra y London Pavilion*, y de los circos y entretenimientos, fuera del Palacio de Cristal, que ya hemos visitado, nos llama la atención *Olympia,* con su gran anfiteatro, donde caben 10.000 personas. Los cinematógrafos están popularizados y ofrecen la particularidad de que se sirve una taza de té a los concurrentes, cuyo precio está incluido en la entrada, que cuesta un chelín.

Nuestra principal excursión se dirige al *Museo Británico.*

El aspecto externo del edificio es tan suntuoso como el del Louvre de París, pero el interior está acondicionado con mayor gusto y profusión de luz, que le quita aquel aspecto lúgubre, panteónico, que tienen así el Louvre citado como las naves de la Abadía de Wéstminster, ya visitada. El jardín que rodea a este edificio hace resaltar la columnada de cuarenta y cuatro cuerpos. El pórtico, que mide 370 pies de alto y sobrepuesto con ocho columnitas, está decorado con pinturas notables: el progreso de la raza humana, figuras alegóricas de las Matemáticas, el Drama, la Poesía, la Música.

Al penetrar en el vestíbulo *(hall),* la imponente estatua de Shakespeare nos recibe, como que él es el rey de la intelectualidad inglesa. Ascendiendo al primer piso saludamos la estatua del duque de Chesterfield y deletreamos, sin comprender el sentido, letreros puestos sobre esculturas budistas del Sur de la India. Seguimos a la sala de *inscripciones,* que contiene una serie de éstas de griegos y romanos, y algunas esculturas; a la izquierda una hermosísima urna cineraria, bases de mármol con bajorrelieves; luego los bustos de Demóstenes, Sófocles, Arístenes, cabeza de Adriano; aquí Eurípides y Diógenes, a cuyo frente nos detenemos para apreciar los perfiles, mas nos asalta una duda. ¿Cuál de los tres Diógenes mencionados por la historia griega es éste? ¿Diógenes de Apolonia, que nació en Breta y se distinguió en la escuela de Jonia; Diógenes Laercio, el escritor griego de la secta epicúrea, o Diógenes el cínico, cuya filosofía perdurará mientras haya hombres poblando la tierra? Seguramente que es el último, y éste, que vivió dentro de un tonel sin más muebles que una alforja, un bastón y una escudilla, que llevó su desprecio por la humanidad hasta salir un día con una linterna en la mano, diciendo: «Busco un hombre», éste es el que estando preso en Corinto, cuando Alejandro el Grande fue a verle y le preguntó qué quería que hiciese en su favor, respondió lleno de orgullo: «Que no me quites lo que no me puedes dar», refiriéndose a los rayos del sol. Aseguran que él contestó: «Si no fuese Alejandro, quisiera ser Diógenes...» Decimos esto a nuestra amiga y continuamos para ver a Hipócrates y Epicuro, y llama nuestra atención un bello grupo de dos perros: estos amigos abnegados y cariñosos que aman al hombre y le perdonan sus injurias con facilidad tal, nos hacen pensar en la filosofía que sustentaran entre sí los buenos perros.

Sigue el Salón de la Biblioteca, que es por sí solo una grandiosidad por lo enorme del continente y lo rico del contenido. La colección de libros manuscritos no tiene rival en ningún museo del mundo, y la de libros impresos cuenta dos millones de volúmenes. «Querida Miss –decimos a nuestra compañera–, si pidiéramos a Dios que nos conceda leer todo esto, un volumen por mes, ¿cuántos años viviríamos?» Ella se tapa la cara con ambas manos, suspira hondo y no responde.

En la sección de manuscritos hay once vitrinas numeradas, más dos centrales anotadas con las letras *A E*. La número I contiene una completa serie de autógrafos de soberanos ingleses, desde Ricardo II a Victoria; el de ésta es un escrito a lápiz, cuando ella tenía cuatro años de edad, y están aquí también los autógrafos de Carlos V, Enrique IV, Luis XIV, Pedro el Grande, Federico el Grande y Napoleón I. La número II contiene manuscritos históricos, desde 1432 a 1595; la III iguales, de 1595 a 1689; la IV asimismo, de 1690 a 1885; la V una colección de cartas que arrancan del 785 a 1216; en la XI, que es de autógrafos y documentos, están los de Lope de Vega, Leonardo de Vinci y otros notables, sobre todo los relativos a la Biblia, el evangelio de San Lucas, en griego.

Pasaremos al *Room for Students,* que constituye dos salones con papeles nuevos y departamentos de impresos. La *King's Library* ha adjudicado a esta sección 65.000 volúmenes, 20.000 panfletos y numerosos mapas impresos y diseñados, todo admirable por lo bello y raro. En las vitrinas o casillas de cristal se guardan las más interesantes. Cuatro casillas contienen documentos orientales de gran valor; el corredor inmediato exhibe gráficamente la historia de la tipografía, y continuando la numeración hay treinta y cuatro vitrinas más que contienen documentos tan importantes como raros y únicos.

Comienza ahora el departamento de las *Galerías*. Principiamos por la Galería de escultura, que inicia una estatua de la señora Damer[81], la escultora famosa, y sigue la *Galería Romana,* amplia, llena de luz proyectada por sus grandes ventanas, y en este magnífico escenario pasamos ante toda la magnificencia romana: ¡mosaicos, retratos, cuadros, bustos, estatuas, mármoles!... La vista se ofusca, se nubla la mente. En verdad que era suma la grandeza romana. Proseguimos; viene el primer salón greco-romano, que guarda las estatuas de héroes reales y mitológicos, con algunos sarcófagos. El segundo salón greco–romano es la continuación de los asuntos del anterior. El tercer salón greco-romano es más importante que el anterior, no sólo por la cantidad de estatuas, sino por las creaciones artísticas: bajo el número 1.792, está una cabeza de niña que es de una belleza sugestiva, y hay que compararla con las cabezas que la siguen: de Afrodita, de una amazona, de una musa y otras que encontramos al pasar en este gran pueblo de mudos, que tan grandes cosas dicen a nuestro recuerdo histórico.

   Græco-Roman Basement Room-Græco

Leemos esta inscripción y penetramos en la sala: encontramos esculturas de varios reyes, urnas cinerarias, relieves, bases, pilas, candelabros, animales; el mármol, granito, pórfido y mosaicos, manejados como cera, como encaje, como maciso. Afrodita, saliendo del mar con dos tritones, detiene el cúmulo de nuestros pensamientos, agolpados al cerebro sin orden, y levantando la mirada, vemos escrito: *Archaic Room*. Aquí tenemos que admirar la obra romana en columnas fragmentarias y figuras alegóricas: Apolo en diversas nomenclaturas, y el león, signo de fuerza y bravura, en distintas edades.

---

81 *Anne Seymour Damer*: (1748–1828), escultora inglesa. Su marido murió en 1776 y ella se dedicó a la escultura. Tuvo muchas exposiciones y sus obras se encuentran en muchos lugares en Inglaterra.

The Greek Anteroom es una pequeña sala donde se ve la figura de Demetrio, período de Praxiteles y Scopas, y algunas vitrinas de cristal con objetos del período grecorromano. La sala de Efesios *(The Ephesus Room)* contiene fragmentos del célebre templo de Diana, la cabeza del león de la cornisa, fragmentos de columnas, chapiteles, cornisas, esculturas del teatro de Éfeso, bajorrelieves, la cabeza de Alejandro el Grande, etc. *Elgin* es la más grande sala, y contiene de preferencia los célebres mármoles de Elgin, sacados por los romanos de las esculturas que adornaron el Panteón en Atenas. En este interesantísimo recinto se abre ante nuestra memoria, no sólo el libro de la historia romana y griega, sino desfilan en apostura gallarda espartanos y atenienses con aquellas leyendas que sublimizan el amor a la patria y la defensa del terreno. Dos meses de asidua concurrencia sería tiempo insuficiente para recorrer con provecho esta sala y dar de ella un informe de anotador. Nosotras, ¡ay! tenemos que pasar de prisa lamentando nuestra escasez monetaria, que nos arranca del templo para seguir el camino de zarzales, donde dejamos jirones de nuestra existencia, y cae no sólo la gota del sudor impuesto como pena en el Paraíso, sino la sangre de nuestra alma. Siguen cuatro salas más, que son: *Phigaleian, Nereid, Mausoleum*, y anexo a ésta para continuar en la Galería Asiria, la Galería Nínive, Nemrod, Antigüedades egipcias, que ocupan siete salas; Antigüedades semitas, con la notabilidad de bases del arte helénico, ocupa seis salas; Antigüedades prehistóricas, al que antecede la sala de terracottas, y el *Salón Central;* Antigüedades anglo-romanas; Antigüedades anglo-sajonas; la sala Medieval, Asiática; la Galería de cristales y cerámica y algunas otras que no hemos alcanzado a visitar durante cinco días íntegramente consagrados a este museo, cuya inmensidad no imaginamos allá en nuestras lucubraciones mentales de América. Nos despedimos llevando algo nuevo, algo grande en la mente, en el recuerdo, en el corazón. Silenciosas y taciturnas, bajamos las escalinatas, que seguramente no volveremos a subir otra vez; el vientecillo humedecido por las aguas del Támesis orea nuestra frente enardecida, y el aroma del jardín que cruzamos vigoriza las fuerzas decaídas con este supremo desgaste del sistema nervioso en continuidad de sensaciones. Nuestros pies están helados por tantas horas de ir y venir sobre baldosas, mármol y mosaico a la sombra de los inacabables salones.

Nuestra amiga nos propone la caminata a pie, y nos lanzamos con la velocidad permisible a nuestra corpulencia.

Es prudente cambiar el escenario; la mente necesita un respiro en medio del campo, al aire libre; los pulmones deben aspirar más oxígeno y el organismo todo pide un bailo de sol; por esto nuestra próxima excursión será a los parques, jardines y palacios, aunque estos últimos sólo los veremos por el exterior. Tenemos *Hyde Park; Kensington Gardens, St. James Palace and Park, Kensington Palace, Buckingham Palace* y el renombrado *Windsor Castle*. Vamos a excursionar en automóvil, y así ganaremos tiempo sin fatigarnos.

En algunos barrios del antiguo Londres la topografía ha resultado en extremo accidentada, pero el ingenio conservador ha salvado la dificultad del presente sin destruir la obra del pasado. Ha construido puentes, y el ferrocarril cruza sobre las casas con la misma velocidad que recorre el seno de la ciudad o se precipita ya debajo, ya encima del Támesis. El grabado ayudará a la descripción.

Nuestra compañera instruye al hombre del taxi sobre el itinerario que deseamos hacer, y marchamos con el ánimo agradablemente predispuesto. Vamos por estos barrios aristocráticos, donde se alzan casas de familia que son verdaderos palacios, monumentos de arte arquitectónico y decorativo. Miss nos va indicando con precisión: «Esto es *Grosvenor House*, propiedad del duque de Wéstminster: tiene una famosa galería de pintura; ésta es *Sutherland House,* propiedad del duque de Sutherland, porque reside él en la City; también es renombrada su galería de cuadros y es fácil visitarla: el secretario del duque nos recibiría; vea el *Bridgewater House:* es la regia mansión del duque de Ellesmere; la galería de pinturas y obras notables que posee es ya un museo: el secretario recibe mediante alguna recomendación; aquí está, mire, la *Apsley House,* residencia del duque de Wéllington; fue edificado en 1785 por el barón Apsley. Esa estatua ecuestre de bronce que usted ve es del duque de Wéllington; en su galería de pintura ocupan lugar preferente las obras de Velázquez, y es citada como valiosísima; fíjese en ésta: es *Dorchester House* y está ocupada ahora por la embajada americana; vea: este palacio es el museo de *Lady Brassey,* una grandiosidad de colecciones en todo género. Al regreso enseñaré a usted *Devonshire House,* que está en Piccadilly, residencia del duque de Devonshire, que también es notable por su museo. Hemos seguido por la vía noreste; pasamos por el hermoso arco triunfal de mármol, que es del estilo del arco de Constantino en Roma, erigido por Jorge IV.

Damos algunos rodeos más antes de bajar, porque no está permitida la entrada de carruajes sino por la senda que cruza los parques y jardines. Hyde Park y Kensington Gardens son continuidad de terreno separado por una valla: el primero ocupa un área de 390 acres y los segundos 240, de modo que suman 630 acres, o sea 32.784.570 pies cuadrados.

Este es el paseo favorito de las inglesas aficionadas a largas caminatas, pero sólo durante el día, porque en la noche es un campo de Agramante[82], donde se liba el amor por bordalesas. ¡Qué arboleda tan compacta y frondosa la que viste la tierra, qué gramilla tan extensa la que ofrece mullida alfombra a los pies del paseante! De trecho en trecho se nos ofrecen bancos de hierro, invitándonos al descanso; a largos intervalos se alza un pequeño restaurant, donde podemos encontrar té, helados y refrescantes gaseosos, y aquí por fin, está la famosa *Serpentina*.

En este vasto campo de Hyde Park se realizan los grandes mitins, demostraciones políticas y fiestas populares donde el pueblo expone la enormidad numérica, capaz de detener con su brazo la marcha de una locomotora, multitud compacta cuyo grito solo es como rugido de leones en caverna de titanes, pero que sabe inclinarse ante la ley que aceptó para gobernarle en grupo civilizado.

Los jardines de Kensington, que en la vecindad tienen el palacio del mismo nombre, celebridad artística, histórica y coleccionista, son campos floridos donde los niños mariposean en grupos, ostentando colores varios en sus vestidos y vigorizando sus cuerpecillos con ejercicios al aire libre. El palacio fue ocupado por varios monarcas y por la reina Victoria, que en él residió muchos años, antes de elegir el castillo de *Windsor*. Actualmente está ocupado por la princesa Luisa y su esposo el duque de Argyll. Ya hemos dejado notas sobre el monumento a la memoria de Alberto, príncipe consorte, así que recorrido lo principal de estos vergeles volveremos a la City en demanda de unas horas de reposo para realizar después un anhelo de viajera y de peruana: visitar a Sir Clements Robert Markam[83], el notable historiador que a mi

---

82 *Campo de Agramante*: refiere a lo caótico, a la confusión general. Don Quijote (Cervantes, 1605) compara una lucha que presencia a la batalla de Agramante en *Orlando Furioso*.

83 *Sir Clements Robert Markham*: (1830-1916) geógrafo, explorador y escritor británico. Responsable por el traslado de muchas plantas peruanas a la India, como cinchona (quinina, cura para malaria y otras enfermedades tropicales) y muchas más. Se interesó en la cultura peruana y pasó varias etapas en el Perú en 1852-3 y 1959-61. Hizo traducir muchí-

querida patria ha dedicado una parte de su preciosa labor, formando la dualidad con el gran Prescott[84]. Es así. Realizo la idea. Hemos llegado a la residencia del escritor –21, Eccleston Square, London S.W.–, pero con la decepción de no encontrarle, pues se halla pasando el verano fuera de la capital. Dejo mi tarjeta, y días después recibí una atenta y afectuosa cartita que responde a mi sentimiento por no estrechar la mano de tan gentil persona. Veo en las líneas trazadas por el notable historiador un jirón de gloria.

Los estudios sobre instrucción pública me han interesado grandemente, y en esta materia también estoy contrariada por la circunstancia de que estando de vacaciones en toda Europa, los planteles de enseñanza permanecen cerrados. Consolará mi pena todo lo que he visto y anotado sobre la materia en la *Exposición Francobritánica*. No obstante, visitaré algunos edificios, fuera de la escuela de Wéstminster, que ya conozco; la Universidad de Londres, el Instituto Imperial y el Museo de Historia Natural, que me orientarán por completo sobre locales, mueblaje y distribución de labor, cosas que tal vez pueda utilizar en servicio de aquellos dos países cuyo afecto se confunde en mi corazón como las aguas de los ríos que tributan al mar: Perú, Argentina. La Universidad de Londres se puede llamar el centro donde gravita toda la enseñanza superior del reino, porque las otras universidades son como sucursales suyas. No incluimos las de Oxford y Cambridge. En 1878 recibió una *carta* modificadora de los estatutos, mandando admitir mujeres en las facultades. Funcionan las de Artes, Leyes, Música, Medicina, Teología, Ciencias, Ingeniería, Economía y Ciencias políticas. Tiene 3.300 estudiantes; en este año se habían doctorado 600. Los principales centros dependientes de la Universidad de Londres son: *University College y King's College,* con varias facultades; con la de Teología, *Hacknay College, New College, Regent's Park College, Wesleyan College y St. John Hall;* con la de medicina, la Escuela de Medicina de *St. Bartholomew's, Guy's, St. Thomas's, St. George's, St. Mary's, Charing Cross* y *Westminster Hospitals*, el *Royal Free Hospital School* of *Medicine for Women,* el *London School of Tropical Medicine* y el *Lister Institute of Pre-*

---

simos libros del español al inglés y publicó muchos textos sobre el Perú: *Cuzco...and Lima* (1856), *Travels in Perú and India* (1862), *Peruvian Bark* (1880), *The War Between Peru and Chile* (1881) y ediciones como *Ollanta: An Ancient Ynca Drama* (1871). Muy estimado por Clorinda Matto.

84   William H. Prescott: (1796-1859) el historiador más eminente del s. XIX norteamericano. Sus libros más renombrados incluyen *The History of the Reign of Ferdinand and Isabella the Catholic* (1837), *The History of the Conquest of Mexico* (1843), *A History of the Conquest of Peru* (1847) and *History of the Reign of Philip II* (1856–8).

ventive Medicine; en artes y ciencias, el *Holloway College* y *Bedford College*, el *Westfield College,* para mujeres solamente; en ciencias, el *Imperial College of Science and Technology*; en agricultura, el *Agricultural College;* en ingeniería, el *Central Technical College*; en economía y política, el *School* of *Economics and Political Science,* y por último, el *East London College* en ciencias, artes e ingeniería. Tendría muchas páginas que llenar si trasladara aquí mis apuntes íntegros sobre establecimientos educativos; sin embargo, estaré todavía en el *Royal College of Music,* tan protegido por el príncipe consorte Alberto y por el actual rey Eduardo VII, cuando era príncipe de Gales. Aquí está reunido todo lo que existe en los conservatorios del continente, y tiene su museo de Música (partituras), instrumentos musicales desde los tiempos primitivos. Existe entre tantísimas curiosidades una guitarra perteneciente a Luis XV. La biblioteca especialista sobre la materia musical es abundante, y en el espacioso vestíbulo se alzan estatuas de reyes y reinas y una de Mr. Samson Fox, que fue el que comenzó la edificación, el príncipe Víctor de Hohenlohe y un busto del duque de Clarence.

Un maravilloso despertar de enseñanzas adormecidas por el transcurso del tiempo he sentido al penetrar en el grandioso local del *Natural History Museum*. El gran salón, lo primero que ostenta es un bronce magnífico, estatua de Ricardo Owen, y al frente un mármol exquisito, estatua de Tomás H. Huxley.

Recorremos sólo las principales colecciones, que con sus nombres indican la rama a que pertenecen. *Geological and Paleontological, Mannualian, Botanical* y *Osteological*. Con honda pena noto la ausencia de tanta belleza americana, especialmente en la sección de las avecillas. La variedad y colorido de plumas que constituye una *flora aérea* en nuestros bosques, daría una idea a los europeos de lo que América ofrece en la familia de los volátiles y cantores. «Aquí tienen –digo a mi amiga–, su mirlo, sus ruiseñores; nosotros podríamos traerles gorgeos sublimes en la garganta del zorzal argentino y del chocllopokochi peruano.» «¿Qué...?», responde Miss sin poder pronunciar el nombre del pajarito. Yo río orgullosa de haber dificultado la lengua de una inglesa con una frase del idioma de los incas, el rico quechua, que puro y expresivo conserva la región de la sierra del Perú, sobre todo el Cuzco, la antigua capital.

Llenamos nuestro programa dirigiéndonos al Palacio de Buckingham, residencia de los soberanos de la Gran Bretaña.

¡Cuán deliciosamente sentimos rodar nuestro automóvil sobre estas planicies, cuidadas para el paseo de los soberanos; qué originalidad la de los jardines que circundan el palacio! Semejan tripes cortados, telas extendidas a lo largo del camino. Aquí las flores no están mezcladas formando conjunto multicolor; cada cuartel es de un sólo color; así, el de la izquierda de frente, está formado de flores rojas, el de la derecha lila, más allá amarillo, y cada uno bordeado por fino pastillo que hace el efecto de un marco de felpa en un cuadro de raso. En ninguna otra parte he visto este estilo; es una de las rarezas del país. Recorremos todo St. *James's Park,* nos detenemos unos momentos en la ruta para contemplar el rostro de Milton; su busto está guardado por artístico monumento.

Cruzamos también el Gran Parque, extendido sobre 60 acres de terreno. Nuestra amiga nos habla con entusiasmo de la belleza de los jardines privados de sus majestades. No lo dudo; el interior de estos soberbios palacios ha de ser excepcional en plantas y flores.

Tenemos que excursionar a los alrededores de Londres, empleando el ferrocarril; vamos a Windsor, la linda villa donde existen tantas capillas, casas de Beneficencia; tiene 21.477 habitantes, y posee el histórico *Castillo de Windsor,* residencia de los monarcas, y por algunos años de la inmortal reina Victoria, madre de Eduardo VII. Este castillo ha sido restaurado en diversas épocas, según los usos y gustos de los monarcas; la última fue durante el reinado de la expresada reina, y su coste asciende a 900.000 libras esterlinas. No es la combinación ni la coquetería artística de Versalles y sus Trianones la que sojuzga la voluntad despertando interés; son otros los giros de mis sensaciones por el aspecto regio del edificio, con sus torres, sus boscajes, el agua apacible y el paraje escogido a la margen derecha del Támesis para levantar una mansión destinada a seres inmortales. Desgraciadamente, aún no se ha podido destruir a la Muerte; el castillo permanece firme y hermoso, pero muchos de sus moradores están convertidos en polvo.

Se compone de dos cuerpos, llamados alta y baja fortaleza. Las fortalezas y la terraza están abiertas al público; no así los departamentos habitación. Al noreste de la fortaleza baja, está la hermosa capilla de

St. George, para los reyes, y casi junto la capilla Alberto, continuando los departamentos del Estado. Nuestra intención principal en esta excursión es pasear los alrededores de Londres, y hemos realizado a colmo este deseo. Subimos al tren en la *Paddington Station.* Estos viajes por ferrocarril se hacen tan complicados, que vacila el viajero cuando no va acompañado de guía; es verdaderamente una red tendida sobre la superficie de la tierra con ramificaciones en el interior. En la línea que recorremos hay más de 360 estaciones pequeñas, número suficiente para desorientar al poco práctico. Mi amiga me asegura contra todo contratiempo, y aprecio la densidad del poblado, la prolijidad del cultivo en esta tierra árida, que la industria fecundiza a extremos de sobrar el fruto al consumo local y poder exportarlo en todas direcciones: el *confort* del hogar en la campaña es otro de los puntos que me interesa, pues en él veo la mano de la mujer hacendosa, en cuyo espíritu han tomado forma las lecturas de Rebeca, Ruth, la Samaritana y la mujer fuerte del Evangelio; ella nada sabe de Margarita Gautier ni de las grandes mundanas reales o imaginadas que las entregas de a centavo regalan al pueblo.

La mujer inglesa de la clase media merece mi respeto. Ella reina y gobierna, no por la coquetería, la pintura, la ficción y la lascivia, sino por el imperio de la rectitud y la moral. Goza de una amplia y verdadera libertad y no abusa de ella; tiene fe religiosa sincera, y ésta la guía y la alienta. ¡Con cuánto regocijo recuerdo este respeto recíproco y profundo en el seno de los hogares entre padres e hijos, entre hermanos, entre parientes y amigos! La mujer inglesa tampoco se ha singularizado por la bullanguería. Las mujeres *sufragistas* que reclaman la igualdad del voto, fundadas en la igualdad de contribución que pagan, van con la seriedad propia del derecho que ejercitan y la justicia de la causa que patrocinan, y las que han franqueado los umbrales universitarios van llevadas por una casi vocación, disputando el diploma al varón en noble lid. Como madre es adorable y abnegada como institutriz. La gran causa del feminismo asume proporciones colosales en el terreno fundamental del derecho, y hoy no son las *frívolas,* ni las *desocupadas,* ni las *desengañadas,* como dicen los adversarios, las que piden leyes al Parlamento: ¡son las madres!

Las grandes casas de comercio y muchas oficinas públicas prefieren a las mujeres como empleadas, porque son minuciosas y cumplidas más que el varón. Aquí es donde verdaderamente existe la escuela de la empleada con garantías recíprocas y resultados positivos. La enseñanza y la educación práctica comercial se hallan difundidas a proporción de la densidad pobladora, y la mujer gana terreno en el campo del *bástate a ti mismo,* que en América del Sur comienza a interesarnos. Hay también muchas mujeres de vida airada, no lo negaré, pues desgraciadamente esa hierba venenosa, llamada *mujer perdida,* se encuentra en todas las latitudes, pero su extinción se afianza por el trabajo y la multiplicación de asociaciones protectoras. La lucha entablada por la dignificación de la mujer, si ha encontrado un nuevo enemigo en el dragón que patrocina la trata de blancas, por otro lado ve miles de hombres que se asocian para salvar y redimir a la mujer, y todos señalamos como templo de felicidad el Trabajo.

La disertación me lleva a otro punto. Estamos en Windsor; hemos recorrido la parte visitable del castillo; desde la estación tuvimos ómnibus; ahora tomaremos un *cab,* que nos conducirá al restaurant Layton (1, Thames St.) para adelantar la cena, pues regresaremos fuera de hora a nuestro alojamiento en Londres. Windsor tiene lindos hoteles, donde se paga de tres a seis chelines por persona, y pintorescos restaurants, que dan sólo comidas sin alojamiento y sirven a la carta.

La tarde cede lentamente sus tenues claridades, los objetos van desapareciendo también, el imperio de la noche se acentúa. Instaladas nuevamente en nuestros muelles asientos, vemos rodar la locomotora otra vez hacia la City, dejando estaciones bien alumbradas, contando lucecillas lejanas desparramadas en el vasto campo como luciérnagas grandes, como ojos de habitantes de Marte o Saturno, que deben ser enormes.

«Creo que usted estará cansada de los museos, pero no puede irse sin conocer la *National Gallery* y el *South Kensington Museum*», dice nuestra amable acompañante, vivamente interesada en que yo lleve los mejores recuerdos y los más provechosos estudios.

«¿Cuántos días necesitaremos?», le pregunto. Ella pone el índice en la sien derecha, queda en suspenso y por fin contesta: «Cuatro días, pero íntegros.» Aceptado; así, que esos dos puntos constituyen el programa de los días próximos.

El South Kensington Museum, situado al suroeste de la esquina de Hyde Park, hoy es llamado generalmente *Victoria and Albert Museum:* consta de dos partes, a cuál más interesantes y valiosas, y podemos considerar anexa la Biblioteca y Museo de ciencias. Junto al edificio que visitamos está la *Oratory Church,* del culto católico romano, donde se levanta una estatua del cardenal Newman, fundador. La capilla es bellísima en el interior: posee obras de arte magníficas en mármol, madera, bronce y telas pintadas por notabilidades. En pequeño se ha imitado la nave de San Pablo: las estatuas de los apóstoles de mármol, que son imitación de las de la catedral de Siena, y los dos candelabros de bronce son notabilidades de su género.

Volvamos al museo, que es el segundo de Londres después del Británico, que ya hemos visitado.

Lo primero que examinamos es la sección *Tapicería y Fábricas textiles*, que se divide en tres secciones. Hay tres piezas de tapices flamencos del año 1507, y otra, flamenca también, bordados de oro y plata sobre seda, representando escenas de la adoración del Niño Dios; contiene asimismo esta sala obras italianas. La conservación de la vivacidad de los colores de los tapices, que tanto alaban los visitantes, a mí no me sorprende, porque estoy acostumbrada a ver en el Perú las telas de la época incaica, extraídas de las tumbas originarias de más de seis siglos atrás, con la frescura y el brillo de reciente factura. Más adelante encontramos otra colección de tapicería francesa que no supera a la del Museo de Versalles, de que hemos hablado ya.

El *patio* de Arquitectura está dividido en dos secciones por una arcada. Una contiene copias de estatuas y monumentos notables en el mundo; entre éstas una dividida en dos partes de la columna de Trajano, de Roma, en cuya base hay 2.500 figuras humanas y animales, en bajorrelieve. En el *Pasaje central,* en el *Patio Sud* y *Sección Oeste,* dejamos una variedad notable de reproducciones en electrotipo, plata y oro, de objetos que existen en Windsor y la Torre de Londres; pequeños objetos en distintos metales, pero no conocen el *champi* de los incas peruanos, copas admirablemente cinceladas y con riqueza material por la pedrería; una valiosa colección de anillos, brazaletes, cajas de rapé y bastones, que hasta el presente no he visto en otros museos. En la *Sección Este* se encuentran colecciones de China y Japón: porcelanas, mayólicas, etc. En una mesa de casillas están libros iluminados, retratos en concha de perla, cajas de madera tallada y algunos objetos italianos. Viene la sección metales y piedras; admiramos el bronce en diversos objetos donde el ingenio humano ha jugado, diremos así, con la dureza del metal para hacer encajes, molduras, varillas. Los mosaicos y mármoles casi no merecen mi preferencia por lo mucho que llevo visto. Entre los bronces destinados a la conmemoración, son notabilísimos los de los papas Inocencio X, Sixto V y Alejandro VIII, el busto del rey Enrique VII y los bajorrelieves de la Sagrada Familia, María, el Niño y Santa Ana, Minerva, Centauro, Venus y Cupido, etc. La *Sección Oeste* contiene escultura italiana en terracota, copia de notables obras que existen en Venecia, Florencia, Roma. Una división separa la sección cristales, donde se encuentran trabajos del ramo de Florencia, Venecia y otros puntos italianos, con todas las sorpresas del color, la forma y el decorado de oro. En el piso alto está la galería de pinturas, que tiene ocho salones espaciosos, donde se encuentran los cuadros de autores célebres. La sala llamada de *Rafael* guarda los maravillosos dibujos hechos en 1515 y 1516 para tapicería, por el pintor de León X. Esta sala tiene cuatro subdivisiones, A, B, C, D, todas de pintura; la *galería izquierda* contiene obras francesas de orfebrería, la de la *derecha* porcelanas de Sevres, Oriental, Dresden, grandes vasos de pérfido, servicio de *Rosa du Barry,* etc., colección de dijes, miniaturas y pequeños bustos de reyes y reinas. La Galería de Exhibición contiene maquinarias y objetos relacionados con la marina desde tiempos primitivos, y seguimos de largo por no interesarnos a causa de la ignorancia técnica. Le sigue la sección gas, motores y dínamos, agua, electricidad y modernas aplicaciones; todo lo que nos conformamos con ver a la pasada. Cinco salas seguidas constituyen la sección de la India y la *Cross Gallery* es una serie de salas que exhiben la civilización de Turquía, Persia, China y Japón. En suma, el Museo Victoria and Albert es toda una población que se recorre evocando el arte, la historia, y midiendo los progresos alcanzados por el hombre.

Necesitamos recobrar fuerzas para emprender, en los días venideros, la visita a la Galería Nacional, que nos hemos comprometido a visitar. Existen dos galerías, una de pintura y otra de retratos que sigue a la primera. Nos dirigimos a aquélla. Consta de veintidós grandes salones, que paseamos a razón de cinco o seis por día. El I, II y III contienen obras de la escuela toscana; IV, obras de Lombardía y Parma; V, de escuelas de Parma y Bolonia; VI, de Umbría; VII, escuela de Venecia y Brescia; VIII, Padua y la veneciana primera; IX, escuela italiana en general, continuación de asuntos de la sala VII; X, escuela del Duque, contemporáneo de Rubens y Van-Dyck; XI, escuela flamenca estudiada desde 1443; XII, *Dutch School;* XIII, obras de la escuela flamenca, continuación de la sala XI: aquí está el famoso cuadro el *Triunfo de Julio César,* de Rubens; XIV, escuela española, que comienza con obras de Domenico, Velázquez, el Españoleto (Ribera), Zurbarán, Murillo; Goya, etc.; XV, escuela germánica. Detuvo mi atención el cuadro *Purificación de María y presentación de Cristo*, por Meister von Liesborn, y *Conversión de San Huberto,* por Meister von Wercien; XVI, escuela francesa, continuación de la XIV, donde se recomiendan los cuadros por su perspectiva; XIX, antigua escuela británica; XX y XXI, obras de la escuela británica, y la XXII está consagrada casi íntegra a las obras del notable pintor inglés J. M. W. Turner, cuyo sarcófago visitamos en la Abadía de Wéstminster. Al salir de estos salones considero todo el raudal de inspiración que se derramara aquí sobre el cerebro de los que tienen disposiciones, vocación, digámoslo así, para la pintura, y conceptúo noblemente provechoso el esfuerzo que hacen los gobiernos de repúblicas americanas para enviar becados, calificando también de criminal la conducta de algunos jóvenes que en tales condiciones malgastan su tiempo y amortiguan su voluntad. Aun yo, sin preparación, sin consagraciones especiales, siento algo de nuevo en el cielo de mis lucubraciones, un mundo de luz y de colores que gira entre mirajes ideales y realidades sentidas.

 La hora de las partidas es triste siempre. Se acerca para mí la de alejarme de este suelo propicio, donde he pasado días de suprema vida; un piteo de tren me detuvo, otro me pondrá nuevamente en movimiento y volveré a presagios sobre nuevos pueblos extendidos en el horizonte.

 Hemos cenado en medio de la más grande expansión, una cena de despedida en la casa de nuestro hospedaje; al anunciar mi salida y pedir la cuenta, me han informado de que en la mañana tomaré el té fuerte, es decir, el grande desayuno que los ingleses acostumbran con jamón, huevos fritos, pan, manteca y dulce. Mi querida compañera está a mi lado, y Miss Mary Possart, la amable señorita que secunda los esfuerzos de Miss Pitman, nos brinda sus últimas esmeradas atenciones.

Han salido ya las maletas; abrazo a estas distinguidas gentes con emoción de antigua amistad; subo al carruaje amparada todavía por la sombra tutelar de Miss Bartlett, y partimos a la estación de Charing Cross. Un silencio de reverencia sella nuestros labios, mientras que la mirada abarca cuanto en el paso va quedando. Veinticinco minutos; ninguna palabra hemos cambiado con mi amiga, en cuyos ojos brillan lágrimas próximas a derramarse en estallido de dolor. Ya estamos instaladas en el coche del tren: Miss abre su valijita de mano y saca un ramillete de claveles y rosas, lo coloca sobre mi maleta con soltura maquinal, y abre los brazos para estrecharme entre ellos: ¡los diamantes contenidos en sus pupilas se derraman sobre mi hombro, como ofrenda fraternal de corazón noble!...

«*Miss, forget me not!*» (Señora, no me olvide), dice balbuciente, y baja del coche como huyendo de una tormenta. En este momento rápido pitea la máquina y comienza el rechinar de las ruedas, que girarán, girarán hasta Dover. El confort del coche contribuye a que la mente se sumerja en profunda y dulce meditación. Me reconcentro y me examino. Mis pasiones son fuertes y definidas; arrancan de mi educación primaria bajo la sentencia del trágico *to be or not to be*. Detesto el agua tibia y los temperamentos indecisos; por eso amo y odio con llaneza y ardor, y lo que emprendo llega a la cima. Esta jira europea misma que estoy realizando, sola, cumplidos ya los cincuenta años de existencia, es manifestación comprobatoria del carácter cimentado en la sentencia shakesperiana, *ser o no ser*. Si no nací en Londres, nací en el Cuzco, y me siento llena de orgullo legítimo. ¿Por qué no confesarlo? El disimulo de nuestras espontaneidades es hipocresía; yo la detesto del mismo modo que al agua tibia.

Los campos cubiertos de sembríos y de fábricas, el gracioso panteón de perros, todo va quedando atrás y desapareciendo. Las cúpulas de San Pablo todavía se distinguen entre el azul del cielo. Acaban de perderse, pero los edificios fabriles no se agotan. Estamos en la estación marítima, y descendemos con rapidez para ganar buen asiento. Todo se ha facilitado con buena suerte, y otra vez bogamos sobre las revoltosas aguas del mar de la Mancha.

He ganado un asiento magnífico: como ya conozco la estrecha costa, no me someto al sacrificio de estar parada junto a las barandillas para examinar el trayecto, conforme lo hice a la venida. Arrellanada en mi butaca, me despido *in mente* de Londres gigantesco, donde todo es grande. Hasta el mendigo lo es, porque en el mundo no habrá más pobres que él, y el rico lo es, porque a su lado los ricos de América resultan pobres, y el tránsito por sus calles se convierte en viaje; sus museos son poblaciones de mudos e insensibles; sus paseos campos de leguas y leguas; su moneda es la mejor y más firme de las que corren en los mercados del mundo, y casi puede afirmarse que ninguna plaza comercial desconoce la libra esterlina a la que sólo es igual la libra peruana. Y ese pueblo londinense que hormiguea por calles y plazas, es dechado de pueblos civilizados; la policía es un modelo, los vigilantes estacionados en las paradas parece que tuviesen la consigna de velar por las mujeres y los niños; por eso, sin contar las facilidades de circulación que ofrecen los pasadizos subterráneos de vereda a vereda, son tan raros los accidentes personales por automóviles, tranvías, etc.

¿Cuál es el secreto de este progreso y de esta grandeza? me pregunto. Sin duda alguna, el sentimiento religioso y el respeto a la ley.

Sí. La ley respetada y cumplida constituye la felicidad del hombre y la grandeza de los pueblos. ¡Londres! ¡Capital del orbe civilizado! ¡Adiós!

Francia (Segunda visita)

Las mismas costas blanquecinas y tétricas que vimos a la venida nos amparan en Calais, y subimos al ferrocarril, que a las 5 horas 40 minutos de la tarde nos dejará en París.

En el mismo coche vamos una pareja, al parecer francesa, cuyo amor no sabemos qué sanción social tendrá, ni hay derecho para averiguarlo; una Miss inglesa pálida y flaca, institutriz, y yo. Cerca de la una del día, la pareja saca su canasta de provisiones, improvisa una mesa con una valija y principia por darse besos sonoros y repetidos.

La *miss*, que hasta este momento lee, suspende su lectura y me mira como exclamando: «¡Misericordia!» Yo me hago la distraída, recordando aquel pareado:

> Si quieres del mundo gozar,
> ver, oír y callar.

La pareja se va a mayores, porque se da los bocados a medio mascar de boca a boca. Salgo del coche para ir a tomar el té, y a la vuelta encuentro que la *miss* pálida que dejé está roja como una amapola y me mira con expresión tal, que yo la interpreto por ampararme. «¿Algo grave ha pasado?», le pregunto en inglés, idioma que, felizmente, ignoran los incontinentes compañeros. La *miss* cobra aliento y responde: «Esto no pasaría en Inglaterra, esto es horrible; ¿qué?...» «Tenga paciencia, Miss; si usted sale a viajar, necesita mucho de ella y adquirirá mundo, y si va a París, esto lo verá a cada rato, hasta familiarizarse y no hacer caso.» «¿Así es? ¡Qué horror! Yo quiero regresar pronto a Londres; sí, sí», dice la joven, mientras que la pareja ha arrojado al campo las canastas y botellas vacías, y continúa los arrullos con el desenfado de las palomas que, pico a pico, se dicen no sé qué cosas en lo alto de las cornisas. El tren sigue su vertiginoso recorrido; la Torre de Eiffel, que se dibujó como tenue nube, va adquiriendo consistencia; ya se destaca gallarda, y comenzamos a ver correr las casas y los edificios. Pitea el tren; la estación del Norte está enfrente; en ella se encaja todo el convoy como en túnel de vidrio y hace la gran parada terminal.

¡Un carruaje! Vienen varios, subimos en uno y nos dirigimos al ya conocido alojamiento del hotel Ronceray, cuya dueña es una madame de maneras distinguidas.

Por segunda vez estoy en la capital de las diversiones, donde permaneceré una semana en vía de descanso de ferrocarriles, visitando algo de lo que dejé pendiente a mi salida para Inglaterra.

Tengo la suprema alegría de encontrar a mi viejo amigo, el señor general don Andrés A. Cáceres. Al estrechar su mano creo tener frente a mí todo el Perú, aquella patria amada, como él, que es reliquia gloriosa de la nación, pues le ofrendó su vida y derramó la sangre de sus venas desde adolescente, cuando el año 1853 cayó herido en Arequipa. defendiendo las instituciones del país; más tarde en diferentes batallas con los invasores, hasta la presente fecha, en que sostiene con brazo vigoroso todavía el estandarte de la integridad del territorio y es jefe del legendario partido constitucional. En la actualidad representa al Perú en Italia, con el carácter de enviado extraordinario, y ministro plenipotenciario ante el Quirinal. Las vacaciones de que en la estación goza el cuerpo diplomático le dan tiempo para excursionar a Suiza en compañía de sus dos hijas y nietos; así que está de transito en París.

Habiéndole expuesto mi itinerario de viaje, me dice que no debo volver a América sin visitar Alemania. Me insta, me convence de que así completaré los estudios que he emprendido, y quedo resuelta. Haré esta excursión al regreso de Italia, donde he de dirigirme.

La mañana está fría y lluviosa. Me propongo almorzar en un restaurant de obreros, como lo hice en Londres. A la vuelta de la calle Vivienne hay uno bastante concurrido por hombres y mujeres. Me visto lo más pobremente posible, y me lanzo a la ventura sin temor a los apaches, que siguen a la gente adinerada o enjoyada. Las mesas se forman de tablones de medio metro de ancho y tres de largo paralelamente colocadas, dejando sólo el espacio indispensable para la silla. En cada mesa hay ocho cubiertos. Ocupo un asiento, repaso el menú y comienzo a vacilar. En este momento se han puesto delante de mi imaginación dos fantasmones: la Higiene y la Tuberculosis. ¡Qué! Muchas víctimas hace la aprensión, y ¡dichosos los ignorantes!

Pido cabeza de vaca al aceite, que será lo menos manipulado, y media botella de vino. El mozo me sirve con ligereza y atención tal, que denuncia el haber reconocido una extranjera, tal vez llegada a esa fonda por equivocación. Las cucharas y los tenedores de estaño y el cuchillo de hierro, me dicen algo nuevo. Los parroquianos han llegado ya solos, ya en grupos de hombres y mujeres, y está lleno el local. Principia la conversación aislada en ciertas mesas, que poco a poco se va generalizando hasta convertirse en bulla. Palabras, ademanes, risotadas. Cuentos alegres de empresas amorosas, *calembours* para las mujeres, que reciben y contestan. Un viejecito, que ocupa el asiento próximo a la vidriera principal, lee su diario y come con calma, que denuncia falta de dentadura o de apetito. También comen así, con ademán despreciativo del alimento, los seres cansados de la vida. Varios comensales me dirigen miradas escudriñadoras. ¿Qué significan? ¡Ah! Ya caigo; he hecho un disparate. ¿Cómo es posible no haberme fijado en mis lentes, montados en oro? Con razón el mozo me servía diligente. Este descubrimiento me desconcierta y caigo en otro renuncio fatal, pues para pagar la cuenta saco la cartera de cuero de Rusia con monograma de oro. Me cobran 1.50 francos: dejo dos y salgo como escapada, dejando aquel enjambre donde unos han pedido pan, rábanos, manteca y vino; otros cabeza de vaca al aceite, pan y vino, lo más barato de la lista elegible por la letra.

Llego a mi alojamiento, pido el ascensor al primer piso, y en mi cuarto explico a la camarera el por qué he salida en esta facha. Ella ríe, pero creo que no celebra sinceramente la ocurrencia. En los hoteles y restaurants de segunda categoría, la nota saliente, el eje de la casa, es un matrimonio: ella no sabe más que francés, él entiende de todos los idiomas un poco, y ambos conocen los francos, el oro a maravilla, como que es *idioma sonoro* universal, adversaria del esperanto. Mi compatriota el doctor Vega Enríquez ha venido a buscarme, avisado por mí del regreso, y juntos salimos a visitar la casa editora de Garnier Hermanos; compramos algunos libros y vamos a la Escuela Profesional de Niñas de la rue D'Abbeville, donde queremos recoger datos que nos interesan. La época no es propicia para el caso por las vacaciones de verano. Así en los estudios hay que concretarse sólo al conocimiento de locales, material y método de enseñanza. La dirección está repartida. entre el Ministro de Instrucción, la Municipalidad, el Ministro de Comercio y el Ministro de Agricultura.

De instrucción primaria entienden la Municipalidad y el Ministerio de Instrucción Pública, al que también corresponde la facultativa, y los otros dos Ministerios mencionados tienen a su cargo la enseñanza profesional. Actualmente se está discutiendo con interés si será conveniente que la escuela primaria prolongue su enseñanza a profesional para comercio y trabajos manuales.

Para visitar las escuelas del Estado, se necesita licencia del Prefecto de París. He visitado el Museo Pedagógico de la calle Gay Lussac, dependiente del Ministerio de Instrucción Pública, cuyo director es Mr. V. H. Friedel. No corresponde al renombre francés. Lo más nutrido es la biblioteca de consultas para profesores, a quienes se les facilita las obras, aun enviándolas a provincias bajo recibo. Este establecimiento facilita también el material gráfico para la enseñanza, con proyecciones luminosas, tan difundida hoy por los buenos resultados que da. Su catálogo es notable.

El asunto sistema de asientos, aun preocupa a los pedagogos. Algunos aconsejaron la silla movible o giratoria, como la de los escritorios, adoptada en Suiza y Alemania. Este año se ha suprimido el uso en Suiza, por no responder al objeto propuesto. Noto que las escuelas profesionales para mujeres, casi en totalidad, responden a iniciativa particular o de sociedades, las de comercio, oficios, etc. El carácter de la mujer francesa no puede desvincularla del deseo de notoriedad, y así como se prestan cientos de mujeres a servir de maniquís ambulantes exhibiendo la obra de los modistos o las novedades de las grandes casas, otras van a extravagancias no tanto por el aliciente del lucro, sino por *la fama*. Entre éstas puedo citar a las cocheras.

Aquí está la *ex condesa du Pin de la Guérinière,* inscrita en el gremio. ¡Cuántos clientes tiene afanosos de verse arrastrados en vehículo guiado por auriga aristocrática! Si en vez de ir al pescante hubiese preferido la silenciosa tarea de ama de llaves o de secretaria, ella se sentiría vejada, humillada la cerviz; ahora va con la frente levantada, manejando el látigo, con el cual, en momentos, creerá tal vez fustigar frentes humanas.

Otra prueba en favor de mi juicio, encuentro en esta otra. Me consta que ésta se niega en las horas más concurridas del *Boulevard des Italiens* a llevar pasajeros, alegando razón cualquiera porque su objetivo principal es que la vean zurciendo los calcetines del marido en los minutos de parada, y después de esas horas, ella recupera doble de lo que se cree ha perdido.

Si la humanidad es así, llevada del aparato, si la tontería supera a la discreción, hacen bien de refinarse las industrias femeninas, que en todo caso jamás llegan al deshonor de la que por dinero se prodiga en calles, plazas y salones.

Las luces que comienzan a iluminar la ciudad, notifican la hora. Las veredas frente a los restaurants están ya atestadas de mesitas, que van llenándose de parroquianos. Nosotros ocupamos dos asientos: cenaremos al aire libre. En mi anterior estadía en París noté que la mayor parte de las gentes comen fuera. ¿No habrá hogares? Ahora he profundizado más mi observación, y ciertamente que el *hogar,* el *home* de los ingleses, la *casa* de nuestra América, tiende a desaparecer. Mis estudios no se limitan, van a las tres clases: aristocracia, clase media y proletaria. A esta última le doy la razón, porque estudiando el asunto en el orden económico, la mujer, si se queda en casa haciendo las faenas domésticas, nada gana por sí y consume lo que el marido lleva, mientras que comiendo ambos fuera, cada uno gasta una parte pequeñísima, y al fin de mes se reúnen las dos entradas para formar un ahorro solo, de suerte que el matrimonio, que ocupa un quinto o sexto piso, se ve durante la noche solamente. La clase media, ¿por qué no tendrá hogar? ¡Ay! es tanta la tarea de la casa, que equivale a sepultarse y hacer vida de gusano, y esto, ¡cómo en París, en la ciudad *luminier,* en el centro de la bulla y de la alegría! No sería marido amoroso, sino tirano, cruel, nieto de Guillotin, nacido en la Conserjería, el hombre que no diese libertad al matrimonio. Hombre bonachón, resignado a su hora, también picaronazo, tiene su casa amueblada con gracia, el arte se ostenta aun cuando sea en terracotta o copias de pintores clásicos, el piano regala notas armoniosas arrancadas por una blanca mano. Amor separa bucles rubios de sobre la frente y estalla el suave ruido de un beso. Todo es bello. Pero no hay cocina, ni comedor. ¡Es tan hermoso esto de irse a la calle!... Aun para un sencillo té, las amigas jamás se invitan a sus casas, sino a tal o cual confitería. En cuanto a la aristocracia, el cuadro varía sólo en el detalle de que hay comedor espléndidamente montado, vajilla que no sólo representa miles de francos de valor, sino que es expresión viva del arte. La vida de familia se manifiesta sólo en tal o cual ocasión en que se va a dar una comida, una recepción, una fiesta. Por lo demás, la vida de la calle, los bulevares, el bosque de Bolonia rodado en carruaje de llantas de goma, el teatro, las excursiones, las obras de misericordia, llevan a la esposa por el sur, mientras el marido va por el norte, llevado por negocios, por la política o siguiendo el arte que palpita, se mueve y responde: «Y en este medio ambiente ha nacido la idea de suprimir los hijos. ¡Qué cosa más impertinente que las criaturas!» Los niños alegran solamente el hogar, como los pájaros el bosque y las flores la pradera.

He de anotar, con honda pena por cierto, que la mayoría de los americanos del sur que vienen acompañados de su familia se adaptan a este régimen, aunque modificado con tacañería, ya no diré egoísmo. Se instalan en un departamento de hotel más o menos lujoso, porque en su país, en la colonia, han de saberlo; dejan instalada a la esposa e hijos, si los tienen, y se lanzan a hacer la *vida parisién*. A eso han venido ellos. ¿Para qué haber atravesado el charco con bascas, a costa de tanto dinero, si no es para divertirse en París? Otros hombres, compatriotas, conocedores del campo, les sirven de guía, y a batallar.

Sólo unos cuantos días antes del viaje de regreso va la señora acompañada del marido a ver los grandes bazares; tiene unos cuantos miles asignados para sus caprichos; éstos se suman y se reúnen en uno: la ropa. «Con llevar bastante ropa me conformo», dice ella con voz beatífica, adorable, que denuncia su conformidad femenina, usada por mi América, y el regreso queda arreglado con unos cuantos *mundos* que contienen cosas envidiables, que van a admirar en nuestro terreno. Y el haber ido a *Europa,* ¿es poca cosa?

Vamos, que perdemos tiempo. Mañana debemos visitar la Biblioteca Nacional, porque en la tarde saldré con destino a Italia.

Acabo de pagar 225.25 francos por mi boleta de pasaje, ida y vuelta, válido por dos meses, con derecho a quedarme en las estaciones del tránsito.

Recorreré en territorio francés: Marsella, Tolón, Cannes, San Remo, Menton y Niza, de la bella *Cote d'Azur, y* visitaré *Mónaco,* porque las leyendas de Monte-Carlo despiertan mi interés. D'Amicis ha contribuido a esto. La naturaleza nos protege. La tarde es magnífica, y presagia una noche apacible. Nos encontramos ya en el coche del ferrocarril. Nuestros compañeros son cuatro señores y una señora. El reloj marca la hora, y el tren arranca hacia Marsella. En el horizonte aún parpadea la *Ville Lumière,* pero la noche se impone. Mis compañeros, alegres y comunicativos, charlan, y la señora dormita a intervalos. La atmósfera tibia, el aire saturado del perfume de los pinares en las primeras horas, y más tarde de las sales marinas, no han hecho necesarias nuestras mantas de viaje, que permanecen enrolladas bajo la presión de las correas de manija. Los arreboles de la aurora comienzan a destacarse; de entre las sombras surge el color y resucita el día muerto de ayer. Marsella se presenta enjaezada con sus buques anclados, y su mañana es risueña. Quiero pasear los salones de la exposición de electricidad, y bajo con el propósito de esperar el segundo tren. Lo maravilloso y lo fantástico está reunido aquí, siendo norteamericanos, alemanes y franceses los mejores exponentes de aparatos y aplicaciones de este cuerpo llamado a revolucionar la ciencia y la industria, que quién sabe si pronto relegará el gas y la fuerza hidráulica a la categoría de sombra y de paralítico. Las instalaciones son magníficas. El tiempo me ha ganado, faltan pocos minutos para la llegada del tren. Apenas puedo tomar una taza de café con leche y tostadas en el lujoso restaurant contiguo a la exposición, y salgo de carrera. Ya se oyen cercanos los pitios de la máquina, que para mí suenan siempre como ¡viva! ¡hurra! o ¡cuidado! Tengo asiento vacante y cómodo, me instalo y la marcha continúa. La voz de anuncio ha ido pregonando en cada parada de estación: Tolón, Cannes, San Remo, Niza. Deliciosa y poética es toda la Cote d'Azur desde Cannes, que orla el mar Mediterráneo. Los claveles purpúreos, morados, blancos, amarillos, rivales de los claveles valencianos, tulipanes y jazmines exhalan su aroma, rodeándonos de una atmósfera embriagadora y dulce. Me detengo en Niza, porque quiero visitar en la villa d'Avray la casita histórica donde Balzac[85] escribió sus novelas maestras y Gambetta[86] halló dulce refugio en las decepciones políticas. La veo con sus museos grisáceos por acá, verdinegros por allá, con sus trepadoras, que formando cortinados verdes, parecen intentar esconder los resquebrajos del tiempo. Paseo por unos momentos en la plazoleta donde está el *Casino Municipal* y marcho a la estación del tren.

Junto conmigo han subido al coche dos señoras entradas en años, cuya edad se manifestaría tal vez mayor sin la elegancia y el lujo de sus vestidos. Desde el primer momento han simpatizado conmigo, acaso por el comedimiento que, contra mis costumbres, hice de levantar un abanico que una de ellas dejó caer. Tienen el don de la comunicabilidad, no pueden estar calladas. «Seguramente usted va a Mónaco», me dice. «Voy a Génova, pero me detendré en Monte–Carlo», respondo. «¡Ah! bajaremos juntas; nosotras vamos al Casino, a jugar; hemos encontrado una combinación. Una interesantísima combinación.» «Sí; ganaremos, ganaremos siempre», interrumpe la otra señora, y ambas se regocijan explicándose nuevamente los puntos.

---

85 *Honoré de Balzac:* (1799–1850) novelista francés, también escritor de teatro, uno de los escritores más influyentes, muy admirado por Clorinda Matto. Sus más de cien novelas se agrupaban bajo el título *La comédie humaine*, y presenta un panorama de vida francesa después de la caída de Napoleón Bonaparte en 1815.

86 *León Gambetta*: (1838–1882) abogado y político republicano francés que ayudó a dirigir la defensa de Francia en la guerra con Alemania 1870–71. Ayudó a fundar la Tercera República y siguió apoyando a ideales democráticos y a la unidad nacional. Ver nota 43.

Mónaco posee, con la República de Andorra, colocada entre Francia y España, y la República de San Marino, en el centro de Italia, el privilegio de ser un pequeñín estado independiente, rodeado de vecinos poderosos, y el Casino donde se ejerce el juego subsana la mayor parte del presupuesto nacional. La compañía de estas practicas me viene a maravilla. Descendemos en la estación y subimos la terraza con un espléndido panorama. El verde sonriente alfombra la tierra, haz de violetas orna los caminos, donde los tulipanes se yerguen como monarcas vestidos de gala; las trepadoras, con sus tallitos frescos, invaden muros y enrejados, y sentadas en los bancos se ven gentes de diversas categorías, todas con el mismo semblante de tristeza y displicencia. Seguramente que son las que perdieron. El Casino es suntuoso. Todo lo que de él me refirieron resulta sin color ni vida ante la realidad. Las señoras parroquianas me facilitan el acceso, y los elegantes conserjes me prodigan atenciones, quizá en la persuasión de que soy nueva víctima. Las señoras han apuntado tres veces, las tres con resultado funesto. El oro corre a raudales, apagado su timbre por el fino tapete. Me instan para apuntar, resisto la tentación y salgo pretextando ir en busca de fondos. El mármol y el bronce bruñido me han fascinado más que los luises apilonados junto a éstos y aquéllos, porque me hacen el efecto de piezas envenenadas. Me refugio en un modesto restaurant, al lado del salón de espera de la estación, y con impaciencia, hasta ahora no sentida en todo el viaje, espero el tren. Él viene por fin; el guarda me previene que esté lista, porque la parada va a ser rápida; apenas para que bajen pasajeros. Soy la única que sube y seguimos a Menton y Ventimiglia. Las noches mal dormidas en el tren fatigan más que los viajes largos. Me he rendido y dormido profundamente. El silbato del tren me despierta sin consideraciones; estamos cerca de Ventimiglia, donde hay que bajar para la revisión aduanera italiana.

Entramos, pues, en el territorio del jardín de Europa.
Ventimiglia.

Italia

Hemos penetrado en una región encantadora por el aspecto de sus montañas, todas pomposamente vestidas de terciopelo verde en diferentes tonos y donde los racimos de castaños blancos y rosáceos, los de uvas blancas y moradas y las flores rojas de los granados, hacen el efecto de bordados sobrepuestos en aquel denso follaje, manto real con que la naturaleza cubre la región alpina.

La vía férrea se detiene a pocos pasos de la Aduana, que está constituida en dos secciones de entrada y salida, una italiana y otra francesa, con un edificio amplio y dotado de todas las oficinas necesarias. Aquí están el correo, el telégrafo, papelerías con útiles de escritorio, libros y diarios, lavabos y adyacentes, restaurants, que desde ahora llamaremos *albergo,* como se dice en el país, y que por dos liras sirven buena comida. No hemos tenido dificultad alguna en la revisión de equipajes, siendo excedente el tiempo de media hora que para el tren para poder tomar café y pasear algo de la villa.

Desde este momento, la música cadenciosa de la lengua italiana halagará mi oído; el conductor del tren, *conduttore*, gritará primero *pronti* y después *partenza, si cambia treno, fermata,* y al jefe de estación le diré *capostazione* cuando le presente *il biglietto.* Ya nada tengo que ver con francos ni chelines; aquí es todo más poético, y diré *lira;* los *facchini* han sustituido a los cargadores, a quienes en Francia hay que darles el *monsieur* y el *si vous plait*, acompañado del *merci*.

He aquí la vista tomada desde el puente de San Pablo. Las sensaciones que se reciben al llegar a la frontera, después de pasar tantos túneles, que enhollinan de lo lindo, son grandiosas. Otra vez en el tren tengo ganado asiento junto a la ventanilla, que está abierta, y así puedo apreciar de pasada Spezzia y Lucca, y gozar del espléndido panorama que presenta la montaña para contrastar con la planicie del golfo de Génova con su gran faro, rival de la luna. La entrada en la ciudad decepciona tanto, que un velo gris cubre el espíritu al ver tanta calleja sucia con trapos a secar colgados en cordeles, lodo, pestilencia, animales domésticos campeando como procuradores en corte de justicia. La sensación se va corrigiendo al penetrar en los barrios centrales, barrios nuevos que forman un contraste de negro y blanco. Esta es la vista general de Génova.

El recuerdo de que estoy en la patria de Cristóbal Colón, que dirijo mi vista hacia el cielo azul que el gran navegante contemplaría, tal vez enardecido por el fuego de la inspiración grandiosa y el convencimiento de hallar otro hemisferio; el recuerdo de que este país sigue produciendo marinos de escuela y de vocación; su interesante arsenal y las vinculaciones que los genoveses tienen con América del Sur, donde emigran de buena voluntad, todas estas consideraciones atenúan la rigidez del criterio. He dejado el equipaje en mi albergo, y salgo en carruaje para visitar la oficina de *La Velvu,* donde quiero renovar el pasaje de regreso a Buenos Aires, asegurando camarote, cosa que no consigo por ser día de fiesta, 15 de agosto, y estar los jefes ausentes. Entrada la noche, regreso al albergo, que a la postre resultó ruin por falta de higiene, el trato especulativo y la alimentación pésima. He tenido poca suerte, porque Génova tiene buenos albergos y hoteles lujosos. Por fortuna, será una sola noche la pasada aquí. A las 6 horas 40 minutos sale el tren a Pisa.

Pisa, a orillas del Arno, se extiende al pie de los montes de Carrara, esos montes blancos como hacinamiento de nieve, que han dado la inmortalidad a personajes y autores, montes fecundos que llevan a toda Europa y parte de América la belleza de sus bloques cincelados. Canteras que son vientres fecundos, donde renacen los héroes, entregan sus bloques rústicos que, en carretas pesadas, van paso a paso y lentamente transportándolos a los talleres, donde el artista modela la piedra sagrada.

Descendemos del tren y comenzamos a ver mujeres con rostro hermoso y sonrisa de fiesta.

Las aguas del río Arno corren tan mansamente como si temieran turbar el silencio de la ciudad dormida, indolente. Un carruaje me lleva al hotel llamado *Albergo Milano e Commercio;* me instalo, el hotelero me proporciona un guía y salimos inmediatamente, cruzando el puente de Solferino, desde cuyo centro se contempla un hermoso panorama con un cielo azul purísimo.

La ciudad antiquísima, con sus callejas estrechas, sus muros negruzcos y sus puertas de calle cerradas, cual puertas de convento monjil. Los portales son verdaderas decoraciones escénicas en dramas trágicos, donde surgen personajes de capa y espada, cuando no de antifaz. En la via Mazzini está el asilo infantil *Príncipe Amadeo.* En la plaza principal se eleva la estatua de Víctor Manuel I, en bronce, y el fonógrafo hace las delicias del pueblo en la plaza de la estación. Pisa tiene las notabilidades del Baptisterio, la Catedral, la torre inclinada y el camposanto. Me ha tocado la suerte de presenciar en el primero el bautismo de una criaturita, a la cual pusieron por nombre Elsa Marina; después el entierro de un prójimo, cuyo cortejo fúnebre interesó mi atención, porque parecía algo de una comarca en las montañas incultas de América. Delante del ataúd, conducido en carro con adornos negros, van hombres vestidos con túnica negra, larga cabellera desmelenada y cirio en mano, plañiendo tiernamente. Después del ataúd están cuatro ciriales y cruz alta con un clérigo de roquete que camina rezando unas letanías, que el cortejo responde en coro, mientras los de vanguardia aumentan el gemido. Hasta la fecha no conozco un cementerio más bello que éste, situado a la derecha de la Catedral (entrando), ni he visto en ningún otro el arte profusamente manifestado en estatuas, túmulos, sarcófagos. Puede dar idea de él la nave de la entrada.

Pasando el puente que dejo señalado, se distingue la capilla de Santa María de la Espina. Es un primor artístico, donde se ha manipulado el granito, el mármol y el alabastro, como cera blanda o como masa de pan. La pluma se declara incompetente para describir las bellezas artísticas y arquitectónicas, y pide el concurso al fotógrafo.

Semejantes primores de tallado y tal perfección en las pequeñas estatuas de santos y mártires, no sé si encontraré más adelante. La Catedral, con toda su nombradía, es más grande, más suntuosa, pero no tan artística ni de tanto detalle. Podemos comparar aquí.

Tenemos de frente la entrada principal, y hacia la derecha la *Campanella*, o sea la torre inclinada, donde está el campanario con bronces de dulce tañido. Tanto la torre como el Baptisterio quedan aislados, separados mejor dicho, del cuerpo del edificio principal, como puede notarse por estos grabados.

La profusión de mármol, granito y alabastro, que llega hasta el derroche, sólo puede explicarse por ser Pisa la poseedora de las grandes canteras de Carrara, ya mencionadas. Enfrente de la capilla de la Espina hay una gran fábrica de objetos de mármol y alabastro, imitación en miniatura de las obras de arte, candelabros, estatuas, iglesias, etcétera.

De la grandiosidad de concepción decorativa dentro de la histórica predicación de Cristo, continuada por sus apóstoles, eternizada en el púlpito de la Catedral, puede dar idea aproximada el grabado.

En la parte superior las escenas de la vida del Maestro, en torno vírgenes y mártires, al centro Pedro y Pablo, a la izquierda el león sobre los evangelios de Marcos.

He mencionado las callejas con portales. De ellas y del estilo de modificación, dará muestra la fotografía de la Vía del Bosque.

En Pisa se observa nuevamente la plaga de mendigos que dejamos en Barcelona. A la entrada de la Catedral, estacionado en dos alas, está un ejército provisto de jarros de lata, que tienen unas monedas de cobre adentro; cuando pasa una persona, los mendigos sacuden los tarros, y os dan una verdadera *cencerrada*. La tarde que visité el Baptisterio los mendigos tuvieron cosecha gorda, porque los padrinos del bautismo mencionado dieron *sebo*. En atenuación de esta plaga están los buzones de asilos incrustados en la pared, con un letrero en que se dice la clase de institución, y se pide una limosna. Así, sin presión, sin ojos que nos miren alargar la moneda, se puede ejercitar la verdadera caridad.

He regresado temprano a mi alojamiento, después de hacer toda la excursión a pie. ¡La ciudad es tan reducida! Estoy muy satisfecha de mis hospederos. Su alojamiento ofrece toda comodidad y garantía al viajero. Mis habitaciones tienen balcones de hierro sobre la plaza de la estación ferrocarrilera, y en ellos me instalo a contemplar la puesta del sol, recordando aquellas fulguraciones inimaginables en la región de los trópicos. La suavidad del clima y lo apacible de la tarde preparan mi espíritu para dulzuras y suavidades, y pienso en la patria, como que ésta no es más que nuestro hogar agrandado, y en todas partes altea la orla de nuestra bandera. Pienso en que mañana por la tarde estaré en Roma. Este solo nombre despierta en América a muchas almas soñolientas. La mía aún conserva vibraciones de aquella ya lejana edad en que se cree sin analizar. Mi corazón palpita presa de ansiedad infantil, mientras que mi mente halla el vacío de la fe de mi infancia, con cuyo concurso cuán diferente hubiese sido la llegada a la *Città Eterna*. Hoy el interés no es religioso, sino investigador.

Después de una cena opípara, con buena fruta y vino exquisito, he dormido el sueño reparador de los trabajadores. Me levanto con el ánimo rejuvenecido; el día está límpido, aunque caluroso. Tomo el desayuno después del baño, pago mi cuenta, que la encuentro pequeñísima, y me dirijo a la estación. En el coche encuentro instalados dos caballeros de porte distinguido y buena educación, que serán compañeros. Mi presencia no les ha sido desagradable, como sucede en general cuando sube una señora a los coches donde se lee el *é vietato di fumare*. A pocos minutos de la señal de *partenza* se ha despertado el instinto de sociabilidad de las gentes cultas. Los señores me han dirigido la palabra, creyéndome americana del Norte. Contra mi costumbre en estas marchas, les digo quién soy y de dónde procedo. Se interesan mucho; la Argentina les es conocida por lecturas; nuestra conversación se anima, es amena; he ganado dos cicerones ilustrados, que me nombran las estaciones y villas (Liorna, Cecina, Groseffo) del transito. En Civita-Vecchia sube a nuestro coche una artista lírica que ha estado en Buenos Aires y se halla de tránsito para Nueva York.

El tren se detiene treinta minutos en este puerto fortificado, y nos da tiempo para limpiar algo el hollín que hemos recibido de las máquinas en los tantos túneles que perforan la zona de los Apeninos. La estación está atestada de vendedores de fruta, refrescos y cestines de provisión. En toda Italia se encuentra esta costumbre de arreglar cestitos de provisión para viajeros, que contienen artísticamente empacado lo siguiente: media botella de vino, media botella de agua mineral, un cuarto de pollo asado, un pan, una tajada de queso, un vasito de cartón, dos bizcochos de dulce, un durazno, un racimo de uvas, un paquetito de sal, una servilleta de papel, una cuchilla ordinaria de doblar y cuatro palillos para dientes. Todo no cuesta más que 2.50 liras, y este precio es casi fijo en toda Italia. En Francia el hotelero me cobró ocho francos por un *biffe* frío, un pan, queso y media botella de vino, todo acondicionado en una caja de cartón.

Hemos cambiado nuestras tarjetas con los compañeros de viaje. El señor de tipo árabe, alto, grueso, de ojos brillantes y barba cerrada es el notable dentista Vicenzo Guerini, jefe de la clínica en la universidad de Nápoles y director del diario *L'Odonto-Stomatologia*. El más joven, tipo italiano, rubio, vivaz, es el doctor Albino Saporetti, que ejerce su profesión de abogado en Ravena: va a Roma, y el primero continuará a Nápoles. Partimos, pues, dejando Civita–Vecchia, la de las mansas aguas y leyendas róseas. Atardece, con celeridad inusitada para mi deseo. Si tuviese el poder del personaje bíblico, detendría al globo sobre sus ejes, prolongando las claridades vespertinas para ver entre el cielo los montículos y la llanura, la Ciudad Eterna. Las sombras de la noche y el ferrocarril corren; vencen las primeras y envuelven con negro sudario esta imagen, que mi avidez de viajera quería contemplar en la plenitud de la luz. Se presenta, a lo lejos, un campamento iluminado por focos de gas y luz eléctrica, y parece que viene hacia nosotros: es la capital italiana. Son las ocho y media de la noche del 16 de agosto. Entramos en la Estación Central: estamos en *Roma*. Mi alma no puede sustraerse a las sugestiones de la infancia: se sobrecoge no sé por qué; hay algo de misterioso, de sublime y de ridículo en las sensaciones de mi sistema nervioso, que tiembla como hilo de violoncello o se sacude como ramalazo de látigo, que estremece y encoge la sensibilidad.

La estación *Centrale* es hermosa, amplia, corresponde a esa capital de 424.943 habitantes, de los cuales 8.644 pertenecen a la campiña. El *facchino* que toma de su cuenta mis valijas, va al *Hotel Piazza Venecia*, donde tengo departamento asegurado, y desde el primer momento recibo un trato esmerado y franco. El único inconveniente que encuentro es que éste, como los otros albergues romanos, dan alojamiento sin pensión, y hay que salir a las horas de las comidas. Otra particularidad digna de anotarse es que los restaurants, unos sirven sólo almuerzo *(colacione)* de doce a catorce del día, y otros la comida, cena, desde diez y ocho a veinte de la noche. En Italia comienza a regir la medida de las veinticuatro horas, y todos los relojes tienen marcada así su esfera. Mi primera sorpresa con el sistema fue en Ventimiglia, cuando pregunté a qué hora parte el tren, y me contestaron a las *trece mezza* (trece y media), que corresponde a la una y media.

He dormido un sueño profundo; mis fuerzas físicas han recibido reconstituyente magnífico para hacer frente a las excursiones que pienso hacer. La aurora del día 17 es espléndida. Desde mi balcón, que da a la plaza de Venecia, veo enfrente el grandioso monumento que se está construyendo en memoria de Víctor Manuel I, a la derecha el palacio de los Borgia, y sobre el terreno, el hormigueo de un pueblo laborioso que despierta a la faena y se desparrama en todas direcciones. A las nueve vendrá el guía que anoche pedí al mayordomo del hotel;

mientras llega tengo tiempo de tomar el baño y el desayuno, que consiste en una taza de café negro, como se dice por acá a lo que en América se llama café solo o puro.

Mi guía me esperaba ya en la sala. Desde el primer momento me parece un parlanchín. Será guía de camino, porque en cuanto a historia yo sabré a qué atenerme.

Mis primeros pasos en Roma han producido en mí dos corrientes de sentimientos y de ideas. Una profana y otra mística, y en medio de ambas se me presenta, como la leyenda en el festín de Baltasar, la sentencia de Lucrecio el herético, el de las desesperanzas:

> Primus in orbe
> deos fecit timor.[87]

He encontrado fusionada y manifestada en obras gigantescas la fuerza del hombre y el temor del hombre; pero saco triunfante una verdad. Dios es la Verdad, no importa el limitar las manifestaciones; pretender una sola doctrina en este sentido de manifestaciones, equivale a pretender un solo idioma. Dios sabe todos los idiomas, ve todos los corazones y recibe la manifestación según la sinceridad; por eso respeto al verdadero. Esta convicción levanta mi voz de protesta por la destrucción de la obra pagana para levantar sobre sus ruinas la obra cristiana. Roma habría sido más grande, más admirada y más visitada por extranjeros, si conservando lo antiguo hubiese levantado lo nuevo, y la comparación que ahora se establece sólo ante la imagen que da la historia, habría sido real, con producto positivo para la civilización. La única disculpa que encontramos es la vulgar de *cosas de la época*.

Comenzaremos por las ruinas, que aun en pedazos, nos refieren la grandeza del imperio. Estamos en el centro donde fulguró la civilización.

Sentada sobre una de esas pilastras rotas que están a la izquierda, casi al término del grabado, me he recogido en mutismo reverente. Cuando algo superior avasalla nuestros sentidos, parece que la lengua cediera todos sus atributos a la mente; por eso en las situaciones solemnes, la palabra no vibra y el pensamiento labora. ¿Hacia qué lado, en qué sitio posó sus plantas el autor de las *Filípicas* contra Antonio; cómo repercutió en este gran foro, hoy solar y ruinas, la voz vibrante del primer orador romano, el fogoso Cicerón?...

---

87   *El temor fue el primero en crear a los dioses en el mundo.* – Lucrecio. [nota de CMT].

Aquellas ocho columnas de granito hablan del templo de Saturno; esos arcos diseminados por el campamento caído nos dicen los nombres de Constantino, Tito, Septimio Severo, y las iglesias con todo su fanatismo, no pueden acallar la voz del arte. Así, en la de Santa María, su foro nos dice de la basílica Julia; la de San Lorenzo conserva el fuego del recuerdo y habla del templo de Faustina y Antonino, y la de San Cosme y Damián evoca la memoria de Magencio, que elevó el famoso templo. Esos tres pilares umbralados que están a la izquierda resistiendo todavía la acción destructora del tiempo y del abandono, son restos del templo de Cástor y Pólux. En esta primera investigación histórica mi guía entrega las cartas, confirmando el concepto que de él me formé *a priori*. Me cuenta una leyenda romana. No puedo tolerar en silencio tanto error, me revisto de paciencia y le digo: «No señor; los héroes son griegos. La princesa Leda, casada con Tíndaro, apasionó de tal modo a Júpiter, que para seducirla se transformó en cisne; la princesa dice que tuvo dos gérmenes: uno de su marido, del cual nacieron Cástor y Clitemnestra, ambos mortales, y otro de Júpiter, del que salieron Helena y Pólux, inmortales. Ambos hermanos hicieron la expedición de los Argonautas; Cástor fue muerto por Linceo; Pólux, apesadumbrado, pidió a Júpiter que también lo hiciera inmortal: le concedió a medias la súplica, haciendo que viviesen y muriesen alternativamente, hasta que fueron transformados en astros y transportados al cielo donde forman la constelación de Géminis. Las dos estrellas llamadas Cástor y Pólux lucen alternativamente. Estos hermanos fueron considerados como divinidades protectoras de los navegantes, y se les invocaba bajo el nombre de *Dioscurus,* que quiere decir *hijos de Júpiter.*»

El señor guía se retuerce los bigotes mientras me escucha, y cuando he terminado dice con aire convencido: «Pues en América les enseñan las cosas de diferente modo.» Callo, porque no quiero perder el tiempo en disputas ni me considero profesora de historia. Seguimos la exploración caminando por entre los despojos de aquella arquitectura admirable, en cuyo fondo se destaca la iglesia de Santa Julia. Fijando la mirada, vemos en todas direcciones arcos, pilares umbralados, cimientos de templos, de que hablaremos detenidamente, presentando fotografías particulares. Examinamos los tres arcos principales, que son primores de tallado y bajorrelieve: el de Tito, el de Septimio Severo y el de Constantino.

El primero fue erigido en el reinado de Domiciano, hermano y sucesor de Tito, por el Senado y pueblo romanos en honor de Tito y recuerdo de la toma de Jerusalén el año 70. Por una parte los bajorrelieves presentan a Tito en el carro triunfal tirado por cuatro caballos, acompañado por el Senado y el ejército; a la derecha de él está la Victoria, que lleva en una mano una palma y con la otra corona la cabeza del héroe; Roma, triunfante, acude y toma las riendas del carro. En el lado posterior están los despojos del templo de Jerusalén.

El Senado mandó construir un arco en recuerdo de Septimio Severo y sus hijos Caracalla y Geta. Los pocos tallados que quedan muestran diversos tipos de los prisioneros tomados en las expediciones que hizo éste, que fue militar hábil, pero príncipe duro y cruel.

El de Constantino es entre todos el que reúne mayores vestigios del arte, el que está mejor conservado. Se elevó para eternizar el recuerdo de la victoria de Constantino sobre Magencio. Las estatuas de la parte alta, los capiteles, los bajorrelieves alusivos al asunto, así como la decoración interna del techo del arco principal y los dos pequeños laterales, constituyen todo un bloque para el conocimiento de la arquitectura de aquella época, con la circunstancia de que los pilares y partes notables pertenecen a un monumento de Trajano.

Una de las cosas que encanta en Roma y no disculpa el que la ciudad carezca de aseo en sus calles y plazas, es la abundancia del agua, que corre en fuentes a cuál más notables y bellas.

Respecto de las antiguas costumbres romanas y la importancia que los emperadores daban al baño para la salud y la robustez del pueblo romano, nos instruyen las infinitas termas y la riqueza de las bañeras que se ven en los museos. En las termas de Caracalla había plaza para 1.600 bañistas, teatro, biblioteca y gimnasio. Voy a dejar fotografías aquí, en recuerdo de las que más me han gustado, pero comenzaré por la que está junto al templo de Vesta, para constatar con las otras que son de época posterior. Se cree que fue construida en tiempo de la República, cuando el arte romano recibía la influencia griega. El circuito tiene 20 columnas de orden corintio de mármol de Pharos.

Seguramente la de Trevi es la más hermosa fuente, que tiene la particularidad de estar poco cargada de figuras. En ésta vemos que Neptuno está sobre una roca artificial, dentro de una concha tirada por caballos marinos y tritones. Es obra de Pedro Bracci.

La terma de las Náyades es sencillísima, pero de composición grandiosa en el concepto. Consta de cuatro grupos en bronce, representando una dríade, una amadríade, una náyade y una oceánica, ejecutada con verdadera inspiración por Mario Rutilly. La iglesia que se ve al frente se llama Santa María de los Ángeles. En la antigüedad fue terma de Diocleciano, y Miguel Ángel la transformó, conservando intacta la forma de la sala.

Uno de los más hermosos monumentos que se conservan a lo largo de la vía Apia, es la tumba de Cecilia Metella. Las murallas, de cerca de 30 pies de espesor, están colocadas sobre un peristilo cuadrado, y se elevan a 40 pies. Muchos creen que un orden de estatuas formaba la ornamentación superior, terminando con una grande de Cecilia Metella.

¿A cuál de las Cecilias Metella corresponde esta grandiosa sepultura? La historia nos conserva dos nombres iguales, correspondientes a matronas romanas. La primera madre del célebre Lúculo, vencedor de Mitrídates, y la segunda sobrina de la anterior, que fue esposa de Marco Emilio Escauro, y que en segundas nupcias se casó con Lucio Cornelio Sila. De ésta se dice que fue tan estimada por los romanos, que después de haber dado a Sila los primeros cargos del Estado, apenas le creían digno de ella, y que el mismo dictador, a pesar de la relajación de sus costumbres, se vio obligado a respetarla y amarla. Cuando los atenienses publicaron algunas burlas relativas a la virtud de Cecilia, el furor de Sila no tuvo límites, juró vengar a su esposa con la ruina y la esclavitud del pueblo de Atenas, y sus soldados secundaron este propósito, cumpliéndose el juramento el año 87 antes de Jesucristo. Seguramente es de ésta de quien se trata. La inscripción que aún se conserva no aclara el punto.

Se sabe que veinticuatro estatuas ecuestres adornaban a Roma. La de Marco Aurelio, sin duda una de las más hermosas, es la única de su género que se conserva. Dicen que fue encontrada en 1538 en un pequeño subterráneo, en la plaza que ahora se llama San Juan de Letrán.

Sentada en la silla–mecedora de mi balcón, contemplo la fachada del palacio de los Borgia, familia oriunda de España, que ha contado tantos personajes célebres en la historia, casi todos de odioso recuerdo. En mis reminiscencias desfilan algunos de ellos, empezando por Lucrecia y César, hijos del papa Alejandro VI. Ella fue flor y veneno; su hermosura y la vida licenciosa se dieron la mano para hacerla célebre, y César dio motivos para que Maquiavelo le presente como tipo de tirano, manchado con la sangre de su hermano el duque de Gandía. Los papas Calixto III y Alejandro VI fueron Borgia. ¡Si aquellos muros hablaran! ¡Cuántos secretos guardará aquel castillo!

La imaginación tiene fosforescencias de rayo y velocidad eléctrica; en virtud de esta potencia de variación, pasamos de un asunto a otro, o de una montaña a un plano. Después de haber recorrido como celaje la jerarquía de los Borgia, viene como rayo de luna suave o cual música cadenciosa el nombre del sublime Metastasio, y sus versos *La Vida* reconstruyen el edificio de la meditación filosófica. Recordaba estas estrofas, traducidas por Hartzenbusch:

>¿Por qué la vida nos parece bella?
>¿Qué placer nos ofrece mientras dura,
>si no hay edad ni condición en ella
>que dolor no se vuelva ni amargura?
>Niños, un ademán nos intimida;
>juguetes somos, en la edad florida,
>de la fortuna y del amor insano;
>y al fin, cubiertos de cabello cano,
>abrumados gemimos
>al peso de los años que vivimos.
>Ya el ansia de adquirir nos atormenta,
>ya el temor de perder nos pone susto.
>Lid continua y violenta
>entre si tienen siempre los malvados,
>y perdurable lid también sustenta
>contra la envidia y la falsía el justo.
>Fantasmas engendrados
>por loca fantasía,
>sueño, delirios son nuestros cuidados;
>y cuando al cabo con vergüenza un día
>se desengaña nuestra mente ciega,
>entonces es cuando la muerte llega.

La sociedad romana del presente es tan distinta de aquellos tiempos, que se duda de la descendencia directa. El italiano es ahora cosmopolita, los altos salones no cierran sus puertas al extranjero, aunque las familias se cuidan mucho de averiguar los antecedentes de las personas, y esto pasa aun en los periodistas. *La Associazione della Stampa Periódica Italiana,* cuyo presidente es el diputado al Parlamento Salvador Barsilai y secretario el diarista Tarquino Locchi, y algunas redacciones de diarios, mandaron inquirir datos respecto a mi persona en las legaciones del Perú y de la Argentina; por fortuna podían garantizarme sin complacencias, y los diaristas, después, fueron deferentes. *La Vita,* que dirige la erudita y luchadora Holga Lodi, tuvo la gentileza de abrir sus columnas con mi retrato y biografía, y por mi parte visito sólo esta redacción y la de la *Tribuna.* No he entregado ninguna de las cartas y tarjetas de recomendación que traigo, porque he venido a conocer el pueblo; otros, casi todos los viajeros, describen la corte y los salones regios, regresando al país come ungidos con un nuevo óleo de civilización. Por otra parte considero que entrando a la vida social no me pertenecería; mi tiempo tendría que repartirse entre los cumplimientos y la correspondencia a éstos.

Ahora comenzaré mis excursiones con programa ordenado.

Estamos entre las ruinas del foro Trajano, construído al lado del de Augusto. El emperador Trajano copió la ejecución de la obra al célebre arquitecto Apolodoro de Damasco, y la plaza es una de las más bellas de Roma. A los costados de la basílica Ulpia, situada aquí mismo, estaban dos bibliotecas, una para las obras latinas y otra para las griegas. La gran columna que se admira con la estatua de Trajano tiene 42 metros 87 centímetros de altura.

Nos dirigimos hacia el Coliseo restaurado, que antiguamente se llamaba Anfiteatro Tisiano o Flavio. Del colosal edificio dan una pálida idea estas fotografías.

Vespasiano comenzó la obra y concluyó Tito en los jardines de Nerón. Las fiestas de su inauguración duraron cien días, siendo notable entre éstas la representación de batallas navales, y se sacrificaron cinco mil animales. El último piso está a 57 metros de alto, y desde allí se domina todo el circuito con su curvatura. A la izquierda está el Podium con el *Pulvinare,* que el emperador y su séquito ocupaban: cortesanos, efebos, grandes de la corte, marinos de la flota imperial, vírgenes consagradas a Vesta envueltas en gasas semejantes a nubes impalpables, matronas con mantos de púrpura tachonada de pedrería.

Todos los viajeros que han llegado aquí han soñado; y me siento presa del vértigo, por mis venas siento correr todo el calor del sol de los incas, derramado desde las fortalezas del *Sacsayhuamán* hasta el Coliseo; sensaciones indescriptibles me sacuden, siento el vacío de mi hermano, de mis amigos, la comunicabilidad es necesidad en mí, quiero compartir mis ideas y sólo encuentro al guía, que impasible me acompaña por el salario que le pago. Caigo sobre una piedra que conserva la comodidad de asiento, llevo ambas manos a la frente, cierro los ojos y deliro. ¡Creo ver el Coliseo ocupado por 50.000[88] espectadores, que en grito colosal aplauden al gladiador que ha caído en postura elegante!

¡Ave, Cesar!

Por sucesión de ideas veo luego el circo de Nerón entre el oro, que tomo por símbolo de dureza, y la púrpura, que interpreto crueldad. ¡El león que entra ganoso; las vírgenes que entonan la última plegaria; la sangre cristiana que fluye, los colmillos de la fiera que roen un cráneo donde brilló la fe después de haber saboreado un corazón lleno de esperanza!

¡Ave, martirum!

Y una voz dulce se alza desde el fondo de las catacumbas, desde el seno de la tierra hasta las incognoscibles alturas azules.

¡Amaos los unos a los otros!

¿Han pasado por mi ser las sensaciones de dos épocas? Abro los ojos y veo sólo las ruinas sobre cuyo polvo he evocado la grandeza pagana y la firmeza cristiana.

Volvamos a la excursión. Por el terreno tan accidentado nos dirigimos al Capitolio, en la más pequeña, pero la más bonita colina de Roma. Ahora funciona aquí la Municipalidad, y parte de lo antiguo queda en pie.

Puede verse la escala tan amplia, en cuya parte alta, primer término, están las estatuas de Cástor y Pólux; hay trofeos diferentes sobre la balaustrada magnífica, en mármol; la estatua de Constantino y dos columnas de la vía Apia; los costados están ornados por dos grandes leones en basalto, donados por Pío VI. Siguiendo la tradición, iremos

---

88 Algunos marcan 87.000 por exageración. [nota de CMT]

del Capitolio a la roca Tarpeya, mas la hora está avanzada y retrocedemos en dirección a la plaza Colonna.

La planta baja de los edificios que quedan a la derecha es casi toda de restaurants de colación y confiterías; el edificado del fondo lo ocupan casas comerciales y lindas tiendas; la calle que se destaca a la izquierda es la vía Humberto, la mejor de Roma, que va hasta la plaza del Pueblo; el magnífico edificio de la izquierda es el local de la Asociación de la Stampa; delante están los kioscos, donde todas las noches, de siete a diez, acuden bandas de música a dar retreta. Esta plaza es el verdadero centro de Roma; debe su nombre a la columna Antonina que se alza al centro, en cuya cúspide estaba la estatua de Marco Aurelio, que Sixto V hizo sustituir por la actual de San Pablo.

Hoy cruzaremos el histórico Tíber por el más hermoso de los once puentes que tiene, el de Santo Ángelo, ornado de grandes estatuas y amplio para el tránsito de carruajes. Por éste no van los tranvías. La gran mole que se nos presenta es el mausoleo de Adriano, que él edificó con lo mejor que vio en todo el mundo durante sus excursiones. También se le llamaba Mole Adriana a causa de la enormidad de la masa. Ahora es el castillo de Santo Ángelo.

El Tíber atraviesa la ciudad de norte a sur; forma grandes curvas; su ancho ordinario es de 60 metros por 5 o 6 de profundidad, que en las grandes crecientes ha subido a 10 metros; las aguas son turbias, la navegación insignificante y está canalizado en la parte interior de Roma.

En la mitad del puente hago detener el carruaje para contemplar el panorama. ¿En cuál de las curvas, a qué lado de la ribera dejaría este río a Rómulo y Remo entregados a la piedad de la loba, de corazón más tierno que muchas madres, loba que constituye la parte principal de las armas heráldicas romanas?...

Podemos considerar a Roma dividida en dos poblaciones: una, la innovadora, con el Quirinal, donde residen los reyes, el Montecitorio de las Cámaras parlamentarias, el Panteón, los teatros, bancos, oficinas públicas y grandes palacios, y la conservadora, con su basílica de San Pedro, su Vaticano con la corte pontificia, su grande museo y biblioteca, sus jardines extensos al pie del Monte Mario, sus albergos de *colazione* y tiendas donde se venden rosarios, efigies, bendiciones papales, medallas, estampas, mosaicos, cruces, etc.

El Quirinal es de fácil acceso al público; no obstante yo no lo visito, porque no he venido a hacer figura en cortes, que ello me sería fácil, sino a estudiar poblaciones y costumbres de pueblos. En esta dirección del Quirinal está el palacio del ministerio de Negocios Extranjeros y el palacio Rospigliosi Pallavicini, con su casino tan interesante. Variando de rumbo, cruzando el Tíber, llegamos a la plaza de San Pedro, que mide 21.000 metros cuadrados. El edificio que queda a la izquierda es el Vaticano, residencia del Papa, con una superficie de 55.000 metros cuadrados, donde están edificadas habitaciones y capillas en número de mil, y no *once mil,* como nos dicen viajeros exagerados. La entrada principal es la Puerta de Bronce, donde nos encontramos con los guardias palatinos. Hoy no entramos en el Vaticano; nuestro itinerario excursionista marca la visita a la basílica de San Pedro, que se destaca al fondo del grabado. El exterior, a pesar de su grandeza, es nada comparado con el interior, siendo la primera en el mundo por su tamaño y riqueza. Caben 45.000 personas. Ocupa una superficie de 15.160 metros; así que es mayor que la de la catedral de Milán, que mide 11.700; San Pablo, de Londres, 7.875; Santa Sofía, de Constantinopla, 6.890; la catedral de Colonia, 6.166, y Nuestra Señora de París, 5.955. Las cinco entradas que tiene están ornamentadas de mármol de colores. La primera a la derecha, que se llama *Puerta Santa,* se abre sólo cada veinticinco años en los jubileos; *la Puerta de Bronce* y las tres restantes sobre la plaza. Transpuestos los umbrales, la magnificencia no sólo deslumbra, sino que anonada, convirtiéndonos en pequeñas hormigas, en átomos o aristas. Los mármoles de colores, los mosaicos, que han hecho cuadros bíblicos que parecen pintura del pincel más delicado, la mole de cada pilar, la pavimentación soberbia y los techos, que sólo con ayuda de lentes se pueden examinar a conciencia. Esto maravilla, extasía, pero no perdonamos el haber echado por tierra la habitación de Nerón para levantar en el sitio del circo esta suntuosa manifestación del poder cristiano.

Detengamos la mirada sobre el grabado anterior, y consideremos que todas esas *pinturas* en los pilares de mármol son piedras de colores; midamos cada mole de pilar; levantemos los ojos hacia el cielo y encontraremos un techo donde el arte, inspirado por la fe religiosa, ha derrochado sus bellezas. Acostumbradas a las lecturas descriptivas del templo de Salomón, frescas nuestras visiones en San Pablo de Londres y Nuestra Señora de París, aquí experimentamos la sensación de lo no imaginado y maravilloso, casi vértigo. En las naves laterales, cada capilla que contiene tumbas de papas y príncipes es un primor arquitectónico y una belleza de concepción.

El monumento donde se guardan los despojos de Clemente XIII da una idea de la grandeza de los otros, aunque no se puede calcular la variedad de grupos y creaciones. La Religión a la derecha, la Muerte al otro lado y la naturalidad de esos leones tendidos no pueden ser expresados por la estampa.

Este otro grupo, colocado en un altar y que se asegura ser la primera inspiración escultórica de Miguel Ángel, se titula *La Piedad*. Es difícil convencerse de que ésto sea piedra trabajada por el cincel y el martillo.

En el centro de la nave principal, junto a la tumba de San Pedro, se destaca independiente la capilla del Sacramento, que rodea una balaustrada y va alumbrada con ochenta lámparas encendidas y candelabros en lo alto. El órgano portátil, que descansa sobre enormes ruedas, es un coloso con laringes de Hércules o de titanes, que quizá Isaías con su fantasía imaginó. Hemos pasado cuatro días desde nueve a seis en la basílica, y aun no podemos decir que examinamos todo lo notable. ¡Cosa singular! A la entrada sorprenden cuadros de asuntos profanos. Ganímedes elevado por el águila; Leda sobre el cisne; Europa sobre el Tauro, etc. En América tendríamos motivo para una excomunión mayor si en una iglesia pusiésemos cosas semejantes.

El último día de nuestra visita a la basílica de San Pedro tuve que salir a las doce en punto para asistir a un almuerzo, invitada en el restaurant Humberto por el encargado de Negocios del Perú, don Wenceslao Meléndez, caballero de prendas singulares, que su modestia las realza ante la gente diplomática, y que sirve a su patria con dignidad y amor. Los invitados son argentinos y peruanos; entre éstos pasaré momentos dulcísimos. El jardín donde se encuentra el comedor es delicioso. Los surtidores de agua envían rocío delicado sobre las plantas; el techo es de jazmines y trepadoras de flores multicolores; la mesa, entre ramilletes diseminados, nos ofrece pequeñas banderitas italianas, a las que rodean las del Perú y la Argentina. He aceptado esta invitación, haciendo un paréntesis a mis propósitos, por tratarse del representante de mi patria, cuyos merecimientos reconozco.

La Legación Argentina ante la Santa Sede, a cuyo frente está el encargado de Negocios Hilarión P. Moreno, de la distinguida familia de este apellido, que da gloria a la patria por la brillante actuación diplomática de los varones, y honra por las virtudes e ilustración de las mujeres, ha pasado una nota al Vaticano, solicitando para mí una audiencia del Papa. El deseo que tengo de acumular el mayor caudal posible de conocimientos en lo que ofrece dificultades, me sugiere la idea de ser yo misma la portadora de la petición oficial. De la plaza Venecia, donde está situado mi albergo, parten a todas direcciones los tranvías eléctricos: el número 5 va a la plaza de San Pedro, y en él tomo asiento. Bajo en la esquina, donde comienza un bosque de columnas y la portalería del Vaticano; al llegar a la Puerta de Bronce veo a los guardias suizos, con vestidos de sota de oros, que no ponen reparo en mi tránsito; a pocos pasos hay un grupo de ellos, sentado en una banca, jugando a la baraja, vestidos de damasco rojo, que se llaman *bussolantes*. Pregunto por la oficina de la mayordomía, y uno de ellos, atento y comedido, me señala un portón sobre la derecha, donde comienza la gran escalera. Hay que seguir hasta el segundo piso, que tiene una sala con su portero, que pregunta: «¿Qué se desea?» «Ver a monseñor Samper», contesto, y se me dirige a una segunda sala de espera, donde hallo cuatro personas instaladas en las butacas de madera. Cuando me toca el turno entro en la tercera sala, que es la secretaría, y entrego la nota. Una vez leída, y transcurridos unos cinco minutos, se me abre la puerta de una cuarta sala, que es el despacho del mayordomo. Monseñor Samper me recibe amablemente; él es colombiano, habla español, le interesan mucho los asuntos de todas nuestras repúblicas, por cuya paz hace votos; nosotras le decimos que el espíritu de rebelión se va amortiguando conforme crece la ilustración del pueblo, y que la paz externa sólo fue alterada por Chile, cuyo criterio quizá se modifique siguiendo la ley cristiana de hacer por otro lo que quisiéramos que hiciesen por nosotros.

Monseñor Samper es aún muy joven, pero el talento que se revela en su mirada perspicaz, su semblante risueño, sus modales tan cultos y su ilustración, justifican el haber llegado temprano al puesto que ocupa. Me ofrece enviar la respuesta a mi alojamiento, y con toda cortesía me acompaña hasta la puerta, que vuelve a cerrarse tras mí. Desciendo por la misma escalera y me dirijo a la derecha, o sea la principal, que va la capilla Sixtina, que podré visitar tranquilamente.

Después de ascender la primera escalera, llamada *Regia,* donde está la estatua de Constantino, se tuerce a la derecha y continúa la ascensión siempre sobre mármol blanco escalonado; se pasa por el departamento de Rafael, en el que hay una galería de pintura, y se llega a la *Sala Regia,* que es vestíbulo de la capilla, donde se recibe a los príncipes y embajadores. Los frescos y estucos son obra de notabilidades artísticas. Se destacan los cuadros de la batalla de Lepanto y Alejandro III dando la absolución a Federico Barbarroja. Una puerta a mano derecha es la de la capilla justamente renombrada, y que por sí sola bastaría para glorificar el arte en la historia de la humanidad.

Entramos pisando esos mosaicos que parecen tapices. La verja de bronce que divide el presbiterio es detalle decorativo por su brillo; las paredes laterales y el techo ostentan frescos representando escenas bíblicas, toda la vida, muerte y resurrección de Cristo y la predicación de los apóstoles. Todo el frente, es decir, la pared íntegra, ocupa el gran fresco de Miguel Ángel que representa el Juicio Final. Ver la obra y extasiarse en ella es todo lo que puede hacerse, porque descripción no cabe en los límites de unos apuntes de viaje. Sobre la derecha, en la parte alta, está el coro destinado a los cantantes; puede contener sesenta personas y el órgano giratorio. En esa meseta cuadrada que se ve a la izquierda, junto a la esquina del altar, se coloca el trono para el Pontífice en los días de celebración y se cubren los pavimentos con tapicería de Rafael. Seis ventanas a cada costado esparcen la luz medida y estudiada para dar realce y casi forma de busto a estas magníficas pinturas, admiradas por los visitantes de todas las naciones, de diversidad de creencias, de idioma y de temperamento. Aquí el genio se identifica al sol: calienta a todos sin distinción. Las líneas del grabado que inserto me ayudarán durante mi vida a evocar las sensaciones que hoy recojo.

Hemos obtenido permiso y visitamos la sala Ducal, la capilla Paulina, la cámara de Rafael, la Galería de tapices y la de pinturas, que encierra seis extensos salones, y a cuyo detalle renuncio por huir de la monotonía. Básstenme, en este momento, los recuerdos grabados en mi memoria con indeleble colorido.

El 21 de agosto recibo en mi alojamiento la esquela que copio con el propósito de no olvidar el formulario: —«Un sello. — *Maggiordomato di Sua Santitá. —1.— Sua Santitá récevera in udienza la signora Matto de Turner nel giorno 22 cs. alle ore 11 ½. —Per il Maggiordomo di SS. — D. DE SAMPER.*» —Hay una nota que detalla el vestido: las señoras en traje negro y velo, los señores de frac y corbata blanca, sin guantes unos y otros, y que está prohibido presentar fotografía para obtener el autógrafo de Su Santidad.

Fijándome en la hora de la cita, veo que estaré al otro lado de la ciudad la mayor parte del día y me prevengo para utilizar mi tiempo lo mejor posible. Acomodo en mi pequeña valija de mano algunas prendas de vestir, pues como tengo que sentarme de etiqueta en el Vaticano, ese traje no puede servirme para las otras excursiones. El sombrero lo llevaré puesto: no faltará dónde dejarlo, tal vez en el mismo carruaje que me conduzca. Mi peinadora tarda y comienzo a impacientarme. ¡Al fin!

Y ya estoy instalada en un coche de plaza, que va al buen trote de sus caballos en camino de San Pedro.

El guardia me indica que en la antesala de la audiencia podré dejar mi valija y sombrilla. Comienzo la subida de la amplia y blanca escalera. Esta vez el escenario no es igual al anterior; por todas direcciones se ve cruzar hombres con vestiduras extravagantes, mezcla de colores, amarillo, verde azul, encarnado, negro y amarillo, otros combinados con los tres colores, amarillo, negro y rojo, con sus alabardas de hierro en forma de llama, otros con sus enormes gorras de piel. Me parece que estoy en un salón de baile de fantasía. Voy de sorpresa en sorpresa. He llegado a la antesala, y uno de los vestidos de rojo, que será sin duda de los servidores, se adelanta a tomar mi valija. Me saco el sombrero, prendo la mantilla de encajes y confiando mi equipaje al hombre rojo, sigo adelante. Desde aquí hay guardias, centinelas, y criados: unos piden la esquela de cita, otros el número de orden de la esquela. Pasamos tres salas consecutivas hasta que nos indican el lugar de espera. Estamos en la sala donde nos recibirá Su Santidad; tiene alfombra verde, el techo cubierto de dorados parece una sola plancha de oro, y las paredes tapizadas de rojo. Tres señores que tienen facha de diplomáticos y yo somos los que ocupamos los primeros asientos; pronto el número ha crecido; hay una fila de monjas y otra de curas. Ya va media hora de espera; el criado rojo nos anuncia que debemos ponernos de pie. El momento se acerca. ¿Qué significan estas emociones que me conmueven, curiosidad solamente, ansiedad, duda, fe, confianza, regocijo? No lo sé. Se abre la puerta del foro y avanzan en procesión alabarderos suizos con el uniforme dibujado por Miguel Ángel, gendarmes, toda esa multitud de colorines que hemos visto de paso; les siguen caballeros de jubones de terciopelo negro y cadena, de oro al cuello, guardias nobles con cascos, una fila de señores de vestimenta violácea, monseñores y obispos, y otra con la capa de púrpura; tras de todos éstos aparece por fin el Papa. Todos caen de rodillas. Su busto blanco se destaca en el rojo de las paredes, y el Santo Padre comienza a recorrer la fila dirigiendo palabras a éste y aquél. El número de mi esquela es el uno, así que me tocó la iniciativa. Cuando se me ha acercado Su Santidad alargándome la diestra, por un acto inconsciente, sin voluntad deliberada, le he tomado la mano y besádola. El no ha reprochado, pero he visto que los demás sólo han besado, temblorosos, el anillo de oro con gruesas piedras finas.

¿Qué impresión he recogido?

Pío X es una personalidad altamente simpática y sugestiva; la blancura de su tez avasalla la de su túnica, que ciñe una ancha faja de muaré, semejante a un cinturón de nácar; sus ojos, de un azul tan azul como el cielo de Italia, tienen una mirada doblemente celestial por el color y la dulzura de expresión, y su voz argentina un eco tan agradable, que su timbre resuena aún en mi oído con vibración perdurable. Habla en italiano, y la frase resulta más rítmica, más de pastor, de aquellos que, como Francisco de Asís, reunían las aves a la orilla del lago con las notas musicales. Pío X es un símbolo, es el jefe de la Iglesia católica, que aun los disidentes en creencias lo respetan, le buscan y le aman. Noto que en su rostro hay algo como un velo de melancolía, visible para los que nos detenemos a examinarle con interés.

Llevado a esas alturas del papado por el cóndor que se llama Destino que unas veces eleva asiendo de los cabellos y otras desgarra la tierra para hundir en el hoyo, Pío X tal vez siente las nostalgias de Venecia con sus góndolas que rielan el agua mansa, como la barca del pescador de Galilea; sus palomitas que le abrían paso al salir de San Marcos y sus pobres que enfilados esperaban el regreso al palacete patriarcal. ¡Ay!

tal vez siente pesada la tiara de tres coronas, chispeante de piedras preciosas, quizá la capa pluvial deprime sus fuerzas morales y le abrume la ficción, las mentiras convencionales de esta corte, donde cada cardenal es una verdadera equimosis. ¿Quién puede saberlo? Entretanto el pastor sigue la consigna y lo creo verdadero, y por verdadero le consagro el afecto de un corazón cristiano, también convencido y sincero.

Monseñor Samper se me acerca y me pregunta si estoy contenta. «Contentísima», respondo. ¡Ah! no sabe el señor Samper todo el bien que me ha hecho este acto de cortesía de su parte. Yo necesitaba alguien que me hablase, que me conociera y diese fe de mi persona.

Hemos cambiado unas cuantas palabras más, y se aleja para confundirse nuevamente en la comitiva papal, que sigue a las otras salas, donde hay mucha gente que espera audiencia.

Los de la primera podemos retirarnos. Voy a tomar mi valija y sombrilla; he guardado la mantilla, me pongo el sombrero y guardapolvo de viaje. Consulto mi reloj: son las 14 y media, que corresponden a las 2:30 de la tarde. Tendré cerca un restaurant para almorzar, porque pienso ir al Museo y Biblioteca del Vaticano. En la acera del frente, terminado el bosque de columnas, hay mesas puestas sobre la vereda, con mantel y cubierto listo. Tres alemanes y una señora inglesa acaban de sentarse. Las pastas, harina y fruta, prevalecen en la mesa romana. La mantequilla se llama *buvio*, y *birra* la cerveza; hago gasto de ambas cosas por imitar a los alemanes vecinos. Pido antipasto, fruta y café. He descansado lo suficiente, llamo un cochero y me dirijo al Museo del Vaticano, al cual hay que ir pasando por el arco izquierdo de la Basílica, rodeando el templo y los jardines. La subida es en rambla fatigosa, mas los caballos están acostumbrados, y pronto llegamos. En la puerta despido al cochero, compro una *Guía* que acaba de publicar la Prefectura del Sacro Colegio Apostólico, tomo mi entrada, que cuesta una lira, y subo la gran escalera, que termina en la *Sala de la Cruz Griega*.

Aquí comienza la magnificencia de este templo del Arte, la Historia y la Filosofía, donde se puede soñar, investigar y razonar. La verja del centro rodea *tapices* de piedra, impropiamente llamados mosaicos. Luego comienza la galería de personajes y asuntos griegos, y están numerados 89 y 566 los sarcófagos de pórfido de Santa Elena, madre de Constantino, y de Constanza, hija de éste. De allí se pasa a la *Sala de la*

Rotonda, que nos guarda cosas más grandiosas; en este museo vamos en progresión ascendente. La pila del centro es de ónice, de una sola pieza, y los mosaicos del pavimento más finos que los anteriores.

La cabeza gigantesca de Zeus está en esta galería y lleva el número 539. Un señor de hábito talar, visitante científico, que también tiene su guía entre manos, se me asocia y repartimos opiniones e impresiones. Hemos llegado a la sala de la Musa y Galería de las estatuas, cuya armónica presentación, con estudio de luz, aseo y orden, aumentan el interés, ya vivamente despertado desde la primera sala, y son once. Las salas del Museo del Louvre en París son tétricas, frías, húmedas y polvorientas; las del Museo Británico de Londres rígidas, los objetos puestos sin arte; aquí todo responde al objeto: el sol entra por las ventanas y baña algunos rostros, que parecen iluminarse con la luz de la vida. Fijando la mirada en el fondo del grabado, se puede observar este detalle, que parece nimio, pero es interesantísimo.

No es la pornografía baja que se deleita en desnudeces la que recoge estos grabados en el Museo del Vaticano: es el arte sagrado, el amor sublime, como el amor maternal, que se regocija al contemplar las morbideces del hijo, sea en la cuna, sea en la bañera.

El racimo de uvas que Baco tiene en la mano izquierda y la naturalidad del lienzo puesto sobre el hombro y recogido a la derecha, vale por toda la obra, así como la posición, sobre todo la del pie derecho del Fauno, son de estudio, y con igual fin nos detenemos frente a las siguientes, cuyos vestidos son casi telas palpables.

En las que siguen hay que admirar, no la maestría del cincel, sino la musculatura desarrollada por el ejercicio físico, estudio que se hace necesario, porque es indudable que el vigor físico decae. Anoto que en ninguna parte he visto tantos jorobados, enanos y deformes como en Roma, detalle que me lleva a profundos y tristes pensamientos sobre la degeneración de la raza, y a mis ideas sobre el antiguo pueblo romano se asocia el recuerdo del pueblo incaico del Perú.

Es el tercer día que, asidua, visito este grandioso museo, más rico que ningún otro por los *capo lavoro* (obras maestras) y los originales que posee. En el del Louvre y en el Británico, de Francia e Inglaterra respectivamente, existen muchas copias, como ocurre con el *Grupo de Laocoante* y el *Río Nilo.* Estamos en la *Sala del Candelabro.*

La observación que hemos anotado sobre la deformación física del varón moderno tenemos que repetirla tratándose de la mujer, cuyo cuerpo de serpentina se aleja tanto de la belleza y ha estragado el gusto por la depresión del corsé, al cual ella confía toda la obra de elegancia. Y profundizando nuestras investigaciones, tal vez no iríamos por senda errada si en la deformación de la mujer señalásemos el debilitamiento de la raza. Los criadores de nuestras estancias ganaderas argentinas pueden venir a reforzar esta opinión. Apartándonos de lirismos, ¿qué es el hombre físico sino animal con sus energías sujetas a las condiciones de sus productores? La madre es la base de toda regeneración social.

Pasamos por el patio de la Piña, que toma su nombre de la gran pifia de bronce. La *Sala de los animales* junta a la belleza lo raro. Por supuesto que la Loba de la tradición ha servido de motivo para ejecuciones de diversa forma. De aquí se pasa a la *Sala egipcia,* donde la mente se recrea al contemplar las grandiosas bañeras de pórfido y de ónice, los sarcófagos y monumentos que alguna vez sintieron el aire húmedo del Nilo.

Descendemos. La biblioteca está en el piso anterior. De la magnificencia de esta sala no puede tenerse idea sino visitándola. El papa Hilario la fundó, la enriquecieron Nicolás V y Sixto IV, y todos los papas han ido acumulando manuscritos y libros raros. En la actualidad tiene 300.000 volúmenes y 26.000 manuscritos.

La galería de pinturas es reducida, pero los cuadros valen por miles de ellos. Aquí está el sublime de la *Transfiguración,* obra de Rafael. Consta de dos partes: Jesús en el Tabor y la curación de la poseída. Es tal la belleza de este cuadro, que detiene nuestra atención con fuerza sugestiva y parece que nuestro espíritu se rozara con las suavidades de estos matices de color. En la misma galería figuran la *Madona* de Foligno y *Santa Catalina* de Murillo.

La arquería del centro divide el salón medio a medio, y en el espacio que queda debajo de cada arco están colocados los objetos regalados a los papas por los príncipes, reyes y presidentes, cada uno de los cuales representa un valor colosal. El jarrón que aparece a la derecha del grabado es una obra maravillosa de las fábricas de Sevres, azul real con oro, regalo de Sadi Carnot.

Un cicerone muy atento acompaña a los visitantes, explicando, sumiso a la virtud de Job, los menores detalles. Generalmente espera que esté junto un número de seis o más personas para instruir en grupo. Hoy somos catorce los visitantes. Desde las ventanas que dan al oriente se contempla todo el plano de los jardines y se ve muy próximo el Monte Mario, donde Marconi ha hecho su primera instalación de telegrafía sin hilos. ¿Cómo la inventó?

Cuando Marconi hizo su primer experimento de telegrafía sin hilos, apenas contaba catorce años de edad. Vivía entonces en una granja de su padre, cerca de Bolonia. Su aparato consistió en un par de pértigas del tendedor de ropa, sobre las cuales puso dos cajas de galletas, de esas hechas de hojalata, vacías, y de una a otra transmitió el primer marconigrama que hubo en el mundo. El inventor mismo dice que su proyecto nació el día que vio a un prestidigitador, con visos de electricista, hacer ciertos experimentos en una feria de aldea. El transmisor y el receptor de sus aparatos, hechos con viejos frascos de encurtidos, eran, sin embargo, de su invención; el aparato generador consistía en una vieja maquina de disco de cristal y una botella de Leyden, comprado de segunda mano con algunos cuartos que reunió durante muchos meses.

El padre del joven Marconi, con esa perspicacia propia de la gente de campo, auguró desde luego que los experimentos de su hijo prometían algo bueno, y le facilitó el dinero necesario para continuarlos. El resultado de todo ello fue que en 1895 el joven inventor había ya establecido un servicio regular de telegrafía sin hilos entre la aldea de Griffone y una casa que un amigo suyo poseía en los alrededores de Bolonia, mediando entre ambos puntos una distancia de cinco a seis kilómetros.

Llevo ocho días de excursión vaticanista; al descender hacia la plaza encuentro al jorobadito, que desde el primer día me ha vendido tarjetas postales; le compro aún una docena y le acaricio la joroba, recordando la alusión que tenemos en América de que este atrevimiento trae la buena suerte. «¿Volverá mañana?», me pregunta el jorobado con acento mercantil. «No; tengo que ir a Nápoles, pero después de una semana estaré aquí», le respondo, y sigo. En efecto. He resuelto visitar a Nápoles y volver después para conocer otros puntos notables, como San Pablo, San Juan de Letrán, Santa María la Mayor, las Catacumbas, etcétera. De regreso al centro voy a la banca italiana en pos de fondos. Esto de estar desfondada no solamente es grave a una bañera; en una *ciudadana* es peor.

El señor Gori, dueño del hotel que ocupo, es una persona excelente. Cuando ha visto cómo me asedian los mendicantes, ha dicho a su mayordomo: «No debemos permitir que se esté estafando a esta señora; diga que pasen de largo.» En esto hay buena voluntad, pero los pedidos colectivos y en detalle me fríen mejor que en aceite de oliva. ¡Asociaciones, artistas, militares retirados, todos han acudido en demanda de un socorro; ni una sola mujer! ¿Es más abnegada o más digna la mujer romana?...

Temprano emprenderé el viaje a Nápoles, dejando reservado mi departamento en el hotel.

Al salir de Roma, con la mente llena de monumentos todavía se nos presenta el *Acueducto Claudio,* aunque sólo en fragmentos, recordándonos que aquel emperador fue el primero en llevar este elemento de vida a través del Aventino, después de recorrer una distancia de 68 kilómetros, sobre 36 metros de alto, siendo estas aguas clasificadas como segundas de *Marcia* por sus cualidades potables.

Hemos principiado un trayecto lleno de interés. Cualquiera concibe un jardín cuidado y artístico; sólo los italianos tienen campos de leguas y leguas donde se conserva la ley del arte. Campos cubiertos de durazneros al pie de los que crece la parra; ésta forma arco triunfal entre árbol y árbol, ofreciendo un vastísimo escenario de magia. Hemos recorrido campos inconmensurables de estos plantíos, hemos cruzado peñas por medio de la tunelización, y nos encontramos en el golfo, donde se reclina Nápoles, ofreciendo el magnífico panorama que abarca toda la extensión del mar Tirreno, azul como el cielo y amenazada por el volcán.

La impresión que produce es semejante a la de la vista de Génova, pero al entrar en la ciudad se la encuentra superior a ésta. Allí está, con sus 563.540 habitantes, recostada en la falda del Vesubio, valerosa entre dos elementos: el fuego que la amenaza desde lo alto, el agua que deposita a sus pies encajes hechos de espuma, que le traen las olas murmurantes. La parte antigua es igual a las otras poblaciones italianas que he visto, y en ella se nota el mismo desaseo y la despreocupación para tender la ropa a secar en cordeles puestos de ventana a ventana, viviendo los animales domésticos, como gallinas, cerdos, cabras y otros, en la misma pieza que sus dueños. En el barrio de la Puerta Capuana las cocinas están instaladas al aire libre, y por un sueldo dan un manojo de macarrones o un pedazote de *pizzia*, que es una torta de harina asada a las brasas, con unas gotas de aceite y hierbas aromáticas, y por otro sueldo regalan un tomate partido, con la sardina encima. ¡Y con qué delicia engullen todo esto sin inquirir noticias del tenedor ni de la cuchara, con las manos, que para todo sirven!

La parte nueva varía totalmente, y esto se nota desde la estación ferroviaria de llegada, que es hermosa, comenzando a la puerta la ancha avenida que va a Corso Humberto I, la plaza del Municipio, donde está la gran estatua de Víctor Manuel II, la plaza San Fernando, la interesantísima galería Humberto I, el palacio real, la plaza del Plebiscito, donde está la Prefectura, Santa Lucía y la plaza de Caridad, la Basílica de San Francisco de Paula, que es de extraña constructora, y el gran edificio de la Universidad. El *aquarium* que tiene Nápoles rivaliza con el de Londres, y en ciertos detalles, debido al clima y posición, le supera.

Todo mi entusiasmo, todos mis anhelos, al venir a Nápoles se han reducido a la ascensión del Vesubio y la peregrinación a las excavaciones de Herculano y Pompeya. Después de los recorridos anotados pido un guía, y con tal motivo descubro que el dueño del hotel donde me alojé en Roma me había recomendado al hotelero del Victoria; aquí, pues, al tratarse del guía citado, me dicen: «Está listo; vamos a llamarlo por teléfono.» Minutos después llega el hombre, uno de tantos charlatanes que toman a los viajeros de América por hermanos de Papanatas. Comienza por pedirme veinticinco liras por día, y concluye conformándose con catorce y las comidas sin vino, porque dice que él comerá de cualquier modo. Queda arreglado el viaje para ir a las siete de la mañana siguiente. En lo que resta del día recorro en automóvil el circuito completo del puerto, seis leguas. ¡Qué bello pueblo! ¡Qué paisajes tan soberbios! Este verde oscuro de los laureles forma matices y tonalidades en los bosques de naranjos y limoneros de alegre verdor; en medio, los almendros y cerezos ofrecen sus flores como primicia de estación, y la vid, cariñosamente abrazada a los troncos añosos o a los manzanos que brindan su poma en plena madurez, exhiben la exuberancia en racimos repletos, blancos y morados. Por trechos la mies dorada se entrega dócil, casi gozosa, a las manos de la campesina que, vistiendo el vistoso traje de la gaditana, acompaña la faena de la segadera con las coplas de la canta, y ríe y charlotea con los mozos alegres, de ojos soñadores y músculos atléticos, recordándonos aquellos coros de campesinos en los teatros de zarzuela. He vuelto a mi alojamiento, como, y desde mis balcones contemplo la ciudad, bañada por la luz eléctrica, que se derrocha en grandes y continuados focos. La música de organillos no está sola; acompáñala el timbre de voces dulces, modulando barcarolas con letra de amor o dolor.

A las siete en punto está mi guía. Vamos en carruaje hasta Portici y Resina, donde tomamos el tranvía eléctrico, que cambiamos por el funicular, que sube hasta cerca del cráter. Hace dos años llegaba, puede decirse, a la cima, pero la erupción lo destruyó en parte. En la estación del tranvía resultamos ser ocho pasajeros con rumbo al volcán. Cuatro ingleses, dos alemanes, yo y mi guía, somos los excursionistas.

Este funicular, con una pendiente de 63 por 100, ha sido, hasta hace poco, una de las valientes vías que trepan la montaña; pero el inaugurado de Bolzano, al paso de Méndola, 1.354 metros, lo ha dejado atrás. ¡Qué inesperado es el paisaje que se nos presenta! La senda abierta en la montaña está bordeada a derecha e izquierda por una vegetación abundante: castañares, encinas, higueras, y como un manto verde, recamado de racimos, los parrales se extienden sobre la pendiente; cuanto más ascendemos, más hermoso parece el panorama, porque el mar gana el horizonte. Por fin, estamos en el término del funicular, nos apeamos y a nuestra vista se presenta un espectáculo solemne. El sol, en todo su esplendor, luce sobre un cielo azul, donde no hay ni un tenue jirón de nube, y la montaña ofrece la rareza de dos naturalezas, como si dijésemos la vida y la muerte. Puestos de frente, hacia la ciudad, la derecha ostenta la exquisita vegetación que he mencionado; a la izquierda no hay más que la montaña pelada, cubierta con un manto plomizo, pizarroso, que va hasta la orilla del mar. Es lava enfriada, sobre cuya superficie no asoma ningún indicio de verdura; las grietas, enormes, semejan pliegues del sudario que cubre este monstruo. Aquí está la *apacheta* con empresarios, listos al saqueo, que ofrecen caballos ensillados, sillas de mano y bastones para seguir hasta el cráter. Dos de los ingleses toman cabalgadura; nosotros seguimos a pie aceptando bastones, y con tres prácticos que se agregan a la comitiva, hemos llegado después de enorme fatiga a este boquerón, que produce vértigo, cuya profundidad es imposible medir, pues un humo caliente, como halito de un ser cíclope, obliga a retroceder. Contemplamos por algunos minutos el escenario majestuoso, recogemos pedazos de lava fría, azufre, piedras curiosas llenas de vetas metálicas, que llevaré para el naciente museo de la Escuela Comercial de Mujeres de Buenos Aires.

El anteojo de larga vista viene a suplir mi deficiencia visual. Al noroeste se interna el Cabo Miseño, evocador de recuerdos navales, expediciones y conquistas; claramente se distingue Pozzuoli y la isla Nísida en el mar Tirreno; allí está el estrechísimo escenario donde Bruto lloró su ingratitud con César; aquí el Cabo Posilipo con su vegetación sorprendente. Al suroeste se extiende la gran planicie cultivada que circunda a Nápoles, y diseminados por un lado y otro Portici, Resina, Castellamare, Meta, Vico Esquense, Sorrento, y allá, como astro opaco, como fragmento de luna melancólica, una casita cuyos muros escucharon los lamentos del Tasso, lejos de la cruel Eleonora. Allí vivió el sublime que derramó joyas en su *Jerusalén libertada*. Al norte, como perdidas entre montañas de nubes, aparecen con el parpadeo del sol sobre las ondas Prócida e Ischia, que nos repiten el nombre de Homero, y al sur la célebre Capri. ¡Un ensueño dulcísimo embarga mi espíritu, no reparo en que mis pies se hunden en tierra candente y resbalosa, quedando por algunos minutos en éxtasis, sintiendo que sobre mi frente pasa algo como batir de alas de cóndor o murmullo de seres invisibles!...

Y satisfecho por mi parte el deseo de toda mi vida de llegar al cráter del Vesubio, emprendemos la bajada, cuyo descanso será en el restaurant establecido a mitad del camino. Hago sentar al guía a la misma mesa; que yo, con mis costumbres americanas de amistad, no puedo practicar el egoísmo. Me parece ridículo cumplir el contrato hecho con el guía respecto de la comida. Pido lo que deseo y le paso la lista, invitándole a lo mismo. Le sirvo del vino que he pedido, el más rico que en la vida gusté. El hostelero me asegura que en todo Nápoles no hay vino semejante, porque es de la uva madurada en la ladera calcinada por el fuego del volcán. Tal vez sea cierto. Con el café le hago dar un buen cigarro a mi cicerone, y éste, que yo creía agradecido a mis atenciones, ha estado meditando mientras comía la manera de sacarme más dinero, pues terminado el café me dice: «Por hoy, señora, no podemos ir a Pompeya ni Herculano, como pensábamos; será mañana.» «¿Por qué?», pregunto. «Vea la hora; son las dos y media de la tarde; a las tres cierran la puerta de Pompeya.» «Bueno; yo quiero ir a ver cerrar la puerta», replico, y él se demuda. «Vamos – continúo –; ahí llega el coche del tranvía; mire.» He pagado la cuenta con buena propina al mozo, lo cual desagrada al cicerone, que a la venida me ha contado una historieta triste: la madre ha muerto al semana anterior; él queda al frente de la casa con tres hermanas pequeñas y un hermanito que sustentar en colegio. La historia no me conmueve, porque de antemano sé que es falsa. Todos los cicerones inventan novelas enternecedoras, cuyo epílogo tiene que ser el bolsillo del viajero. Aún no son las tres de la tarde y estamos en Pompeya, la que fue hermosa ciudad destruida por la erupción del Vesubio del 24 de agosto del año 79 junto con Herculano. En ésta pereció el sabio Plinio, queriendo observar de cerca el fenómeno. Comenzamos la excursión por el horno, seguimos a la venta de aceite, donde las vasijas de barro están intactas, la casa del Fauno y la casa de Vettia, descubierta en 1895, donde hay que detenerse para admirar las pinturas al óleo en las paredes, sobre fondo rojo, una verdadera joya de arte con el colorido conservado. Perseo y Andrómaca, las bacantes danzantes ostentan la carne rosada y terso el cutis, como figuras humanas que palpitan. La fuente de los mosaicos es una maravilla de combinaciones, y tanto los colores como el gusto de ornamentación son iguales a los de los tejidos peruanos de la época incaica.

Estamos en la Puerta Herculana; hemos admirado el gimnasio, el foro triangular, que es el corazón de Pompeya, los templos de Jove y Minerva, la casa de Cornelio Rafo y la de Marco Lucrecio, llegando al museo. ¡Qué aspecto tan diferente el de la historia en este museo, donde todo es desolación, tristeza y miseria! Por ambos costados y en las vitrinas del centro no vemos sino la huella de la erupción volcánica, que encontró al hombre desprevenido y no supo respetar ni el arte ni la juventud. Los grabados siguientes conservarán nuestros recuerdos de la visita a las ruinas de Pompeya. Son reproducciones de los que guardan las vitrinas centrales, conservándose los cuerpos con esa perfección de líneas y detalles. En los dedos de uno de éstos aún brillan los anillos, que son reveladores de la categoría del extinto, y la joven que ha caído escondiendo el rostro para librarse de la asfixia y de la ceniza, conserva su brazalete de oro incrustado en el hueso del brazo. En una vitrina inmediata está un pobre perro encorvado por la acción del calor, pero intacto, y los panecillos requemados que se encontraron en la casa del horno ocupan también su lugar para la historia y el estudio de la catástrofe. Repetidas veces hemos cruzado las calles rectas, angostas, cubiertas de losa formada por lava fría; la tarde avanza, y no puedo decir adiós a Pompeya sin haber visto la casa del *Poeta trágico,* Herculano y lo que sigue.

«Mañana vendremos temprano», digo a mi guía, en cuyos ojos brilla una ráfaga de alegría, que se amortigua cuando le pregunto cómo a las seis de la tarde aún no está cerrada la puerta. Inclina la cabeza, balbucea, y acaba por decir: «Yo me refería a la puerta del museo.» Tomaremos el ferrocarril en la estación, que está a tres cuadras de aquí, e iremos a la ciudad por la orilla del mar, admirando la belleza de estos jardines, donde las flores forman alfombra, y las palmeras están cargadas de dátiles.

En la noche, después de la cena, recibo a la esposa del hotelero, y sentadas en el balcón contemplamos un espectáculo nuevo para mi, siempre bello para ella. El Vesubio, que de día extiende su gran velo de humo, en la noche se ha puesto la gran diadema de fuego rojizo parpadeante. ¡Qué efecto tan grandioso el que me causa! La señora, que es persona instruida, artista por naturaleza, comunicativa y alegre como todas las napolitanas, me refiere la historia de las erupciones, detalla las escenas de la última, acaecida el 27 de abril de 1906, que presenció, y recarga el colorido de mi fantasía. «Ay, qué horror! – me dice –; los ríos de lava incendiada corrían, asolando todo a su paso; la ciudad se envolvió en una nube de ceniza; el mar bramaba como leona defensora de sus hijos, y todos huíamos despavoridos sin saber adónde. ¡Ay! cómo hemos salvado con vida no lo sé.» «Lo que es extraño es que ustedes sigan viviendo y sigan edificando y reconstruyendo aquí», le observo, y ella, con acento convencido, me responde: «Y dónde encontraríamos sitio más bello, sitio igual que éste?» Tiene razón mi hostelera. Sugestionada, absorbida por la visión del monte Vesubio y de las ruinas donde he paseado, no puedo conciliar el sueño, me siento febricitante, arde la cabeza, el corazón palpita aceleradamente y la fantasía está convertida en kaleidoscopio de inusitada rapidez. Llamo a la criada para pedir un vaso de leche caliente, y ésta, por fin, me sumerge en el sueño reparador de las fuerzas, que necesito para continuar mi viaje.

Me he levantado ganosa de luz y de vida. Abro mis balcones, y junto con los rayos del sol aparece toda la campiña sonriente, como si las narraciones de la hecatombe fuesen historietas inventadas para aterrorizar a los niños. ¿Quién se acuerda, quién teme a estas horas de la erupción destructora?

Mi guía está puntual, pero me trae la triste noticia de que el señor Girini está en cama con influenza. Yo esperaba que este amigo sería el culto cicerone para recorrer la Universidad, el *Museo Secreto*, el de Capodimonte y el Borbónico, que tendré que visitar con el catálogo en mano y cosechar muy poco. El ferrocarril que ayer nos trajo volverá a llevarnos hoy a Pompeya. Descendemos en la mísera estacioncilla y comenzamos el recorrido por la *Vía de las tumbas*, que une Herculano y Pompeya. Aquí está el templo de Vesta, construido en honor de Livia; enfrente el de Júpiter, el de la Fortuna, Augusta, el de Mercurio, construido por la sacerdotisa Mamié, cuyo sepulcro existe. ¡Cuántos templos! Bien se conoce que el hombre de todas épocas quiere consolarse con la idea de una divinidad que acentúe la vanidad de sentirse inmortal. Pero no son Herculano y Pompeya las únicas ciudades sepultadas por el vómito del monte Vesubio; Partenope, Stabia, la antigua Nápoles, otras más que van apareciendo, pues las excavaciones recientes atestiguan tres generaciones en ruinas superpuestas. Entramos en la casa de Cicerón; las pinturas de bacantes son iguales a las de la casa de Vetti. La casa de Diomedes pertenece a la misma nomenclatura; todas las casas tienen igual distribución. En la del *Poeta trágico* (Salustio) llama la atención la pintura de la pared negra, en cuyo fondo se presentan las bacantes. Ya conocemos la casa de Vetti; así que iremos a la de los *Amorcillos dorados*, que este año se ha abierto al público, y corresponde a las excavaciones terminadas en 1896. Las casas, en general, tienen una parte destinada a las relaciones sociales y otra al hogar. Por detrás del *cubiculum* y el *tablinium,* o sala de audiencia, hay un pasaje que se denomina *fauces*, destinado a separar un departamento del otro. Mi guía, deseoso de lucirme su erudición, me señala un sitio donde hay unas columnas rotas, y dice: «Fíjese, señora; aquí estaban los *triclinium*, donde recostados y coronados de rosas, cenaban y bebían los vinos generosos de Chipre aquellos felices antepasados; aquí, con perdón, eran los *vomitorium*.» «Diga no más, sin excusas; cuando se trata de historia todo es lícito», le respondo riendo con expansión.

El *atrium* (patio) está rodeado de pórticos y pequeñas habitaciones, llamadas *cubículos*, destinadas a los siervos, y al centro está el *impluvium*, que recibía el agua pura de las lluvias; le sigue un pequeño jardín donde está el *peristylium*, alrededor del cual está el *triclinium* (comedor), la galería de pinturas, la capilla de los dioses Lares (*Lararium*), la sala de baños. Lo común era el edificio de dos pisos y algunos de tres; en el dintel de cada casa, escrita con lindísimos mosaicos, la palabra *Salve*, y en muchas el perro con la inscripción *cave canem*. Entre los objetos destinados al estudio de las costumbres llama mi atención el *esedra*, lugar consagrado a las mujeres, donde éstas usaban de afeites y decorados con ayuda del ungüento de Chipre, bálsamo de Merole, el nardo de *Achemenis*, el *malobatrum* de Sidonia, las esencias de Arabia y Asiria, el cinamomo de la India, la mirra de Oriente, el iris de la Iliria, el *apobalsamum* de Judea, que se han encontrado en vasos colocados en estantes. Las pinturas de los zócalos han servido de modelo a los modernos fabricantes de empapelados y cenefas.

La casa de Argo en Herculano conserva íntegra la columnada de la planta baja, y su jardín está hoy graciosamente cultivado. Existe una sala secreta al público, mandada cerrar por orden de Pío IX. La entrada está prohibida a sacerdotes, mujeres y niños; pero merced a una corta discusión con los guardianes, en que les he probado que no siendo sacerdote, *joven* ni niño, e interponiendo la influencia de unas liras, he conseguido la entrada. La cosa no es para tanto, y más parece conducente a despertar la curiosidad. En los cinematógrafos de Paris se exhiben cosas peores. En las paredes hay pinturas de lupanar que el arte y la belleza desprecian, como desprecia la cultura las frases soeces que oímos en las calles. Las figuras están al estudio del desnudo, aunque en situaciones inapropiadas para los profanos al arte escultórico.

En las salas públicas lo más notable es la colección de manuscritos carbonizados, que mediante la invención del padre Antonio Piagglo, pueden leerse desarrollados sobre una cartulina. La biblioteca anexa es notabilísima, así como la colección numismática, donde se puede leer la historia de la moneda italiana, desde el tiempo de los que llamamos *tejos* en América, hasta la lira de oro. Hemos pasado todo el medio día entre las ruinas; llega la hora de despedirse; ¡adiós para siempre! llevando en la mente un tesoro de grandeza, y vamos en pos de otros exponentes de la civilización de ahora dos mil años.

Entramos en la taberna llamada *Vesubio;* aquí no les gusta la palabra francesa *restaurant,* que hace las delicias de los americanos. Después del almuerzo subimos al ferrocarril, y desde la estación, ya en la ciudad, nos dirigimos a Santo Domingo el Mayor, donde están las tumbas de la casa de Aragón y la de Santo Tomás de Aquino, más un crucifijo que se conserva, asegurando que éste le habló al Santo. Nada nos interesa aquí después de la grandeza romana. Vamos a la capilla de San Jenaro. El Santo, de plata, está cubierto de joyas, y se dice que dentro del forre de plata está el verdadero cráneo del Santo, que fue decapitado en Puzzoli, y en la capilla subterránea está el resto del cuerpo. Detrás del altar hay una celda con chapas de plata, donde se guarda la sangre del Santo en dos redomas. Esta sangre, según atestiguan los napolitanos, se licua tres veces al año. La Catedral se ha erigido sobre las ruinas de los templos griegos levantados a Neptuno y Apolo. Santa Lucía y Santa María del Carmen tienen muchos partidarios en el pueblo, tantos, que los inmigrantes a la América no las olvidan.

Mi tiempo lo destino ahora a pasear los teatros y el *Museo Nacional.* Varios amigos viajeros me lo han ponderado como fuente de estudios más interesantes que los ya conocidos; aunque dudo, iré sin prejuicios.

Tengo la suerte de encontrar a mi amigo el diarista Moretti, quien se ofrece a ser mi cicerone en este laberinto de recuerdos de Pompeya, Herculano, Capua, Pestum, Stabia, bronces, cerámica, mármoles. Me creo reforzada para mis lucubraciones; el regocijo de la compañía me despierta mayor interés. Cruzamos por en medio de un ejército formado con los bustos de los emperadores romanos, filósofos griegos y latinos, dioses de todas las creaciones, emperatrices y reinas. Mi ilustre cicerone va repitiéndome nombres, que casi maquinalmente confronto con mi catálogo; comparamos con los originales o las copias existentes en otros museos; discutimos algo sobre arte moderno, tan pobre de inventiva, porque no se consagra al estudio de la Naturaleza. Nos detenemos delante del grupo del *Toro Farnesio,* obra soberbia no admirada en otra parte. Representa el momento en que Circe es arrojada al toro furioso. Deploro no tener un grabado para mis notas. La *Venus Callipyge,* cuya magnificencia artística está en el velo, la cabellera y la expresión del rostro, *El Amor y el Delfín,* cuya presencia aprisiona nuestros nervios con sólo la representación de esta bella mentira, que dice de la tortura y del placer a un tiempo mismo, y como obra magistral el *Hércules Farnesio.*

Este y el *Toro Faresio* fueron hallados en una excavación en Roma, en las Termas de Caracalla. Se cree que Clyón, de Atenas, sea autor del *Hércules,* y del *Toro* los escultores de Rodas, Apolonio y Taurisco.

Hércules tiene una mano restaurada, pero admirablemente, por Guillermo de la Porta. En la galería de pinturas prevalecen los asuntos místicos, y esto en su mayoría copias. Sólo seis u ocho paisajes reveladores de la naturaleza napolitana merecen la pena de detenerse a contemplar su colorido y estudio de luz y sombra, cuyo gran modelo está en las puestas de sol en los mares tropicales o en las noches serenas de Nápoles, cuando el volcán se corona de fuego, mostrándose como el gigante amenazador de la ciudad y sus comarcas.

¿Cómo he de salir de Nápoles sin conocer Capri, esta visión viviente que a la distancia se presenta como roca abandonada en mar profundo, y que al acercarse parece una galera semejante a aquella que Alejandro Dumas describe de oro la popa, las velas de púrpura y de plata los remos, que llevaba reclinada bajo pabellón de brocado oriental, abanicada por niños medio desnudos, con abanicos de pluma de avestruz, servida por cien esclavas vestidas de nereidas; la reina de aquel Egipto que amparó a Pompeyo vencido en Farsalia, Cleopatra, llamada por Antonio para darle órdenes, y que resultó imponiendo su voluntud al procónsul?

A Capri vamos; a esta belleza que no es hija de la tierra sola, como dice Peraza, porque en su formación entraron las sonrisas de los cielos, los besos de luz, las gracias múltiples del mar, el misterio del amor; tiene en su seno los más ricos gérmenes de vida; la brisa cálida que el África le envía se entibia sobre sus aguas, la villa enreda en el aloe y el nopal, la flor rosada del durazno rivaliza con la blanca del almendro y la dorada espiga del maíz flota, como cabellera sedosa. ¡Capri! ¡sobre tus empinados riscos he soñado sueños de juventud lejana!

Mañana, en las primeras horas, tomaré el tren para volver a Roma; antes voy a ver a la celebrada novelista Matilde Serao[89], que dirige el diario *El Giorno*, con nervio de luchadora. La actividad de esta mujer no tiene límites: da conferencias, escribe novelas, hace vida social y viaja.

Recibo una contrariedad muy grande. En estos momentos la periodista no está en la redacción; realiza una pequeña excursión a los Alpes, que durará doce días. Como pobre compensación me obsequian con una fotografía de la escritora, que ha sabido romper la tela de los convencionalismos sin que la sociedad la anatematice.

Esta red tan complicada de los ferrocarriles en Francia, Inglaterra e Italia, excita la nerviosidad del viajero, expuesto a equivocaciones perjudiciales. En los hoteles hay mozos entendidos, y a ellos tenemos que confiarnos. Salgo de Nápoles a las siete de la mañana, y hago un viaje más calmado, porque recorro la ruta ya conocida y puedo parar atención en los pueblitos y las estaciones del tránsito. Tocamos en Casalnuovo, Acerra y Cancelle, donde hay conexión a otras líneas; continuamos a Maddaloni y Caserta, que es de parada por cruce de otras vías, para seguir un pequeño trecho entre Santa María del Carmen y Capua, Pignataro, Sparanise, Ramal, Teano, Riardo Caninello, Tora, Mignano, Rocca d'Evand, Cassino, Aquino Castro, Roccasecca, Isoleta, Ceprano, Frosinone, Ferentino, Morolo, Sgurgola, Anagni, Segni, Valmontone, Palestrina, Zagarole, Ciampino y Roma, donde llego por segunda vez y me dirijo al hotel Venise, que me reserva departamento.

El tranvía me deja a la salida del hotel. Me dirijo hacia San Pablo, que no es posible dejar de visitar. Llego al sepulcro de Cayo Cestio, señalado con esa gran pirámide.

Voy por la puerta *Ortiensis,* llamada ahora puerta de San Pablo, por conducir a la iglesia de ese nombre. El camino que sigue, traspasada la puerta, es un desierto desolado, y en todo el trayecto no se ve más que cuatro tabernas de baja estofa y dos ventas de aceite. Parece inverosímil

---

89 *Matilde Serao*: novelista y periodista italiana, nacida en 1856, hija de madre griega y padre italiano, fundó varios periódicos y revistas y atrajo mucha atención con novelas como *Dal vero* (1879), *Leggende Napolitane* (1881), *Fantasia* (1883) y una docena más. Admirada por su realismo, su naturalismo y su idealismo. Sus novelas eran sumamente populares y se tradujeron inmediatamente a muchos idiomas.

pensar que estamos a catorce minutos de tranvía de la Ciudad Eterna, en su mismo radio. El exterior de San Pablo ya deja ver el abandono en que se le tiene. Somos cinco extranjeros visitantes, y nos esperan nueve mendigos, sin contar los *cepilleros* del interior, que en todos los templos de Francia, España e Italia *cepillan* las monedas del extranjero.

Este templo fue erigido por Constantino el Grande en el sitio donde estaba sepultado el cadáver de San Pablo. En el año 386 los emperadores Valentiniano II, Teodosio y Arcadio hicieron reconstrucciones; pero al papa Pío VII le toca la parte más importante de la reedificación, después del incendio que casi dejó en escombros el templo. El interior es una preciosidad artística que responde al derroche de mármoles y ónice, y el claustro ocupa la primera categoría en la nomenclatura arquitectónica, si se considera ese torneado de las columnas y la distribución en el contorno del jardín, que ahora mismo hace un efecto fantástico con sus plantas crecidas al acaso y el silencio sepulcral que se enseñorea de todo el recinto. Nuestros pasos resuenan, y el eco va de columna en columna, como un quejido de protesta por tanto ultraje a una obra monumental. Aquí, en medio de esta grandeza abandonada, creo que la religión no existe en Roma sino como medio de explotación humana, y bendigo el fervor de aquellas inocentes beatitas de mi tierra que derraman lágrimas de dolor y contrición a los pies de un crucifijo de palo con un mechón de lana colgante que parodia la ambarina cabellera de Jesús.

Siento que se esfuma un ideal, salgo de prisa por en medio de estos terrenos incultos, cuya aspereza se me hace mayor, y alcanzo el coche del tranvía próximo a la partida. «*Trotti*», dice el guarda; el *motorman* afloja los frenos eléctricos, y corremos. Me parece que huyo de una blasfemia. Ensimismada por dolorosas comparaciones, me fijo en un grande y hermoso edificio; hago parar el tranvía, y bajo. Es el Palacio de Justicia que, por irónica compensación, se me ofrece para que contemple la soberbia fachada, y este entra y sale de seres humanos que van a demandar justicia a hombres que en sí llevan iguales pasiones a los demandantes: amor, odio, interés, banalidad. ¡Ah justicia humana; si fueras realidad, el mito no existiría!

En mi programa del día está la visita al Panteón, pero al llegar a casa para tomar un refrigerio encuentro unos amigos que han venido a invitarme a una excursión al Monte Pincio. Acepto a condición de que me acompañen al Panteón, o sea Santa María de la Rotonda, que está próximo al hotel, seis cuadras escasas, así que en pocos minutos estamos en los dinteles de este templo, que se cree era consagrado a las siete divinidades planetarias –Apolo, Diana, Mercurio, Venus, Marte, Júpiter y Saturno– y es el único tan bien conservado entre los vestigios de la Roma pagana.

La forma circular que tiene, la simetría de las líneas y el reparto de la luz que cae de la rotonda, le dan derecho a la nombradía de que goza, agregándose el que guarda los restos de artistas notables y reyes. A la derecha, en el segundo nicho, está Víctor Manuel II, y al costado fronterizo Humberto I, donde está la gran corona enviada por la nación argentina con las cintas del color de la bandera; a los otros lados están Baltasar Peruzzi, Perin del Vaga, Juan de Udine, Aníbal Carrache, Tadeo Zuccazo: en tercer término a la derecha está la tumba del gran Rafael de Urbino; sobre un busto de bronce está el recordado epigrama del cardenal Bembo:

> Ille hic est Raphael, tirnuit quo sospite vinci rerum magna parens, el moriente mori.[90]

Si el divino pintor hubiese podido elegir compañía eternal como designó el sitio para su tumba, de seguro que señalaba el original de su *Fornarina,* aquella muchacha del Transtibere que fue su amor, su inspiración, su alma, de modo que los restos contenidos por la sepultura que está detrás del nicho a la derecha del altar con el nombre de María Bibbiena, sobrina de un cardenal, prometida del excelso pintor por ceder a convenciones sociales, y muerta cinco meses antes que él, resulta una burla ante el examen serio del corazón.

A la salida nos espera un carruaje que mis amigos han traído para ir al Monte Pindo. Nos instalamos cómodamente los tres y seguimos al trote de dos zainos no mal parecidos. Dejamos a un lado Montecitorio, donde se reúne el Congreso, y que ya he paseado otro día, seguimos por el Corso Humberto I hasta la plaza del Pueblo, donde se alza el obelisco egipcio, sobre cuatro leones que lanzan agua, que trajo y erigió Augusto después de la sumisión del Egipto. Al este y oeste de la plaza se extienden los muros y se levantan las estatuas de Neptuno y los Tritones, y está el puente nuevo de Margarita, que une los barrios,

---

90   Yace aquí aquel Rafael del cual temió la gran madre de las cosas ser vencida y morir con el triunfante muerto. [nota de CMT]

yendo la vía eléctrica hasta la plaza de San Pedro. Tres son los caminos que de aquí arrancan: vía Ripeta, vía del Babuino y Santa María del Monte, cuya iglesia aparece a la izquierda, y entre ésta y vía Humberto está la iglesia de Santa María de Miracoli. Al este, es decir, a la derecha del grabado, empieza la rampa que conduce al Pindo, la más linda colina de Roma, donde tuvo sus castillos la familia de los Pincci y se extendían los jardines de Lúculo y Mesalina, mujer de Claudio: hoy es el paseo favorito de la aristocracia, donde hay gran afluencia de coches en las tardes y las señoras descienden de sus carruajes para ir a pie por todos estos anchos vericuetos de la montaña, que entre el follaje de su tupida arboleda, guarda tantos vestigios de la grandeza imperial. Estatuas, fuentes, surtidores, arcos, pilastras truncas por aquí y allá, me parecen signos de interrogación dirigidos a mí. Y tú, que vienes de la Argentina y del Perú, ¿qué dices, qué piensas? ¿fueron bárbaros los que levantaron templos a Júpiter, fueron los que demoliendo a Júpiter colocaron a Pedro, ignorantes eran los que levantaron el coliseo para ver luchar la fuerza y el vigor, o los que han erigido sobre sus ruinas apóstoles enflaquecidos por el ayuno y la mortificación en obsequio de quien les dijo: «Es lo que sale del hombre lo que ensucia al hombre»? Yo me abismo, me siento profundamente ignorante, y dirijo la mirada a mis compañeros como diciéndoles: «¡sálvenme!» pero ellos nada saben de esta lucha espiritual, interna; tal vez mi silencio lo atribuyen a espanto de cosas nunca vistas, y uno de ellos llama mi atención con los piadosos sentimientos del amigo que desea distraer. «¡Mire, señora, a qué altura estamos de la ciudad; qué hermoso es el panorama de Roma!» «Sí; ciertamente. Cuando Roma ardía y sonrió Nerón, ¡cómo se iluminaría este monte!», respondo, y este pensamiento feliz aquieta las palpitaciones de mi corazón desde que se inició el interrogatorio fatídico. El Pincio pertenece a la primera de las cuatro divisiones que comprenden a Roma, en esta forma: I, Colinas del norte y del este, Pincio, Quirinal, Viminal y Esquilmo; II, Cuartel del Tíber, derecha, vía del Corso, con calles nuevas; III, Roma antigua sobre el sur, con los principales monumentos de la antigüedad, y IV, Cuartel de la ribera izquierda del Tíber, que comprende el Vaticano, San Pedro y Transtebere. La tarde muere; ligeras lucecillas comienzan a brillar en distintas direcciones, como luciérnagas tempraneras anunciando la noche.

Tornaremos a la ciudad después de habernos comprometido para ir al teatro una vez cenados y cambiada la indumentaria excursionística.

La aristocracia europea no es tan tiesa como se cree. Desconfía, es natural, pero una vez conocida la legalidad de la firma y procederes, se muestra hospitalaria y expansiva. En Roma, en París y en Madrid, las mujeres fuman al igual que los hombres. He cenado en algunas casas aristócratas, y las mujeres se quedan a la mesa para fumar. Hoy hemos estado de admiradoras a admiradas. Cuando estaba yo asombrada de ver tanta boca linda chupeteando un cigarro, me brindan otro; digo que no fumo, que en América no acostumbramos, y se quedan admiradas. «¿En América las mujeres no fuman?...» «Pues atrasadas estamos», agrego para mi coleto.

Me explico ahora la monería de algunas que, al regresar a América, han querido fumar; pero como los paladares de las mujeres están habituados a los duraznos del Tigre, los bombones del Gas, las confituras y hasta un Pío IX[91], la cosa no ha prendido; y lo celebro con todo mi entusiasmo. Lo del teatro ha quedado en proyecto ministerial; he salido tarde de la cena, y he faltado a la cita.

Hoy debo ir a tres puntos equidistantes y fáciles, por la combinación de tranvías. San Juan de Letrán, donde se ve una tabla que dicen es la misma sobre la cual se sirvió la última cena del Salvador, donde dio a sus discípulos el vino y el pan como símbolo de sangre y cuerpo, y lavó los pies sin exceptuar al traidor, como ejemplo de humildad e igualdad. Lo primero que llama la atención es la estatua colosal de San Juan. Al fondo se distingue bien el altar pontificio, de estilo gótico, en el que están guardadas las cabezas de los santos Pedro y Pablo. A derecha e izquierda hay mausoleos espléndidos; al terminar la fila de la derecha está el de León XIII, que es de los más suntuosos.

Nos trasladamos a Santa María la Mayor, que puede ser hermanada con San Juan de Letrán por la arquitectura y distribución, aunque ésta tiene una particularidad notable, y es el sarcófago que ha servido de modelo para el de la tumba de Napoleón I, en los Inválidos de París. Este templo tiene tres naves divididas por treinta y seis columnas de mármol blanco; el altar mayor se compone de una urna de pórfido. Entrando a la derecha está la tumba de Clemente IV, y a la izquierda la de Nicolás IV, que son notables por su riqueza y trabajo.

---

91 Nombre de un pastelillo con crema interior. [nota de CMT]

Un incendio arrasó el palacio de San Juan de Letrán, y Sixto V ordenó la reedificación, conservando tal como estaba la capilla y el triclinio que las llamas habían preservado. Al frente de esta capilla está el pórtico donde el arquitecto Domingo Fontana colocó la Escalera Santa, compuesta de veintiocho escalones de mármol, los que fueron traídos a Roma por Santa Elena del palacio de Pilatos, en Jerusalén, el año 326; llamada Santa porque Jesús subió y bajó por ella, regándola con su sangre. Esta escala tuvo en su tiempo muchos penitentes y devotos que la subían de rodillas; hoy su número tiende a desaparecer. El día de nuestra visita no vi ninguna persona en semejante sacrificio.

Mañana haremos la gran excursión interna. Visitaremos las catacumbas, para lo cual he llamado al guía de los primeros días, quien, mediante el salario, prestará los servicios de acompañante.

El espíritu algo se mistifica. Me siento con una melancolía honda. No han de ser puramente las sensaciones atávicas. Con todo, no es hora de análisis psicológicos. El carruaje espera con el guía, y allá voy. El trayecto no es pequeño; se trata de los alrededores de Roma, pasando por la puerta de San Sebastian, a veinticinco minutos. El nombre de catacumbas se ha usado desde el siglo XV, para expresar la idea griega *cameteria* o lugar de reposo, y así los cristianos tuvieron éstas para enterrar sus muertos en espera de la resurrección.

La mayor parte de los viajeros se contenta con visitar las catacumbas de San Calixto y dejan las de las Santas Inés y Domitila. Comenzaron por sepulcros de familia. Las más antiguas se remontan al primer siglo de nuestra era. Las persecuciones del siglo III las convirtieron en lugares de refugio, y de esta época comienza el interés histórico cristiano. Lo anterior es novelesco. Al principiar el descenso subterráneo están los antiguos *oratorium S. Callisti in Areneris,* pequeña construcción; pongo en actividad el esfuerzo de la miopía de que sufro y agradezco la previsión de mi guía, que ha traído una lámpara de minas, cuyo importe pagaré gustosísima, para reemplazar las dos bujías de costumbre que los cicerone del recinto ofrecen. Éstos fruncen el entrecejo con repliegues bien conocidos por mí, y para dejarlos en su habitual tersura les digo: «Las bujías quedan pagadas; ¿qué debo por ellas?» «Cinco liras», responde uno, a quien entrego un billete de ese tipo, y continuamos la senda, admirablemente iluminada por nuestra lámpara.

Hemos pagado una lira por la entrada, y el religioso que será guía, probablemente tiene fe en que sus servicios serán recompensados. «Mire; esta es la gruta donde están los antiguos sepulcros: a la derecha se ve la cripta de los papas, *Camera papale, Cubiculum pontificium,* donde descansan muchos papas, entre ellos San Eugenio, San Fabián, San Antero, San Lucas, San Sixto II, martirizado en estas catacumbas el año 258. Lea su epitafio: aquí está la tumba de Santa Cecilia, que fue transportada a la iglesia de su nombre en Transtebere. A derecha e izquierda están sepulcros más o menos manifiestos; luego resalta el de San Eusebio, el del papa San Cornelio, que empezaba las catacumbas de San Luciano.»

Seguimos a las catacumbas de Santa Domitila, las de Santa Praxedes, de Santa Priscila, Santa Inés y San Sebastián, terminando en el oratorio de San Alejandro. Mi cicerone religioso nada me ha dicho de aquella vida oculta, mística y sublime de los primitivos cristianos que aquí sepultaban sus cuerpos para vigorizarlos y confortados subir al martirio y así su alma remontarse por los espacios paradisíacos. Yo he pensado en esto desde que faltó la luz del día y tuvimos que confiarnos a la proyectada por la lámpara. Más emocionante es aquella reproducción en cera del Museo Grevín, de París, donde Pedro da la Eucaristía en los *ágapes* a los hermanos y bautiza a conversos y neófitos. Sin la fe y sin conocimientos históricos se cruzaría por estos lóbregos senderos siguiendo la pista a los zorros o las liebres que horadan la peña para esconder su prole. Para mí las figuras de Pedro y Pablo son grandes porque encarnan el arrepentimiento y la conversión. El que negó al Maestro muere confesándolo en el martirio de la cruz, después de haber hecho la historia de las catacumbas; el perseguidor del Maestro le ve frente a frente en el camino de Damasco, y sale a predicarle como verdad, como dicha y como esperanza.

Estamos de regreso. ¡Qué hermosa nos parece la luz del día y cuán aromático el aire que inspiran nuestros pulmones! He alargado un billete de diez liras a mi cicerone religioso, quien da repetidas gracias, subimos al carruaje que nos espera y tornamos. En el hotel me esperaba el señor Vincenzo Temístocles Moretti, periodista, redactor de *La Vita,* a cuya gentileza debo tantas atenciones. Su objeto es inquirir si daré conferencias; le manifiesto que no es posible, porque el local de la *Asoz-*

ziacione della Stampa Italiana no estará con la obra terminada en diez días más, y yo necesito continuar mi viaje. Le entrego todo el material que tenía listo, que él publicará por partes en el diario citado. Son tres conferencias ya traducidas al italiano: Argentina, Perú y Bolivia. El distinguido escritor siente profunda simpatía por América, y anhela visitar la Argentina; yo le animo, persuadida de que una persona de sus aptitudes encontrará ambiente para conferencias. La ilustrada Olga Lodi está en Marinella, un precioso pueblito a orillas del mar. Tengo que ir a verla antes de mi partida. Por hoy mi programa se completa con pasear algunos teatros y en la noche el *Argentino*. Ninguno de los edificios, inclusive el *Constanzzi,* corresponde a la capital italiana, ni a la patria del arte. *El Odeón y el San Martín,* de Buenos Aires, son mejores, que en cuanto al *Colón* sólo se puede sentir orgullo americano. Los cinematógrafos están vulgarizados, como en toda Europa, y llenos siempre de gente del pueblo.

Hoy recorreré los pueblitos o villas que rodean la ciudad, tan atrayentes para los viajeros. El itinerario comienza por *Frascati,* que está a tres cuartos de hora de Roma y se va por la vía férrea de Nápoles y Terracini; es sitio de excursiones aristocráticas, tiene buenos hoteles que se llaman *trattoria,* alumbrado eléctrico, baños y casas amuebladas. La más lujosa de ellas cuesta cien liras mensuales. De aquí se pasa a *Grotta Ferrata,* donde se encuentra el convento de San Basilio. Como he nacido en país montañoso y hace diez y seis años que vivo en llanura, estas excursiones por las colinas me encantan, y en las veces que he transmontado los Alpes, especialmente en la región española, mi espíritu ha recibido grandiosas sensaciones y he evocado a Michelet en las solemnes descripciones de *La Montaña,* con las leyendas trágicas del Trentino, los Apeninos y Monte–Blanco. A veinticinco minutos está el *Tusculum,* que nos recuerda a Catón el viejo y a Cicerón, remontando nuestros recuerdos hasta la fábula mitológica que pone aquí a Circe la maga, hija del Sol y de la ninfa Persa, que habitaba al pie del promontorio Circelo, donde llegaron Ulises y sus compañeros, a quienes la maga convirtió en puercos, menos a Ulises, que le inspiró pasión y logró retenerlo un año, naciéndole su hijo Telégono, al cual se atribuye la fundación del *Tusculum,* antes de embarcarse en Itaca para ir en busca de su padre. Tan mal le va, que para vivir tiene que robar, y en un combate mata a su padre sin conocerlo, acontecimiento predicho por un oráculo, y después se casa con Penélope, y Telémaco, el otro hijo de Ulises, con Circe. De esta leyenda quedan ruinas; la edificación moderna lo ha invadido todo. Las montañas más interesantes son Monte Cavo, Albano, Circeo, montes Sabena con su pomposa vestidura de pinares, olmos, castaños, robles y tantos laureles, que se duda si fue en las orillas del Penco o aquí donde Apolo alcanzó a Dafne, a quien perseguía enamorado de sus gracias, y cuyo padre, Ladón, oída la plegaria de socorro que su hija le dirigía, la convirtió en laurel. Apolo, desolado, quiso que se le consagrase el laurel, y que fuese la recompensa de los poetas; ¿y en dónde mayor abundancia de poetas y de laureles como en Italia?

Todo el placer de los viajes se diluye en la tristeza de las despedidas.

Mañana el tren saldrá de la estación central a las 6:20 de la mañana, y a las 7:45 de la noche estaré en Florencia, esa llamada Atenas de Italia, donde nadie me espera, adonde voy impulsada por esta sed de encontrar nuevos elementos de bien, de belleza, de verdad.

Si a Roma se llega por vez primera con el alma palpitando ante la grandeza de su nombre, de Roma se sale con el espíritu agigantado y envuelto en densa nube, de una tristeza indescriptible.

En la estación me esperaban unos cuantos amigos; mis valijas están ya acomodadas en el coche, donde subo ligera, pues el grito de *partenza* ha resonado; siguen adioses de eterna, sincera amistad, y el silbato nos dice que marchamos con paso vertiginoso hacia lo desconocido.

Todo en la vida es así.

Reclinada contra el vidrio de la ventanilla, veo alejarse la Ciudad Eterna, y comienzo a contar las estaciones explorando los campos. Son treinta y ocho las estaciones de esta línea, correspondientes a otros tantos pueblitos que se presentan ya en una colina después de un túnel, ya en llano esplendoroso por sus sembrados, sus naranjos y bergamotas, manzanos cubiertos de pomas y duraznos que inclinan sus ramas al peso de su propio fruto. *Viterbo, Ovieto, Perugia, Siena, Pontassieve*, estaciones ya próximas a *Compiobbi*, han pasado como cinta cinematográfica; el Arno se presenta con mayor caudal que en Pisa; toda la campiña es una floración que embalsama la atmósfera, alegra el ánimo y pregona la felicidad de vivir.

¡*Florencia!* Si no se la ha visitado, no se tiene idea exacta de las poblaciones antiguas, ni se ha aspirado el ambiente del arte, en todas sus manifestaciones.

Sus castillos, enormes moles de granito, son exponentes de la época, y su elocuencia es tan intensa, que la pluma no puede exteriorizarla. Conservaré eterno recuerdo de estas lecciones en las adjuntas fotografías.

Los palacios florentinos, cuya figuración en la historia tiene más de tétrico en la lucha de hombres vestidos de acero, hoy guardan ricas colecciones de antigüedades, son templos de arte donde vamos a entonar el himno de admiración a la grandeza florentina, y convenimos que sólo en este medio ambiente ha podido crearse la *Divina Comedia,* copiando de la visión vívida la frescura del Paraíso, lo espeluznante del Infierno y la belleza de Beatriz. El *Palazzo Vecchio,* residencia de los Médicis, de cuyas ventanas fueron colgados el arzobispo Salviati de Pisa y Francisco Pazzi, por haber conspirado contra Lorenzo, y Juan de Médicis, es llamado también *Palacio de la Señoría;* está en la plaza del mismo nombre. Es uno de los más hermosos; su torre, alta y artística, mide 94 metros.

La fuente de Neptuno que aquí se ve está construida junto al sitio donde fue quemado Savonarola, cuyas cenizas fueron arrojadas al Arno. No sé yo qué explicación darle a esta coincidencia; aquella sangre junto al agua, elemento de vida para el pueblo, y aquellas cenizas mezcladas con el enorme caudal del hermoso río que resbala majestuosamente en la parte canalizada y después se derrama cristalino, murmurante, fecundando los campos de esmeralda con los inmensos bosques de laureles, de flores rojas. Algunos biógrafos dicen que Savonarola en su entusiasmo místico hizo quemar los escritos del Dante, de Boccacio y del Petrarca, y si esto fuera verdad, tendríamos que recordar la máxima de «Quien a hierro mata, a hierro muere». Hacia la derecha está la *Loggia dell'Orcagna*, con su primor de estatuaria en el portalete de entrada. Hay que admirar el grupo del *Rapto de las Sabinas* por Juan de Bolonia*, el Perseo* de Benvenuto Cellini, la *Judith* de Donatello; aquí están el *Ayax moribundo,* las *Vestales* traídas de la villa Médicis, las *Virtudes teologales* de Agnolo Gaddi, las *Virtudes cardinales* y leones feroces. Dando la vuelta comienza ese desfile de toscanos ilustres colocados en estatuas a derecha e izquierda, a lo largo de la fachada de la galería de los Uffizi, hasta llegar al río por el arco que se ve al fondo; allí está el puente Viejo, desde donde fueron arrojadas al Arno las cenizas de Savonarola. Este puente fue construido en 966; hay cinco puentes más que cruzan el río. El llamado de la Trinidad, cuya construcción data de 1579, es celebrado por las estatuas que le adornan: la *Primavera* de Pedro Francavilla, el *Estío* de G. Caccini, *Otoño* e *Invierno* de Tadeo Landini y otras secundarias. Pasada esta galería, que es pública, torciendo a la izquierda se encuentra el grandioso Palacio Pitti.

En 1549 fue vendido por orden de Lucas Pitti, a Cosme I de Médicis, en 9.000 florines de oro, y ahora es uno de los grandes museos de Florencia, casi unido a la Galería de los Uffizi por un camino subterráneo que pasa por debajo del río Arno.

Iremos por orden. La Galería de los Uffizi tiene dos pisos: el primero consta de grandes salas, patios y corredores; es todo de cuadros de pintores célebres. Hay más de mil ochocientos cuadros, cuyo catálogo ocupa un grueso volumen. Vírgenes y santos, asuntos religiosos y profanos. Aquí están las celebradas Venus del Ticiano y de Médicis. En el Palacio Pitti está la otra de Canova, con la cual y la de Milo, tenemos conocidas las más célebres Venus de Europa. Su recorrido se comienza en un vestíbulo donde está la urna cineraria y busto de un Médicis, y se sigue las cuatro salas memoriadas; viene la escalera con varios bustos en bronce: Marte, Sileno con Baco infante, y se llega al vestíbulo, donde están los retratos de los diferentes príncipes y se inicia la galería de bustos con los de Lorenzo el Magnífico y Cosme I. Se llega a los corredores; éstos son tres, todos atestados de obras magníficas, y volvemos a otra nomenclatura de salas. *Sala Niobe,* con asuntos de la vida de Moisés, la entrada de Cosme I a Siena y la coronación de Juana de Austria: son cuadros que interesan la atención desde la entrada, pero la escultura se encarga de toda la absorción. Vienen la sala del *Baroccio*, la de *Iscrizioni,* de *Lorenzo Monaco* y el *Gabinetto delle gemme e pietre preziose,* donde las mujeres se extasían ante esta especie de tribuna con cuatro columnas de alabastro oriental: contiene 400 obras en diamante, lapislázuli y otras piedras, todo ejecutado por los mejores artífices florentinos, como Bologna, Benvenuto Cellini, etcétera. Hay en seguida cuatro armarios (vitrinas) con obras maravillosas en piedras raras.

Durante cuatro días he recorrido los dos museos sin tomar más que nociones elementales de su grandeza; ella es tal, que un sabio dijo que si por un cataclismo pereciera la Europa toda, y se salvaran los museos del Palacio Pitti y la galería de los Uffizi, ellos serían suficientes para atestiguar la grandeza y contar la historia.

Para dar a mi espíritu una cierta expansión en la variedad de escenario, voy a la iglesia de San Miniato del Monte, que es un nido hecho entre el follaje por la fe del campesino a la idea del bien por la oración.

De aquí desciendo con la sangre oxigenada, con ideales renacidos, y voy a visitar la pobre casita que habitó el más grande hombre, cuyo cerebro aun piensa, junto con nosotros, en las páginas de su *Divina Comedia,* en una calleja, junto a muros negruzcos, en uno de los cuales se lee esta parte del canto XXII del *Infierno:*

lo fui nato e cresciuto sulle rive dell' Arno alta gran Villa

Medito tan hondamente junto a los muros negros en la calleja y la casuca, que cuando vuelva a Buenos Aires, a mi casita de la calle del Rincón, número 611, donde me esperan mis plantas, mi canario amarillo y mi cardenal de rojas plumas, viviré más feliz de lo que hasta hoy he sido, porque esa casita, comparada con ésta del gran genio florentino, del inmortal y grande, es un palacete con aire, luz y vida.

Voy a hacer una excursión por la *Plaza Miguel Ángel,* en cuyo centro se destaca la colosal estatua en bronce, ejecutada por G. Papi, imitación del *David* de Miguel Ángel, y en cuyo alrededor están imitaciones del *Día,* la *Noche,* la *Aurora* y el *Crepúsculo,* de la tumba de Lorenzo de Médicis en el palacio de las Bellas Artes. Desde aquí se ve un bellísimo panorama con los Apeninos y la ciudad. Plano, verdor, espejismos tan incopiables como difíciles de olvidar.

En Florencia hay veintisiete palacios, museos y galerías de pintura, y sólo catorce iglesias. Hasta hoy no he ido a la plaza del Duomo, que es la primera visita obligada de los viajeros. Culpa es de la situación de mi alojamiento, que está en la cuadra de la *Plaza de la Señoría,* lo que me ha inducido a ver lo más cercano. En esta plaza hay tres grandes edificios: la Catedral, el Baptisterio y el campanario, en un campo estrecho que apiña las moles sin presentarlas al examen como en Pisa; sobre todo lo siento por el campanario, que es una joya cincelada. La Catedral es una obra de arte maravillosa, por la perfección de las pequeñas estatuas de los apóstoles y santos que cada cavidad guarda. Todo el interior es de mármol blanco y de colores; el campanario se eleva a

84 metros, y la sacristía luce una de las más notables puertas de bronce, en cuya obra empleó veinte años de su vida Lorenzo Chiverti.

Miguel Ángel no exageró cuando imaginó que esta puerta era digna del Paraíso, y así se llama. Tiene diez cuadros con escenas tomadas de las Sagradas Escrituras, y da entrada al Baptisterio. En un ángulo de la plaza se ve la piedra llamada el *Sasso di Dante*, donde el poeta se sentaba todas las tardes a meditar sus sueños.

El monumento a Lorenzo de Médicis en la Capilla Médicis es tan grandioso y exquisito, que me doy tiempo para volver a contemplarle, para grabar algo más en mi mente el recuerdo de esta divina creación del ingenio y del arte. Toda la grandeza que en sí tiene este monumento, crece todavía cuando se compara entre sí la idea y la ejecución: la *Noche* y el *Día,* la *Aurora y el Crepúsculo;* ya la diafanidad, ya la tristeza; ya la luz, ya la melancolía, expresados en el rostro, la postura, la suavidad de las telas impalpables que se han sacado del bloque de mármol. No sé por qué este monumento no tiene alrededor el público de admiradores de la Venus de Milo en el museo del Louvre. Será quizás secreto de *réclame*. Esta maravillosa estatua, que representa a Lorenzo de Médicis y se conoce con el nombre de *El Pensativo,* tiene toda la sugestión de un ser viviente, sombrío, devorando intensos dolores del alma. En la que simboliza la *Aurora* hay una particularidad que mi guía me hace notar: mirada por la derecha es una joven rozagante, y vista por la izquierda una vieja octogenaria. La *Noche* es más admirable todavía, y ofrece el doble estudio artístico y anatómico. He aquí cómo la define una viajera: «Ninguna Venus más bella que esta mujer flaca y musculosa, cuyo cuerpo está macerado por el sufrimiento. Tiene una anatomía admirable; los huesos del tórax, los de la clavícula y músculos de la pierna, se acusan de tal manera, que se cree va a moverse; el pecho cae flácido con los botones hinchados y partidos; la piel, al dejar de ser tersa, ha formado pliegues en torno de ellos; es el pecho más admirable y el estudio más acabado de la belleza marchita, pero aún soberana, de una mujer hermosa.»

En el zócalo ha grabado Miguel Ángel estos pensamientos: «Dormir es muy dulce para mí, y más todavía mientras dure la miseria y la vergüenza. – No ver, no sentir… esa es mi alegría. – No me despiertes, habla en voz baja.»

De regreso a mi alojamiento encuentro cuatro jóvenes estudiantes oriundos de Mendoza, argentinos, a quienes reconozco por el idioma y el acento. Conversamos unos minutos sobre asuntos generales y voy a almorzar en el ancho comedor de la planta baja del hotel, porque deseo ir a la carrera de automóviles que se corre en Bolonia. La travesía es de catorce minutos de ferrocarril. En el mismo coche van tres periodistas, dos de ellos con sus señoras. Los florentinos son muy sociables y comunicativos. Pronto hemos entrado en charla, después de presentaciones espontáneas. Mi asiento en la pista queda muy distante de estos nuevos camaradas, pero el soltero se ofrece a tomarlo para cederme el suyo, a fin de que quede acompañada de las señoras. Hay tal número de automóviles venidos de todas partes, que es imposible fijar su número: los que toman parte en la carrera son doscientos, que se lanzan por la inmensa planicie de Bolonia como exhalaciones de polvorín. Pronto no se distingue nada de ellos, pero les sigue un ejército a paso más moderado. Nosotros nos conformamos con haber visto esta parada y movimiento mágico de más de seis mil automóviles, y resolvemos regresar a Florencia, donde sabremos quiénes ganaron, noticia que para mí carece de interés por no conocer a los corredores ni mediar apuesta ninguna.

Las esposas de los periodistas, colaboradoras incógnitas de sus maridos, me han colmado de atenciones, y en correspondencia vamos a cenar juntas en mi alojamiento. El mozo principal del hotel ha estado en Buenos Aires varios años; regresó aquí trayendo sus pesos, pero ya no pudo olvidar la tierra americana, donde se gana bien, según su propia declaración, y volverá a fines de mes. Desde Pisa notamos la particularidad italiana de los botelloncitos al estilo de cigüeña, con el cuerpo diminuto y el cuello como una caña. Aquí estos botelloncitos están decorados con la flor de lis de la heráldica florentina, y en ellos se escancia el vino toscano, tan suave como el idioma. Durante la comida mis huéspedes me han relatado la curiosa costumbre de celebrar la *fiesta de los grillos*. El día de la Ascensión todo el pueblo sale al campo llevando provisiones de merienda; hace su campamento y se divierte cazando los grillos. En Madrid vi que crían grillos en fasilas de alambre y soportan el estridente grito de los animalitos tal vez con el placer con que otros escuchan el canto del mirlo o del canario. Hemos hecho una velada agradable. Deploro el haber conocido a última hora a estas buenas gentes, con quienes he simpatizado profundamente. Mañana Augustina me acompañará al Castillo Médicis y a las fábricas de porcelana, mosaicos y terracota, que deseo visitar.

Primero vamos a la plaza Víctor Manuel, donde está el monumento levantado al primero de los reyes de Italia, con su estatua, obra de Emilio Zocchi. En uno de los bajorrelieves se representa la diputación toscana, que presenta al rey el resultado del plebiscito, y en el otro las demostraciones que el pueblo hizo a Víctor Manuel cuando partió de Florencia a ocupar Roma como capital de Italia.

De la plaza de la Catedral sale un tranvía cada cuarto de hora, atraviesa parte de la ciudad, va por la barrera del Romito, Fredi y Sodo, y en veinte minutos está en la villa del Castillo, que es una espléndida obra, propiedad de los Médicis, ampliada por Cosme I, quien la enriqueció con obras de arte, pinturas y esculturas, y la habitó desde 1527, es decir, cuatro años antes que su familia ascendiera al trono. *La Petraia* es otra residencia regia por su fortificación; tiene fuentes notables y estatuas; el *Cuarto,* llamada así otra villa, tiene una galería de obras de arte italiano y extranjero, de los siglos XV al XVI. Un retrato admirable del duque de Nemours se le atribuye a Rafael. Sigue Doccia, donde está la gran porcelanería fundada en 1735, de modo que es contemporánea de la célebre de Sevres, y es la segunda de las grandes fábricas de Italia. La obra llegó al grado máximo de perfeccionamiento cuando el marqués Lorenzo Ginosi adquirió en 1842 todos los modelos de la famosa fábrica napolitana de *Japodimonti,* con derecho a la reproducción. De esta fábrica salen bellísimas reproducciones de terracotta y mayólica de Urbino, Gubbio, Castel Durante, Fuenza, etc. La firma Richar–Ginori, de esta fábrica, posee otras en Milán, Pisa, Vado y Mondovi, con depósitos para la venta en toda Italia.

Regresando por Rifredi se encuentra en la explanada la pequeña iglesia de Santa Marta, y anexo el famoso convento de Capuchinos. En esta vía encontramos la villa *Stibbert* con su gran palacio, que el caballero Stibbert, muerto en 1906, donó a la Municipalidad de Florencia, quien la destinó a uno de los muchos museos de la ciudad. Viene luego villa *Fabbricoti* en una situación bellísima, pues se alza en una colina poética, sobre la cadena de los montes Apeninos, presentando el panorama de la ciudad. En esta villa residió, durante algunos meses del año 1894, la reina Victoria de Inglaterra, noticia que no dejan de anotar los guías. El trayecto se hace por la barrera del Puente Rosso hacia la antigua puerta de S. Gallo, donde hay un servicio de ómnibus que van al centro de la ciudad. Atardece, y la fatiga corporal indica sólo el camino del alojamiento. Nos despedimos de la amiga, prometiéndonos una nueva excursión antes de la partida.

La mañana, radiante de luz sobre una atmósfera tibia, saturada de perfumes que el viento traslada desde los arbolados y jardines, prepara mi espíritu para una peregrinación, en la cual he de evocar toda la grandeza del saber humano. Visito la iglesia de la Santa Cruz, donde los genios de la Poesía, la Música y las Bellas Artes duermen bajo la sombra del Ángel de la Gloria.

Esa estatua que se yergue en la plazoleta, hacia la derecha de la salida del templo, es la del Dante, y en el interior está la tumba de éste, de Miguel Ángel, de Maquiavelo, Rossini, etc., y entre tanta grandeza la del ilustre hijo de Pisa, el inmortal Galileo.

Contemplo reverente toda la magnificencia acumulada sobre los restos del que tantas amarguras saboreó en vida por la superioridad que tuvo como profesor de matemáticas en la universidad de Pisa, después en Padua, donde hizo sus principales descubrimientos con igual resultado hostil, que fue traído a Florencia protegido por el duque de Toscana. Este Galileo, a quien se debe la invención de la filosofía experimental, el descubrimiento de las leyes del peso, la invención de la péndula, de la balanza hidrostática, del termómetro, del compás de proporción y del telescopio, con cuya ayuda hizo todas las observaciones que cambiaron la faz de la Astronomía, dejando en claro el sistema de Copérnico, pero que dieron para el sabio las persecuciones inquisitoriales hasta obligarlo a la abjuración, acto de solemnidad externa, del cual quedan brillando como astros las palabras dichas a media voz por el sabio: *E pur si muove.* (Y sin embargo se mueve.) Aquí están los despojos de ese gigante que vivió con los ojos fijos en el cielo y en sus libros hasta quedar ciego, desgracia soportada con entereza de mártir hasta el 9 de enero de 1642, día en que murió Galileo y nació Newton.

Mi espíritu se sumerge en un ambiente de melancolía indescriptible; cambiaré de escenario. Me dirijo hacia la tumba de Joaquín Rossini, este que lloró, suspiró y cantó en los personajes de sus óperas, que dichoso en la abundancia no soportó las miserias y privaciones patrimonio de los genios, y cuyo *pensamiento armónico* deleita en los regios coliseos y en el organillo de barrio. Más allá está Miguel Ángel, poeta, pintor, escultor y arquitecto de primer orden, nacido en el castillo de Capreso, en Toscana, considerado como el fundador de la escuela florentina del siglo XVI, cuyo genio hemos admirado en todos aquellos grandiosos monumentos escultóricos y pinturas de Roma y en los museos de todas las ciudades ya recorridas.

Tengo que visitar una escuela de niñas, y sobre todo el Observatorio Ximeniano, que me interesa mucho. Me dirijo al convento de los escolásticos, que está frente a la iglesia de San Juan, en la plaza de San Lorenzo. Este convento tiene pocas celdas, muchos corredores y pasillos, en la azotea el observatorio Ximeniano y a otro lado uno secundario geodinámico. En este recinto viven dos dignos descendientes de Galileo por sus aficiones y su consagración a la astronomía. El padre Guido Alfani, director del Observatorio, y el padre Levrini, su ayudante. Tengo una presentación para el director y no hay inconveniente en recibirme. El padre Alfani, tipo de asceta, joven aún, es tan popular como querido en Florencia, y le disciernen con justicia; rara es la gloria que a sus esfuerzos debe este ya célebre observatorio, donde el padre Alfani y su ayudante desempeñan múltiples labores, sin fijarse jamás en categoría de puesto ni clase de trabajo: son bibliotecarios, mecánicos, escribientes; hasta imprimen boletines de las observaciones astronómicas y sismológicas. Toda su vida está entregada a estas labores. De día son centinelas infatigables, de noche abandonan su lecho; en cualquier momento saltan, corren a mirar el cielo, a observar las estrellas, los diagramas de los sismógrafos, a vigilar los instrumentos, a sorprender los secretos de los astros, a interpretar los murmurios de los vientos, a adivinar los estremecimientos de la tierra.

Cuando mi guía y amigo me dice: «Aquí es la puerta», nos sale al encuentro un portero viejo, toscano, de tez cobruna, a quien conoce mi acompañante. «¿La señora también sube?», pregunta algo sorprendido. «Sí; es una señora viajera, escritora; viene de las Américas y quiere llevar noticias de nuestro pueblo», responde, y empezamos la subida de una escalera oscura y angosta. En el segundo descanso hay un pequeño vestíbulo; mi guía sigue subiendo hasta un tercer descanso, donde me siento fatigada. «¿Esta escalera es interminable? ¿irá hasta el cielo? ¿que aquí no trajo la civilización el ascensor?», digo a mi guía. «¿Qué? —me observa—. ¿Usted no sabe, señora, que el director del observatorio es una especie de águila con el nido en el campanario, y además tan pobre, que no tenía con qué pagar la tasa del teléfono que el Estado le mezquinó, y un grupo de muchachos levantó suscripción para costearlo este año?» «¡Hermosa acción!», interrumpo, y continuamos subiendo. Por fin estamos en un cuarto descanso; hay una puerta, mi guía da dos golpes, una voz contesta desde el interior, y se abre la puerta. Estamos en una piececita llena de luz, de un aseo encomiable, y de detrás de una muralla de libros y papeles enrollados se pone de pie el padre Alfani, quedando indeciso, sorprendido al ver a mi guía acompañado por una señora. Seguramente que las mujeres no acostumbrarán visitar su observatorio. Cambiados saludos, después de la presentación y los informes que mi amigo suministra, el sabio, con una sonrisa amable, me brinda asiento y queda de pie junto a mi acompañante, acto que me proporciona ocasión para examinar la fisonomía nerviosa, sus ojos grandes, de mirada penetrante, y su porte flacuchento con flexibilidades de árbol. Tiene intensa curiosidad de saber cosas de la América; le hablo de Córdoba y La Plata, en la República Argentina, y del Observatorio Astronómico de Arequipa en el Perú. Me oye complacido, califica de audaz mi viaje y se dirige a enseñarnos algo de sus herramientas científicas. Le digo que ayer visité a Galileo en su tumba, y hoy he querido saludar al discípulo en su taller sideral. Me mira con mirada de dulzura, y señalando hacia el alto, a una especie de torrecilla cuadrada, dice: «Allí está el telescopio; sus servicios no son tan importantes de día como de noche.» «Es natural, y yo no subiría ya, porque las horas me ganan; tengo que tomar el tren de las ocho», digo consultando mi reloj.

«¿Adónde se dirige ahora?», pregunta el director, y se entabla el rápido diálogo siguiente: «A Venecia.» «¡Ah! gozará usted; es linda.» «¿Gozaré más que en Nápoles, con aquella campiña, ese mar y su volcán?» «Sí; en otro orden.» «Y bien; tengo que decirle adiós, darle las gracias, llevo recuerdos intensos. Gracias, adiós.»

La bajada me horroriza. Ya no tengo los alientos prestados por la curiosidad. Mi guía se adelanta y descendemos. A la salida he obsequiado con una propina al portero, que se queda enviándome una sonrisa de satisfacción íntima. Mis preparativos de viaje me reclaman. Pago el salario del guía, la cuenta del albergo, y me dirijo a la estación con el deseo de ganar buen asiento en el coche del ferrocarril, asunto principal en los viajes. El conserje del albergo, que ha llevado mis valijas, me tiene ya listo mi asiento y un cestín de cena. Le pago bien y me instalo.

En unos segundos más llega una señora con un niño de año y medio y un perrillo pelado. Se instalan en el asiento fronterizo al mío. ¡Qué niño tan hermoso! Su cara blanca regordeta, sus ojos claros, de un azul diluido, su cabellito ralo y la rubicundez de toda su persona me atraen celebrando al compañero de viaje. El perro creo que se embarca de contrabando, porque cada vez que pasa un hombre de gorra numerada, la señora lo esconde bajo su chal de cuadros. Comenzamos la marcha. Dejo Florencia, donde creo que hay más estatuas y monumentos que habitantes, y me llevo tan grandiosos recuerdos. El niño y el perro distraen mi atención. Éste es muy noble: sabe que su tirano es un niño, y le humilla la cerviz sin abrir el hocico. El niño, hombre en embrión, tal vez futuro autócrata, le tira de la cola, de las orejas, se sienta sobre él, lo aplasta, lo arroja del asiento, y el Job de los perros, impasible, sufre y calla. Ni un gesto, ni un gruñido. Me mira con ojos lánguidos; yo entiendo que me explica la situación, y me dice: «¿Qué puedo hacer contra un niño? ¡Oh si fueses tú!... ¡te mordería!...» Entretanto el tren ha seguido en la planicie; la corriente del Arno, impetuosa, burbujeante, queda lejos; tenemos la línea de Venecia con sus veintiuna estaciones entre colinas, que son floraciones primaverales. Rifredi, Pistoia, Bagni della Porr, Vergato, Placencio, Padova, Ferrara, Monacelli, Mestre y tantas más. El tren comienza los piteos de llegada; yo sólo distingo una nube gris que envuelve algunos edificios, pero cuando comienza la entrada en la estación, el escenario cambia con rapidez teatral. Parece que el ferrocarril realizara el milagro de rodar sobre la superficie tersa y callada de las aguas, que parecen una luna azogada, pues todo lo reproducen, y desde el coche no se ven los rieles del gran Donk.

Estamos en *Venecia,* la única en el mundo por su naturaleza y su poesía. Tiene 151.840 habitantes. La estación ferroviaria es lindísima. Se toma el vaporcito, que por veinte céntimos de pasaje y diez por cada bulto de equipaje va por el Gran Canal, dejando los pasajeros en las estaciones o andenes desembarcaderos. Tengo recomendación para el hotel San Marcos; a él dirijo al *facchino* que ha tomado mi equipaje.

El canal grande viene a ser en Venecia lo que las grandes avenidas o bulevares en las poblaciones; por él, en vez de carruajes y automóviles, cruzan pequeños vaporcitos, bateles y sin número de las góndolas especialidad veneciana. La primera sensación al cruzar el canal es enteramente nueva y grandiosa. Un cosquilleo como de burbujas de fuego cruza por mis venas, y al pasar junto a los muros de esos grandes palacios que semejan a los castillos encantados de los cuentos infantiles, nuevas corrientes eléctricas estremecen mi organismo. Todas esas fachadas de labrazón artística son de mármol blanco, y las ventanas y ojivas cubiertas de vidrios de mil colores, que en la noche hacen efecto mágico. La iglesia que se ve al fondo, a la derecha, es la de la Salud.

Para ir a mi alojamiento me he bajado en la estación del Palacio Ducal, que está próxima a mi destino. Extraña impresión la que se recibe al transitar por calles donde no se ve un carruaje ni carros que atestan la vía. Se camina sobre losa, las veredas son andenes y la calle es río transitado por góndolas cargadas ya de comestibles, mercaderías o pasajeros. Mi hotel sigue el sistema romano: da alojamiento, mas no comidas, pero el alberguero me lleva a un precioso restaurant llamado *Pilsen*, a dos cuadras del albergo; tiene un estilo diferente de todos los vistos hasta hoy. El techo está formado por plantas trepadoras, de flores vivas en colores; las columnas internas son árboles, cuya fronda ayuda la labor de las enredaderas para tupir el techo; grandes focos eléctricos incrustados en los troncos iluminan el bosque durante la noche, y en el día, la luz del gran fanal del universo, llamado sol, esparce sus rayos a través del follaje. Una orquesta de violines, mandolines y citaras, de suaves y melodiosos acordes, acompaña el acto de la nutrición, y sobre las mesas caen flores y hojas arrancadas por el viento al pasar. Mi albergo está situado en el portal derecho de la catedral, en la plaza de San Marcos. Esta plaza mide 12.000 metros.

La belleza del templo es singular y tiene una faz poética, única en Europa, así como Venecia es única en el mundo: esas palomitas que pueblan toda la plaza, cuyos nidos están en todos los techos y cuya vida sustentan todos los habitantes y los viajeros.

En los portales, que forman cuadrado, hay grandes confiterías, que a las dos de la tarde instalan sus mesitas redondas frente a su puerta, en la plaza; todo el que se sirve un café, un helado o refresco, agrega dos céntimos para granos, que el mozo trae en un platillo; ¡nos proporciona un placer tan grande al derramar los granos y ver a las palomitas que hacen honor a la invitación! Yo no he tenido hasta hoy, en este viaje, un goce más ideal y puro que éste, y cuando me he levantado del asiento para ir hacia la Catedral, he recibido la suprema de las atenciones. Estas venecianas aladas y garbosas se han abierto en dos alas con pasito menudo para dejarme paso libre. Así, urbanas y educadas, son para todos los transeuntes; ellas, vestidas de un azul tornasolado, bien saben las reglas de la etiqueta y dan lecciones a muchos mozos de cordel y mozas de café. ¡Palomitas venecianas, poéticas y gallardas como las góndolas que conducen corazones y voluntades denunciadas en la trova del gondolero, yo os llevaré en mi recuerdo a través de los mares, allá donde mis golondrinas emigrantes rastrean con el sol de primavera! ¡Palomitas venecianas, venid, que mi alma os acaricia, porque he amado las aves desde mi infancia y he llorado la suerte de las *aves sin nido!*...

He entrado en la catedral de San Marcos, donde se veneran los despojos del evangelista, transportados aquí en 829. Llevo ya tanto acumulado en mi mente respecto a templos y construcciones, que la impresión se debilita; aquí, sin embargo, hay que inclinarse ante la simetría y la combinación del pórfido, el bronce, el ónice y la vidriería, que rivaliza con la espuma de los océanos y la gasa de las nubes.

Aquí hay columnas griegas con ornamentación bizantina, fragmentos de templos paganos y reliquias cristianas. Tiene la forma de cruz griega, dividida en tres naves: al fondo de la principal o central está el altar mayor, donde se guarda la pala de oro con dos mil piedras preciosas que abrió el surco para los cimientos del sepulcro de San Mareos, cuyo monumento se ve a la izquierda del grabado. Este ambiente de Venecia ha sublimizado mis anhelos como una caricia de mi madre, que fue virtuosa y bella mujer. En el escaño de la izquierda me arrodillo, adoro a Dios y siento que mi espíritu sube no sé si al cielo o al ideal; pero la materia no es pesada.

Necesito ir al correo. Mi guía me dice que no dista mucho la *Posta*

Centrale, y que pasaremos por uno de los puentes más hermosos entre los muchos que comunican una acera con otra. Vamos por la *mercería* contemplando las vitrinas de las tiendas, cada una de las cuales es una exhibición artística de manufactura veneciana. Las casas de cristalería, las joyerías repletas de corales, los espejos y encajes, los abanicos y pequeñas estatuas, los cuadros copia de pintores notables o inspiración de futuras notabilidades, detienen el paso y el tiempo resulta escaso para llenar mi programa.

Estamos en el hermoso *Puente de Rialto,* obra del siglo XVI, todo de mármol blanco, con incrustaciones de color, formando cenefa bajo la balaustrada; el largo es de 48 metros y 22 de ancho. A lo largo de la galería se encuentran negocios de pequeña escala, y desde el centro, que es una especie de vestíbulo o sala de descanso, se goza de una espléndida vista sobre el canal. Este puente es vía de la más importante comunicación con la ciudad; durante el día es concurridísimo. Pasado el puente, a la izquierda, está el *Fondaco dei Tedeschi,* que en otra época fue mercado y ahora oficina del correo central. Escribo y franqueo varias cartas y tarjetas postales; hago telegramas necesarios para mi excursión, y regresamos con dirección al Palacio Ducal. Mi guía me dice que necesitaremos cuatro o seis días para recorrer el interior. En los días de fiesta la entrada es gratuita, y en los de trabajo cuesta 1.20 liras por persona. Se cree que este palacio fue construido por Angel Partecepazio el año 813, pero el incendio que siguió a la sublevación del pueblo contra el duque Candiano IV lo destruyó; el sucesor do aquél, que fue el duque Pedro Orseolo, lo reconstruyó, y fue nuevamente presa de las llamas, contándose como víctima de tres grandes incendios, debiéndose su restauración a Antonio da Ponte. Lo exquisito del arte está en la ejecución del tallado, y la riqueza en ser todo mármol. En ninguna otra parte de Europa se ve un palacio de residencia particular semejante a éste.

La puerta llamada *della Carta* es la principal, obra de Bartolomé Bon.

Desde aquí se empieza a admirar estos soberbios tallados que parecen encajes o trabajos ejecutados sobre cera blanda y no mármol duro. Entrando se ve de frente la escala *Gigante,* llamada así por las estatuas de Marte y Neptuno que la adornan.

En el *Cortile* nuestra admiración se convierte en asombro. Creo estar en un palacio encantado; toda esta mole de mármol me parece obra de ensueño, donde el bronce brilla incitado por el níveo edificio. Saliendo por la escala *Gigante* se llega a la logia, cuyo interior está repleto de bustos, medallones de hombres ilustres. En la parte externa, que da a la plazoleta, son notables dos columnas de mármol rosa; aquí es donde el canciller leía al pueblo las sentencias de los Consejos de los Diez, que se celebraban en la sala llamada del *Maggior Consiglio,* cuyo techo y paredes pueden parangonarse con las de la Capilla Sixtina de Roma. Por la escalera llamada de Oro, construida por Sansovino, se llega al Vestíbulo, donde comienza esta galería gigantesca, iniciándose con obras maestras del Tintoretto, y vienen las siguientes salas: la de *Las cuatro puertas*, ornada de columnas de mármol oriental, con cuadros, todos del Tintoretto; la *Del Colegio y del Senado*; pasando por el corredor lateral, se llega a la anteiglesia, con cuadros místicos; luego la *Iglesia,* que fue la capilla del Doge; aquí luce el bronce en diversas formas, y el primer cuadro es aquel famoso *La Madonna col bambino* (La Virgen y el Niño), de Sansovino; se va a la Sala del Consejo de los Diez, que ya hemos mencionado. Esta sala es de las más amplias de Europa; mide 53.59 por 24.75 metros; sobre el trono está el maravilloso cuadro del Tintoretto *La gloria del Paraíso*; otro, admirable también, que representa la historia de Federico Barbarroja y Alejandro III. Siguiendo a la izquierda de esta sala se va al Museo Arqueológico. Los nombres de Sala del Escudo, del Busto, del Bronce, del Estuche, del Filósofo, etc., son nombres que responden a los objetos que contienen o a hechos verificados. La nombrada *Stanze del Doge* es primorosa por sus bajorrelieves y los bustos de los apóstoles en bronce; está dividida en tres pequeñas salas; en la segunda se ve un espléndido trabajo; representa la historia del divinizado Cisne, entre cuyas plumas se estremeció Leda al sentir el calor de Jove.

Con el espíritu elevado a regiones del arte grandioso, con el criterio ejercitado en noble comparación, llegamos a un contraste muy desagradable. Aquí está el *Pozzi* con sus doce celdas de piedra para prisioneros, y el *Piombi*, con sus celdas de madera. El Palacio Ducal está unido a las prisiones por un puente llamado del *Suspiro,* a mayor altura que los puentes de las calles. Este puente, las prisiones y el *Piombi* han dado motivo para infinitas leyendas novelescas, trágicas y políticas. Otelo nació en Venecia para la mentalidad de Shakespeare. Desandamos el camino, y en la puerta, nuevamente, me detengo a contemplar la gran fachada. Lo último que mi retina ha recogido es el gran león de San Marcos, de larga melena y alas, que entre sus garras sostiene el libro de Evangelios.

Durante las noches, en medio de este panorama mágico, mi mente está fundida en el grandioso mare mágnum del Palacio Ducal. Hoy buscaré escenario diferente; he encargado a mi guía que contrate una góndola por todo el día; quiero excursionar por el Gran Canal hasta el Adriático. El dueño del hotel que me hospeda tiene comedimientos delicados. Enterado de mi excursión, ha preparado un cestín con viandas y fruta, que recomienda a la hija de mi guía, quien va con nosotros y nos acompaña hasta el Molo, que es la plazoleta del embarcadero, donde espera la góndola con dos hombres que la tripulan. Soy la última en bajar, y aquí, sola entre cuatro personas desconocidas, me entrego a un desconocido inmenso como el lago que se confundirá con el mar.

Este Gran Canal, cuyo grabado ya tengo consignado en mis notas del día de llegada, es la arteria principal de la ciudad. Principia en la Salud y termina en Santa Clara, midiendo una distancia de más de tres kilómetros sobre un ancho que varía entre 50 a 70 metros. La góndola resbala sobre una superficie verde, tan clara como un espejo, donde vemos reflejarse la sombra de los edificios y nuestras mismas personas. Alguien ha llamado a ésta la *ruta del mármol viviente;* ¡qué exactitud de frase! Así es. El mármol vive y conversa con las aguas, donde cada golpe de remo le responde en lenguaje divino e inmortal. Hemos avanzado unas cuadras, siempre con edificios gigantescos. «Este es el *Palazzo Ca d'Oro,* señora», me dice el guía señalando el magnífico edificio, frente al cual nos detenemos unos minutos para apreciar los detalles de la obra, donde está la mano de los insignes Juan y Bartolomé Bou. Creo que mayor belleza no puede imaginar el artista para habitación humana. Creo también que si este palacio no estuviera sobre el agua con la góndola amarrada a los soportes de hierro esperando a sus señores, perdería mucho de su belleza y originalidad.

Mi guía sigue señalando y enumerando: «Este fue el palacio Tron; ahora es fábrica de muebles y vitrinas; este es el Museo Cívico, que visitaremos; aquel del frente es el *Palazzo Vendramix Calergi,* donde murió Ricardo Wagner el 13 de febrero de 1883; ese decorado con mosaico moderno es el antiguo *Palazzo Barbarigo,* ahora depósito de mosaicos; esta es la Prefectura, antiguo *Palazzo Corner;* este de ahora es el Gran Hotel; en el siglo XIV era *Palazzo Ferro;* fíjese en este, que es el más bello de los monumentos del estilo lombardo del siglo XV: es el *Palazzo Manzoni Angaran.*» Varias embarcaciones atracan a la estación situada en este punto; la nuestra sigue su derrotero: una lonja de tierra que se extiende desde Alberoni hasta el puerto llamado el Lido, que divide el mar Adriático de la laguna. Los vaporcitos que hacen el servicio del Canal llevan pasajeros, por veinticinco céntimos cada persona, desde la *Plazzeta* a Lido. Nosotros bajamos en el desembarcadero: aquí encontramos un servicio de tranvías eléctricos que va hasta el hotel *Excelsior,* atravesando por las poblaciones balnearias hechas en distintos puntos del plano, sobre los magníficos jardines que tapizan de flores la pradera. Aquí están el Hospicio marino, la Casa paterna, casas para niños raquíticos, otra para niños suizos y el mencionado hotel Excelsior, una verdadera creación de la fantasía italiana con elementos japoneses o asiáticos. La entrada es un gran vestíbulo decorado con surtidores de agua y plantas tropicales de grandes hojas, cuadros al óleo y vidriería de colores. Consta de tres pisos, a los que se asciende por una escala amplia, de rambla insensible, toda de mármol, cuya blancura resalta en el color de cada piso, pues el primero es rojo, aquel que llaman *Sangre de toro;* aquí todo es rojo: paredes, muebles, vestido de camareras y mozos; el segundo piso es amarillo, todo amarillo, y el tercero azul. En éste se encuentra la gran terraza, con vista al mar, donde está el restaurant, provisto como en las grandes ciudades, y una orquesta de veinticinco profesores, vestidos con chaqueta lacre, calzón corto y media de seda, completa la decoración de este Lido fantástico, donde pasea la sombra melancólica de Desdémona sin presentir la traición de Yago ni las iras de Otelo.

En los tiempos de la República se celebraba en Lido la fiesta de los esponsales con el mar. Cada año, el día de la Ascensión, se reunía el pueblo, de gala, entre música y flores, para cantar la belleza y la fortuna. ¿Es la fiesta de Tetis, la primera de las divinidades del mar, hija de Urano y la Tierra, esposa del Océano, su hermano, de quien tuvo a las tres mil Oceánidas? No; los Dux arrojaban al mar su anillo de oro como signo de fidelidad a la República. Nosotros también saludaremos al mar.

Invito un refresco a mis acompañantes y me resuelvo a dejar esta mansión ideal, donde he soñado despierta durante unas dos horas de mi existencia. Recorremos algo de los jardines públicos. Los tranvías son frecuentes; encontramos uno y regresamos al embarcadero. La tarde se inicia sin amenazar lobreguez, porque la luna ha de interponerse con su blancura de vestal.

«¿Hay peligro en la entrada al mar?», pregunto al guía. Me asegura que no, porque a prevención ha tomado esos dos hombres y podrá usarse doble remo. Como la hija del guía forma parte de la excursión, las palabras de confianza desvanecen mis momentáneos temores. Las aguas mansas comienzan a burbujear, mostrándonos oleajes y espuma, que van aumentando. Hemos confundido ya del todo el elemento salobre con el dulce, y la línea divisoria no es distinguida por la imaginación, que revolotea en medio de estas aguas como gaviota que busca playa donde posar. La noche nos rodea, los gondoleros han encendido los farolillos de la góndola y vemos en diversas direcciones barquichuelos de pescadores remando mar adentro. La luna se ostenta con toda su belleza en un cielo sin nubes, y la hija de mi guía, Eleonora, preludia una barcarola, que anima a los gondoleros: *La biondina in gondoleta*. ¡Todos cantan y yo permanezco silenciosa, aturdida por una grande emoción y un recuerdo infinito!... ¡Juana Manuela Gorriti!... Si la novelista argentina hubiese bogado aquí, en mi lugar[92], ¡qué joyas exquisitas hubiese labrado para la literatura de América, ella, que con sólo el poder de su brillante imaginación, y a través de sus lecturas, escribió aquella narración, *Una noche en el Adriático!*... Echo una ojeada dentro de mi alma, encuentro sólo tumbas, no quiero entristecerme, vuelvo a la vida, hallo cadenciosa la canción de mis compañeros, suave, rítmico también el balanceo de mi góndola, cuyos farolillos parecen avergonzados en presencia de la reina de la noche.

Se suceden unos momentos de silencio. En mi imaginación revolotean mariposas en forma de recuerdos; veo mujeres envueltas en gasa tenue, que deja ver las palpitaciones del seno, cubiertas con antifaz negro, donde brilla la fosforescencia de la mirada en dos ojos ovalados

---

92 La edición de 1909 dice «en mi hogar».

por el terciopelo, próximas a desmayarse junto al caballero que va en la góndola; se me presentan figuras gallardas envueltas en largos mantos fúnebres, entre el ataúd de la negra góndola, ceñido el acero para imponer el amor o castigar la traición; veo estos enormes palacios surgiendo del agua como lirios blancos, y en la callada superficie, rielando suave, al divinizado cisne entre cuyas plumas se estremeció Leda al sentir el calor de Jove.

¡*Aoé!* Esta exclamación, lanzada por el gondolero, que va de pie, me vuelve a la vida; mis compañeros no han soñado como yo; la hija del guía me dice: «En el cestín de la mañana aún queda fruta y vino.» Verdad. Convido un vaso a los remeros y comparto con Eleonora un racimo de uvas. «Gondolero, cante otra cancioncilla, que los compañeros seguirán», digo al más joven, que acaba de enjugarse los labios con la orla del pañuelo de seda atado al cuello. Las voces vuelven a entonar la *Cantata al mare* y seguimos bogando, bogando hacia el Gran Canal, el conocido bulevar que estos buenos venecianos llaman *Canalazzo*.

Todos los palacios están iluminados: la vidriería de colores ha convertido la visión blanca del día en morada de hadas, donde colibríes ideales revolotean entre el agua y los muros.

Nos detenemos frente al *Palazzo Ca d'Oro.* Siento mi espíritu inundado de una fuerza misteriosa, algo como renovación de savia; mi alma se agranda, mis ideas se envuelven en diafanidad infinita; me parece que desde este momento amo más a mi patria, a la humanidad, y encuentro lo real de la dicha de vivir.

¡Noche solemne en el Adriático, noche inolvidable!... ¡Plegaria de las olas respondida por los astros!... Los gondoleros han quedado contentísimos con la propina. Su contrato fue por 15 liras y les doy 20. Nosotros seguimos al *Pilsen.*

En la *Torre del reloj,* con incrustaciones de mármol griego, construida por Pedro Lombardo en 1496, han sonado las ocho vibraciones de la noche. En esta torre, que está al lado de la *Procuratoria vieja,* se halla el famoso reloj, obra de los hermanos Pablo y Carlos de Reggio, que dos moros gigantescos golpean cuando dan las horas.

En la *Piazzeta* están esas dos columnas de granito como centinelas del templo de la Historia. Ésta sostiene una estatua que a punto fijo no se sabe si es de San Jorge o San Teodoro; la otra ostenta en su cúspide el símbolo de la ciudad: un león con alas de águila, que entre sus garras sujeta el libro de los Evangelios.

Ciento cincuenta islas forman Venecia; tiene 39 iglesias católicas y varios templos de otros ritos: el Seminario y tres escuelas, la Academia de Bellas Artes, el Ateneo y cinco teatros: *La Fenice, Rossini, Goldoni, Malibran* y *Minerva*.

Hay tres compañías de navegación a vapor que hacen competencia a las góndolas, que por reglamento municipal no pueden llevar más que seis personas, y a los bateleros, que admiten ocho. El pasaje máximo en los vaporcitos, como ya anoté, es de veinticinco céntimos por persona; las góndolas cobran quince céntimos en góndola de un remo, 1.30 liras a dos remos. El reglamento obliga a los bateleros y gondoleros a no fumar durante el servicio, a responder de los objetos llevados por los pasajeros, ser cultos en el lenguaje y corteses en las maneras; prescripciones que las he visto cumplidas.

Me han ponderado la iglesia de San Zacarías, y allá voy. Pasando la portada se encuentra la estatua de Víctor Manuel II, obra de Ferrari, erigida en 1887. Por la izquierda hay un pasaje que conduce al panteón de San Zacarías y a la iglesia del mismo nombre, originaria del siglo XV, de estilo gótico, y contiene cuadros notables en cada altar interior. En la fachada hay un balconcillo circular, donde está la figura de Zacarías. Actualmente están refaccionando el interior en obra de albañilería, lo que impide pasear sus naves. En uno de los altares están los originales de los más bellos cuadros de Juan Bellini: *Madonna, San Pedro, Santa Catalina* y *Santa Ágata*.

A la salida visito el hospital, que está situado a la derecha del templo. Es una pobreza notable la del establecimiento de caridad. Son dos los juicios que surgen: en Venecia hay pocos enfermos o pocos pobres.

Hasta ahora no conozco el interior de un arsenal, y mi visita será al renombrado que aquí existe, y que es uno de los más grandes de Italia. Tiene cuatro kilómetros de circunferencia sobre 332.000 metros cuadrados de superficie. La portada de ingreso está ornada con el león de San Marcos, la estatua de Santa Justina y cuatro leones antiguos de mármol traídos de Atenas por Francisco Morosini en 1687.

Subida la escalera, a la izquierda está el Museo naval, interesantísimo. Aquí se *ha hecho* la historia de la navegación en bulto, coleccionando desde la vieja galera hasta la barca actual, los buques de vela primitivos y hasta los mercantes y los acorazados del siglo. Muy interesante es el modelo del *Bucintoro,* que servía en las fiestas del Estado al duque y los nobles. Aquí se ven colecciones de cartas de mar, planos de fortalezas y un madero que se usó el día de la fundación del arsenal. En la sala superior está la colección de armas y el estandarte tomado en la batalla de Lepanto. Armaduras de todas clases y de todas las épocas del hombre guerrero, excepto la que Caín empleó para sacrificar a su hermano Abel. En otra sección están los diversos instrumentos de tortura de la Inquisición, y al final el grandioso monumento a la memoria de Canova, los de Pasani, Bragadín, bustos de Napoleón, Dandolo, Mocenigo y el rey Humberto I. A un costado del arsenal, ya en la vía Schiavani, está el lindo monumento a los soldados venecianos que prestaron auxilios en las grandes inundaciones del año 1882.

Venecia, que es todo belleza y poesía, no cambia sus tendencias ni aun al tratarse de su industria: en ella prevalece la obra del arte y del ideal. Encajes, mosaicos, espejos y vidriería, coralinas y chucherías femeninas constituyen el filón más explotado después de los cuadros de pintura. He visitado tres fábricas de encajes. Una en la isla Burano, donde más de cuatro mil mujeres tejen estas telas impalpables como la espuma con que el Adriático saluda las costas que son vergeles, hormigueros de hadas. Sólo así se explica la cantidad de encajes que salen de Venecia a todas partes del mundo, para satisfacer los anhelos de las elegantes.

He ido a dos fábricas de cristales, donde he visto instalaciones de muestrario que las parisienses querrían para idealizar las vitrinas de los grandes bulevares. Aquí he mandado hacer en mi presencia objetos de recuerdo: las coralinas pulidas y acondicionadas por manos femeninas, así como los collares y dijes de vidrio. La hora del desfile de las encajeras ha sido de diversión agradable para mí, porque he estudiado el tipo tan gallardo de la veneciana madura, envuelta en su mantón floqueado, y el de la muchacha que va en cuerpo, con la falda corta, pie calzado con bota de tacón alto y la cabeza adornada con rizos de cabello oscuro. Estas obreras que salen por miles de las fábricas, llevan el bullicio y la alegría a la ciudad, muerta durante las horas de trabajo, y la plaza de San Marcos, que más parece patio, se convierte en gran salón, donde las bandas de música tocan todas las noches de ocho a diez en el kiosco situado en la parte izquierda al salir de la basílica. Los portales, profusamente iluminados, y las tiendas, enjaezadas con mosaicos, dan un bello aspecto. Si se camina dos cuadras, el Gran Canal está atestado de góndolas, que no sé dónde pasan el día, y esos gallardos gondoleros, con sus trajes blancos y banda roja, entonan canciones con voces dulces y correcta entonación. Ya se sabe que en Italia todos son músicos y artistas.

Tengo mis horas contadas. ¡Qué tristeza siento al ver acercarse el momento de la partida! Yo también puedo exclamar con el poeta:
    Un desiderio de morir si sente.

Los ideales que tuve respecto de esta reina del Adriático, un día terror de Oriente y amenaza de Occidente, señora de Chipre, Candía y Morea, no se han esfumado como tantas ilusiones de mi edad primera; me alejaré de ella con mi alma saturada de amor y de poesía, que amor y poesía es Venecia.

Y así tiene que ser. Mañana, otra vez arrellanada en el asiento del tren, iré en demanda de otras playas desconocidas, y más tarde volveré a cruzar el océano en pos de mis lares y de la segunda patria de mi corazón.

El tren para Milán sale a las 7:05 de la mañana. Ya estamos. El hotelero, las camareras, todos me han rodeado de consideraciones, así como el guía, sin pretensiones superiores a la tarifa establecida. Quiero ir a la estación en góndola; mi equipaje ya está embarcado y doy el adiós a estas buenas gentes.

Al cruzar por la plaza de San Marcos aún me detengo a contemplar éste, que es el corazón de Venecia, con los testigos de su esplendor y poderío, con el atractivo de su hermosura. El café de Floirán es uno de los que pone mesitas y asientos en la plaza: al verme sale atento y me ofrece una taza de café; la acepto, no tanto por el deseo de tomarlo como por encontrar ocasión de obsequiar por última vez a estas azulinas graciosas palomitas que en las horas del té o del refresco han subido sobre mis hombros, y confiadas, me han arrebatado los granos de maíz. Adiós, haladas amiguitas.

Hay pocos pasajeros. Voy sola en el coche de seis asientos; una comodidad deseada por los que viajan. La hora es. El tren pitea y comienza a moverse. Estoy asomada a la ventanilla con mi alma toda en los ojos y los recuerdos en el corazón. Venecia, que vive apacible oyendo la plegaria de las náyades del Brenta y los cantos de las sirenas del Adriático, huye de mí, fugitiva, ligera: en la costa apenas se distingue una línea de plata trazada por el genio de la leyenda; el azul del cielo se hace más extenso en tanto que el verde va matizando un nuevo cuadro de intenso efecto, por la brusca transición de escenas y escenario.

Venecia se ha esfumado en el zafirino espacio, y para mí ha concluido un cuento oriental.

Murano, Dolo, Barbariga, Ponte de Brenta, Padova, ha ido gritando la voz del guarda a la llegada de cada una de las estaciones. De aquí a Verona, donde pienso bajar, hay todavía nueve estaciones, siendo la principal *Vicenza*. Entretanto, la vía es una sucesión de panoramas formados por montes, colinas y vallados de una hermosa vegetación; esta campiña milanesa es la más fértil de Italia.

Verona. Ahí está, sobre una inmensa llanura que cruza el Adige. Tiene el aspecto de un cementerio con sus cúpulas, torreones, campanarios y boscaje de cipreses que se consagran a los muertos. Es un capricho de turista el que me hace bajar, sólo con el propósito de visitar la tumba de los amantes de Verona, dichosos y más ideales que Eloísa y Abelardo. Éstos, que inmortalizaron su pasión con la forma epistolar, tuvieron la intervención de la materia y de lo grotesco, mientras que Julieta y Romeo entregaron su eterno amor en un eterno ideal, y dichosos fueron hasta llegar a lo sublime, sin haber visto la agonía y la muerte del amor en el tálamo, dejando su herencia de inmortalidad a la pluma de Shakespeare. ¡Ay, realidades de la vida!

El sepulcro es sencillo, pero con la idealidad de las flores de tallo delicado que trepan las rejillas, abren la corola y exhalan su aroma sobre aquellas cenizas virginales.

Las viajeras que creen en amuletos se llevan pedazos de piedra de este sepulcro para hacerse dijes: yo he arrancado una campanilla azul y roto una ramita de ciprés, que disecados irán a manos de una amiga romántica. La proximidad de las principales estaciones de *Peschiera, Desenzano, Rezzato* y *Brescia*, asegura cualquier contratiempo ferroviario, mas yo he aprovechado los veinte minutos de parada y sigo en el mismo tren. Pasando *Ospitaletto, Rovato, Chiari, Calcio, Marengo* y *Vidalengo,* hacemos otro largo descanso en *Tresiglio,* donde se sirve bien en los albergos de la estación y hay abundancia de vendedores de cestines con provisiones. Aquí empieza la región de los lagos, especialidad de estos paisajes que anuncian la proximidad a la encantada Suiza, y los funiculares que infunden vida de araña a los coches que trepan las montañas.

Pasada la estación de *Lonato* se presenta a nuestros ojos el lago de Garda, preciosa maravilla de la naturaleza, con todo lo que le hizo ser llamada por Carducci *fiore della penisole,* envuelta en verde manto recogido en las orillas:

Lieta net baezo deli eterno amante che mollemente le si prostra al pie.

Este lago es el más bello y uno de los más grandes de Italia. Tiene 52 kilómetros desde Desenzano a Riva, y 17 de Minerva a Garda. Desenzano está en el declive; al bajar del tren pueden tomarse ómnibus, que llevan a bordo. El vapor *Zanardelli* es el más grande y elegante que cruzó las aguas de este lago, y dirige su proa a la isla *Sirmione.*

En todo el contorno del lago hay poblaciones pintorescas, así como en el lago de *Como*, que si bien menor en tamaño, no lo es en belleza y poblado. Estos grabados conservan imborrables los detalles de las vistas edénicas que el viajero admira.

El Lago Mayor, antiguo *Verbano,* mide 65 kilómetros, y en circuito unos 217 y la profundidad varia entre 360 a 370 metros. Lo forma principalmente el río que desciende de los Alpes Lepontinos, y corre hasta Calende, tomando de nuevo su forma con el nombre de Ticino, con el cual atraviesa la llanura lombarda a Pavia, donde se junta con el Po. El Lago Mayor tiene otros tributarios como el *Canorobino,* el *Tresa,* el San Bernardino y otros. El agua es límpida, tranquila, rica en peces de la mejor calidad: se halla a 195 metros sobre el nivel del mar, y la temperatura no varía aun en el rigor del invierno; así sus comarcas tienen frutos exquisitos de las regiones templadas. Diferentes compañías ferroviarias van a Lago Mayor, la del Gotardo a Locarno y Luino, la Sociedad Lugano a Luino, la Eléctrica Veresina, la del Estado de Arona, Stresa, etc., y ningún viajero que llega a Milán, la metrópoli lombarda, deja de visitarle.

Hemos hecho la mayor parte del recorrido entre Brescia y Meizo; nos queda sólo la estación antepenúltima; ya distinguimos la ciudad privilegiada que orna el suelo fértil de Lombardía, la que responde a todas las exigencias de vida, industria, agricultura, comercio, artes; el progreso, en fin, de Italia: *Milán.*

No llego tan de incógnito ni tan desconocida. En la Estación Central me esperan amigos que tienen alojamiento preparado en el *Hotel Passarella,* cuyo propietario ha estado en la República Argentina; allá fue de inmigrante, hizo su fortuna, y regresó a la patria en busca de su familia.

Tomamos un automóvil para ir al hotel. ¡Qué contraste tan brusco recordando la locomoción veneciana! Mis amigos, deseosos, creo, de que recoja las mejores impresiones a la llegada, han dicho al *chauffeur* que vaya por el Arco de la Paz y se dirija por Corso Victor Manuel a la vía Passarella, 24, paralela al Corso.

La animación y el bullicio de estas calles me aturde. Parece que me he acostumbrado a la quietud de Florencia, la de la flor de lis, y Venecia, la de las góndolas, donde he vivido entre estatuas, bustos, pinturas y monumentos que en su mudez elocuente sólo hablan a las almas, dejando tranquilo el oído. El hotel es confortable. He dormido un sueño reparador: me levanto tarde; tomo un baño caliente y me preparo a caminar durante el día, acompañada de una señorita que el hotelero me da. En la primera librería compramos una guía de la ciudad con horario de trenes, y nos dirigimos al centro de la vida y actividad milanesa: a la plaza del Duomo, donde está la famosa Catedral, esta maravilla que levantó Galeazo Visconti, autor también de la Cartuja de Pavía. Las guías dicen que no se sabe quién ideó esta arquitectura, y se cree que el diablo, envidioso, arrebató el cuerpo del fundador para que no recibiera suntuosa sepultura, y que él mismo borró con su cola el nombre del arquitecto. Curiosa la conseja, mas vamos al asunto.

La Catedral de Milán, cuya mayor altura mide 109 metros, parece obra sobrehumana: todo el edificio es de mármol blanco; al exterior tiene noventa y ocho nichos con pequeñas figuras y dos mil cuatrocientas estatuas, cada una de las cuales revela un genio artístico. La gran Puerta de Bronce es otra maravilla, producto de la Fe y del Genio. Pesa ciento diez quintales, se abre y cierra merced a una combinación hidráulica, semejante a la que hoy se usa para los ascensores, quedando la instalación en un subsuelo subterráneo. Los bajorrelieves en el bronce están incrustados de piedras preciosas y representan escenas de la vida de la Virgen María. La puerta da al Oriente y luce como otro sol rival del esférico que se esconde en la tarde para lucir la blancura de su esposa melancólica la blanca luna.

Entramos. La luz se proyecta por las ojivas, cerradas con vidrios de colores, representando escenas bíblicas del estilo de los templos europeos; el golpe de vista del interior es solemne con la presencia de cincuenta y dos colosales pilastras de mármol en un espacio de 148 metros. A los lados se distribuyen esculturas, pinturas en quince altares, sobresaliendo la estatua de *San Bartolomé*, desollado, y el famoso candelabro de bronce, de siete brazos. Para descender a la cripta, que está delante del altar mayor, donde se halla la tumba de San Carlos Borromeo, se paga una lira, y para ver el cuerpo de Carlos cinco. Las pago. La entrada está por la sacristía, al norte. La capilla es muy linda; la rodean bajorrelieves de plata, y en una urna de cristal está el cuerpo de San Carlos Borromeo, que consagró esta Catedral.

Mi compañera me dice que podemos subir a los techos pagando veinticinco céntimos por persona, y a la torre mayor por otros veinticinco céntimos. Nada me arredra en este deseo de ver de cerca éste que desde el suelo parece un bosque de varas de azucenas o margaritas. Hemos ascendido la escalera del ángulo derecho, nos encontramos en una altura de 108 metros, y se presenta a nuestra vista un panorama deslumbrante, algo como un nuevo mundo separado del mundo vulgar y vivido. El bosque de azucenas se ha convertido en bosque de lanzas puntiagudas. En tan extraña situación, extiendo la mirada hacia el Sur; allí está la cadena de los Alpes: el Monte Viso, el Monte Cenis y la Superga, que esconde a Turín; el Monte Blanco, el San Bernardo, Monte Rosa, Cervin, Michavel, el Simplón, el San Gotardo; miro al este y diviso el Ortler; al oeste los Apeninos y las veletas de las torres de la Catedral de Pavía. Hay algo anormal en mí; tal vez el vértigo me amenaza, e inconsciente varío el curso de la mirada. Me inclino, y a mis pies está otro espectáculo tan grandioso como el que me ha mareado. ¡Milán! ¡Mi busto se yergue entre este bosque blanco, y mi espíritu está de rodillas!... El humo de las chimeneas de sus mil fábricas remeda a las nubes flotantes; que al oscilar agrandan o empequeñecen las torres, los edificios, los jardines públicos, los castillos y torreones. ¡Panorama grandioso! Con razón Napoleón I se hizo coronar en Milán rey de Italia, y con más razón todavía, los italianos han levantado en la plaza del Duomo la hermosísima estatua ecuestre de Víctor Manuel II. Comenzamos el descenso de las quinientas escaleras que nos trajeron, y salirnos nuevamente a la pintoresca plaza. Me encuentro tan fatigada, que pido a mi compañera el ir a sentarnos en uno de los bancos públicos, y desde allí paseo mi vista entre la mole blanca de la Catedral y el gran monumento a Víctor Manuel.

Como se ve, la torre aún no está terminada, y hace 500 años que se trabaja en ella. El monumento a Víctor Manuel, colocado entre otros varios que hay en el circuito, es obra soberbia del escultor E. Rosa, fundida por Barigozzi y Barzaghi. La estatua, de bronce, se eleva sobre una base de mármol y pérfido, en cuya escalera se ha imitado el lienzo blanco que se extiende en tiras; a los lados hay dos leones de mármol: uno representa el pueblo italiano que defiende su patria y el otro al pueblo victorioso sobre el extranjero. Los bajorrelieves de bronce representan episodios de la guerra de la independencia italiana.

Ansío un largo descanso, pero como la distancia a mi alojamiento es tan corta, no vale la pena de tomar carruaje; así que nos dirigimos por la ruta vía Mercante, ángulo de la plaza, y pasamos por la suntuosa galería Víctor Manuel, donde tomamos una taza de té en la primera confitería.

En esta vía Mercante está el palacio del *Giureconsulti* con la espléndida torre del Orologio, que muy bien se distingue en el grabado, y la hermosa galería, cuya primera piedra puso Víctor Manuel en 1865, es la más bella de Europa, en forma de cruz, lugar preferido por los milaneses para sus reuniones de café o club. De noche tiene una iluminación espléndida; va a desembocar en la plaza de la Scala, donde está la bellísima estatua del artista y matemático Leonardo de Vinci, rodeado de sus *allievi* predilectos.

A un lado de la plaza está el palacio Marino, residencia del Municipio de la ciudad de Milán, y por otro el renombrado teatro de la Scala, donde antes fue la iglesia de Santa María de la Scala. Este teatro, máximo templo del divino arte, tiene en el atrio las estatuas de los principales maestros de música antiguos y modernos. Este grabado está tomado desde la sala escénica y se ven al fondo el palco real y el del Municipio. El palco escénica mide 37 metros por 25. Puede contener 3.600 espectadores; fue construido por el arquitecto Piermarini en 1776.

Para visitarlo de día se paga cincuenta céntimos.

En Milán hay catorce teatros más, siendo de ópera el Lírico, Dal Verme y Carcano; de comedia, el Manzoni, Filodramatici, Comedia, Olimpia y Módena; los restantes de otros géneros.

El recorrido de hoy será en carruaje, pues el itinerario así lo exige. Vamos a la plaza de la Rosa para conocer el bello monumento al poeta, soldado, patriota y parlamentario a quien el pueblo italiano llama el *Caballero sin tacha y sin miedo*, Félix Cavalloti. En efecto, es bellísima. En la parte superior está la figura de Leónidas, uno de los héroes preferidos y cantados por Cavaloti: en torno están las figuras esculpidas en el mármol representando episodios de la vida del poeta. Tan exquisita obra se debe al escultor E. Bazzaro, que puede formar parangón con el monumento al estadista Camilo Cavour. Éste se yergue en la plaza Cavour: sobre el hermoso basamento está la imponente figura del hombre, que lleva en la mano derecha el pliego de anexión, y en el pedestal la figura simbólica de Italia escribe el nombre del defensor de sus derechos.

Cruzamos todos los jardines públicos y llegamos a la Villa Real. El edificio nada tiene de valor que sobresalga a lo mucho de su género que he visto, y toda la belleza está en los jardines y sus aguas mansas pobladas de aves diversas, entre ellas el pelicano y los cándidos cisnes. Mucho más interés histórico despierta el Castillo Sforzesco, construcción del siglo XV que ha vuelto a su antiguo esplendor por la restauración hecha en su arquitectura por Lucas Beltrami, artista, senador, que inauguró la *Torre di Fedarite* en memoria del rey Humberto I el año 1905.

Después de dar una vuelta completa en rededor del Anfiteatro, que aquí se llama simplemente Arena, bajamos del carruaje para dar un paseo y nos sentamos en una de las gradas del gran circo, pensando en aquellas ruinas del Coliseo de Roma y del Anfiteatro de Pompeya. La Arena fue construida por orden de Napoleón I en los albores del siglo XIX, por el arquitecto Canonica, y puede contener treinta mil espectadores.

Cuando regreso a mi alojamiento, casi entrada la noche, encuentro a mis amigos que me esperan. Les doy cuenta de mi excursiones, celebran la fortaleza de voluntad para haber subido a la torre-campanario del Duomo, y me piden que vaya a conocer Arona. «No saldrá usted de Milán sin haber visto la estatua de San Carlos Borromeo, imposible», me dicen casi en coro. «Ya he visto su tumba y su cuerpo.» «Eso no es lo mismo; aquí se trata de algo que usted debe ver y sabrá ver.» «Y bien; mañana iremos.» «¿Quiere usted ir temprano? Tomaremos el tren en la via férrea de Milán a Arona, y regresaremos en un vapor del Lago Mayor.» Convenido. Yo tenía noticia vaga de la estatua que vamos a ver. Mis amigos esquivan detalles, y la conversación se anima con otro asunto. Se trata de la veracidad de los corresponsales de diarios americanos. Uno de ellos, que es periodista, dice con mucha gracia: «El aire del mar descompone los productos que no van bien acondicionados; no es para extrañar que las verdades, mandadas por el cable, al llegar a la América resulten mentiras.» «Defiende el gremio», dice el otro. «Ya, ya», repite aquél, poniéndose de pie, recogiendo las valijas de mano. Efectivamente; estamos en Arona, una pequeña ciudad de 4.500 habitantes, donde nació San Carlos Borromeo, de cuya familia era feudo esta ciudad. A cuarenta minutos de la estación está el lugar donde se eleva la estatua de hierro batido sobre base de granito; mide 35 metros de alto. Para darse idea exacta de la enormidad de la estatua, es preciso visitar el interior, porque es hueca, y una escalerilla que parte de la base va hasta la cabeza, que es una especie de cámara redonda; mide 6 metros 50 centímetros, y se puede estar de pie cómodamente paseando de una oreja a otra, donde hay ventanillas que dan luz y aire, e ir a la nariz, donde también se encuentran claraboyas respiratorias. La estatua es una curiosidad mundial, y razón tuvieron mis amigos al no detallarla para no amenguar mi sorpresa. Medito unos segundos dentro de esta cabeza tan grande y hueca, y se me presenta la sombra de hombres que van así por el mundo negando a las mujeres el derecho de pensar porque tienen cabeza pequeña y cabellos largos.

Emprendemos el viaje de regreso a Milán en uno de lo elegantes y lujosos vaporcitos, cruzando el Lago Mayor, que llevo mencionado y descrito en otra parte. Este día es uno de los más hermosos de mi excursión.

Antes de dirigirme a Brera quiero visitar el templo donde vivió un genio artista. La casita y la tumba de José Verdi, el inspirado por las arpas eólicas, que con las notas de *Aida* más de una vez estremeció mi corazón en la edad de la flor y de las ilusiones. Pobre, modesta estancia, y allí el *Museo Verdiano,* con objetos preciosos; más allá la tumba donde duerme en silencio quien vivió inundando el espacio de sublime armonía. Cincuenta céntimos cuesta el visitar el Museo y la tumba del maestro. Siempre el interés y la moneda entre lo grande y lo inmortal.

Voy al Palacio Brera, donde está la Biblioteca Nacional, fundada por María Teresa en 1770. No es suntuosa, pero contiene en la actualidad 300.000 volúmenes, 130.000 opúsculos, 3.000 autógrafos y manuscritos, superior a la Biblioteca Ambrosiana de la plaza Rosa, que tiene solamente 200.000 volúmenes, aunque sus códices y manuscritos llegan a cerca de 15.000, debido a su antigüedad, pues la fundó el cardenal Federico Borromeo en 1609. Esta última tiene entre sus pinturas el famoso fresco de *La Coronación,* de B. Luino.

En la galería Brera hay un cuadro sin igual. *Los desposorios de la Virgen María*, obra de Rafael. Conserva una frescura maravillosa, y los personajes principales parecen vivientes.

Hay un cuadro en Milán rival del de Rafael. Está en el refectorio de Santo Domingo, contiguo a la iglesia de la Gracia; es el de *La Cena,* obra de Leonardo de Vinci, cuyas oleografías corren por el mundo admiradas dondequiera que el arte se manifiesta. Desgraciadamente las restauraciones amenazan de muerte esta creación del émulo de Miguel Angel y Rafael.

El Cementerio Monumental, que más bien se llamaría museo de escultura, ocupa un área de 120.000 metros cuadrados; tiene obras grandiosas, y de notable su osario y el crematorio, que es superior al de París en el *Père Lachaise.*

Mi tiempo ha corrido veloz y tengo que salir de este Milán, emporio de actividad, donde la industria ha reunido todas las fábricas, donde se elaboran los mejores artefactos, inclusive las obras tipográficas, y donde el nombre italiano tiene repercusión en la campiña, en el mar, en las rocas, en sus lagos y en el seno de la montaña, pues perforó el ferrocarril del Simplón.

El tren partirá a las diez de la mañana. Minutos antes estoy en la estación y me despido de mis amigos.

La Naturaleza no se cansa en estas regiones en su sorprendente obra de bellezas, cuya variedad es infinita.

Las noches pasadas en los ferrocarriles son las únicas notas pesadas que tengo en el viaje.

Hemos caminado sin descanso, porque las paradas en cuatro estaciones del tránsito han sido rapidísimas, sólo para recibir pasajeros. Es el segundo día de marcha; a las dos de la tarde los empleados del ferrocarril comienzan a encender los faroles y a cerrar las ventanillas, dando la voz de prevención.

¿Qué pasa? El tren va a entrar en ese boquerón enorme, puerta que comunica la Europa del Centro con la del Norte. El túnel del Simplón, cuyo trayecto es de treinta y cinco minutos, con sus tinieblas me ha hecho el efecto de una tregua que la naturaleza da al hombre para que su mente y su vista tomen un respiro, si así puede llamarse en esta constante exhibición de la grandeza y la fertilidad de una región privilegiada.

Italia, el jardín de Europa por su belleza, el templo sacro de Europa por sus recuerdos históricos y obras de arte, el paraíso de Europa por su cielo, su música, la cadencia de su idioma y la cultura de sus gentes, la bella Italia, donde orea la frente el aura de la libertad; ella, con sus exhalaciones del Vesubio, su nido ideal de Venecia, su poesía milanesa y su rigidez florentina, acaba de esfumarse mi vista, arrancada por la rapidez de la locomotora; pero queda algo imborrable en mi vida.

Italia grande, Italia artística, te llevo en la mente y mis recuerdos quedarán grabados en las páginas de un libro.

Suiza

Entramos por el túnel del Simplón a las entrañas de los Alpes por la región italiana, y hemos salido por la puerta que comunica Europa Central con el norte a esta otra maravillosa floración terrestre llamada la Suiza, que forma la Confederación Helvética, pasando de sorpresa en sorpresa al pie de la montaña, unas veces granítica, rocallosa y pelada, otras cubierta de vegetación soberbia, pero siempre acariciando a sus pies las poblaciones de poética arquitectura y los lagos, que son verdadero ensueño azul.

Imposible es que la pluma de mayor pujanza pueda describir estos paisajes ideales, ni darles el colorido que la Naturaleza ha derrochado para lucir la obra, que parece creación divina, realizada en un día en que el Gran Artífice ha querido maravillarse de sí mismo. El hombre también, como rey del Universo, ha colaborado aquí con su audacia, su inteligencia y su fuerza. Las más elevadas cimas donde moraba el águila las ha ganado el funicular, y ahora allí se encuentran instalados hoteles magníficos con todas las comodidades y exigencias del siglo XX, y los lagos son surcados por hermosos vapores a cuyo servicio se debe el desarrollo de las industrias, especialmente en el orden de tejidos. Las interminables plantaciones de morera que forman los bosques del trayecto denuncian la abundancia de ese eterno trabajador llamado gusano de seda; las fábricas se hallan diseminadas en toda la campiña, agregando a la belleza del sitio la elegancia del estilo de construcción. Llueve; el día es triste y frío. Las dificultades creadas por mi ignorancia absoluta del idioma alemán se han salvado con la presencia de uno de los agentes de hotel, que habla italiano y francés, un poco de cada cual. Son las seis de la tarde; llegamos a Lucerna; el agente toma mis valijas y me conduce al hotel *Waldstätterkof & Savoy,* situado enfrente de la estación, hermoso edificio que tiene todas las condiciones deseables. Ciento cincuenta dormitorios, restaurant, comedor amplio, servicio esmerado, confort moderno y precios razonables. Mi permanencia en Lucerna va a ser corta, así que no desperdicio minutos para recorrer la bella ciudad, digna del panorama exterior que la rodea. Casi todas las casas son de cinco pisos; el ascensor está generalizado; la arquitectura simétrica da a las calles, anchas, bordeadas de árboles, un aspecto de majestad y elegancia agradable. Las grandes tiendas tienen en sus vitrinas exhibiciones de objetos de lujo, tan hermosos como originales, salidos de las fábricas nacionales. Después de la lluvia ha venido un hermoso día de sol, que permite apreciar toda la belleza de la ciudad, y el viajero participa de la alegría que reina en este centro laborioso.

Voy a adicionar mi itinerario para ir a Ginebra, donde he de llenar un encargo de una Asociación de señoras argentinas. Salen varios trenes. Tomo pasaje, y a las doce del día parte el convoy, que recorre sobre terreno que no es sino la prolongación del paisaje edénico en esta región de los lagos zafirinos con marco verde, cuya presencia lleva una impresión tan dulce y pura al espíritu.

Las lecturas de mi juventud habían sembrado en mi mente tantas leyendas del lago *Lemman,* que en mi imaginación reviven y aumentan el interés por la presencia de Ginebra y este espléndido lago, donde el viento dormido en el fondo de las aguas no sale a agitar las olas. Entre los proyectos ideales de mi venida entra el de visitar la isleta renombrada por el escritor ginebrino, cuyas doctrinas tuvieron tan honda influencia en la vida política y literaria de América, donde su divisa de filósofo *Vitam impendere vero* tuvo entusiastas partidarios y fogosos detractores, entre los que no podían conciliar la vida y costumbres íntimas de Juan Jacobo Rousseau con las altas doctrinas de *El contrato social*, *Emilio*, *Nueva Eloísa* y sus famosas *Cartas.*

Vamos a la isleta, comunicada por un puentecillo y frecuentada por los que anhelan lugar semejante para repose eterno de la materia.

Después de contemplar el lago y sus contornos, a la sombra de esos cipreses que crecen unos rectos elevando la copa al azul del espacio, otros con las ramas inclinadas hacia el azul de las aguas, no encontraríamos mayor poesía para una tumba.

Llenada la misión que me trajo, paseado lo más interesante de la ciudad, partiré con dirección a *Bale,* desde donde he de seguir nuevamente a París.

Bale es una estación importantísima, donde está la aduana de frontera, y reúne todas las condiciones de los mejores edificios de su género en los caminos ferroviarios europeos.

El registro de equipaje es riguroso. Otra vez en el vagón; sobre estas ruedas que cumplen su misión de rodar sin fin, veo llegar la noche con su tristeza aterrorizadora. La luz se va plegando como gasa tenue, los montes ocultan poco a poco su falda, su cresta, su mole, y el sudario negro envuelve los restos del día. Las noches pasadas en los ferrocarriles son tétricas; avanzamos sin saber por dónde; estoy perdida en un dédalo de dudas; no sé si cruzará el tren por una planicie o por una montaña; tal vez atraviesa túneles o puentes tendidos sobre los ríos. El sueño no acude con su narcótico de reposo, y hay que resignarse.

La ley de la lucha y de las mutaciones que la naturaleza acata sin observar, ha de cumplirse dentro de pocos momentos. La noche huye al iniciarse la aurora. Los arreboles, como cobre quemado, se tornan rojizos y purpurinos, se impone el azul tenue; los montes vuelven a asomar detrás del velo que se esfuma presentándose en toda su majestad, y por fin, tras una solemne corte de anuncio, brinca el sol en su carro de fogosos corceles, la campiña ríe, las flores yerguen su corola, trinan las aves y en el corazón surge la vida.

Después de varias estaciones de segundo orden distinguimos Dijon y luego París, a cuya estación norte arriba el tren a las cuatro de la tarde. En el hotel Ronceray no se encuentra habitación y tengo que cambiar de hospedaje. Mi salud está quebrantada a causa de un ataque de influenza, que ha degenerado en bronquitis. Es una revelación para mi la enfermedad, que me permite apreciar el grado de metalización y la carencia de sentimientos humanitarios en los hoteleros. Todo servicio se me cobra doble, y la camarera no tiene el más pequeño comedimiento si no ve los francos en perspectiva. Resuelvo salir para Alemania, esperando que el cambio de clima restablezca la salud. Mis amigos, interesados en la comodidad de este viaje, que considero una aventura heroica por la falta del idioma, han telegrafiado al cónsul del Perú en Berlín para que me atienda. El tren directo sale de París a las ocho y media de la noche. Estoy instalada en el vagón, deplorando el que la oscuridad va a privarme de contemplar la campiña de salida.

Alemania

Alboreando, cuando la gasa sonrosada inicia la mañana, llegamos a la interesantísima ciudad de *Colonia*, plaza fuerte, cuya Catedral tiene 156 metros de altura, con sus bellas casas, infinitas fábricas, grandiosas estaciones ferrocarrileras y 428.722 habitantes.

Lo primero que recuerdo es que de aquí sale esa agua exquisita para el tocador y el baño de las mujeres.

En la estación hay muchos vendedores de pequeños frascos, que los pasajeros compran de preferencia a otra mercancía. Hemos cruzado el Rhin, caudaloso y cristalino, cuyas aguas parece que murmuran los nombres de Goethe y Schiller. El plano se extiende interceptado por los edificios de fábricas y más fábricas, y por fin aparece la capital del imperio alemán, donde viven 2.040.148 habitantes: *Berlín* sobre el río Sprée.

¡Qué imponente panorama! Aquel soberbio edificio que se presenta hacia la derecha del grabado, sobresaliendo a todos, acompañado de tres torres menores, es la Catedral *(Dom)*. Siguiendo la vista, siempre a la derecha, en la misma línea, está la *Galería Nacional,* y aquella calle, que recta se inicia desde el horizonte al centro, es *Unter den Linden*, esto es, *Debajo de los tilos.* La tarde gris; sombría y húmeda, amortigua la intensidad de las primeras impresiones. Al llegar a la estación central encuentro un enviado que me espera y me conduce al consulado peruano. El cónsul no está por el momento en Berlín, pero su padre, el señor Schwabach, me prodiga toda clase de atenciones. Tiene un departamento tomado en el *Hotel Saxonia,* y el intérprete del consulado, que es el señor Díaz, español, será mi gentil cicerone. En la oficina del consulado no sólo tengo estas agradables impresiones, que aseguran mi grata permanencia, sino la de ver que todos los empleos están desempeñados por señoritas. Quedo instalada en el hotel, que reúne las condiciones apetecibles para un descanso después de viaje tan fatigoso por las noches pasadas en el tren. Las instalaciones del hotel, que no es de primera clase, revelan el grado de cultura alemana. Cada sala–alojamiento consta de dos piezas, una dormitorio y la otra baño con agua caliente y fría, mueblaje limpio y decente. El sueño, después de una confortable cena, ha reparado mis fuerzas; me baño y tomo el café, espero la llegada del señor Díaz y emprendemos la primero salida en coche, que él llama de exploración. Marchamos por *Unter den Linden,* avenida principal, donde están situados los magníficos hoteles, y al finalizar el *Castillo Imperial,* en una especie de isla con puentes que están minados para caso necesario.

Sobre la izquierda la Catedral y el monumento de Guillermo I, que es la más espléndida manifestación del arte y la riqueza. Aquí se ha combinado el mármol blanco y negro, el ónice y el bronce, en proporciones gigantescas.

Llegamos al jardín zoológico, en el mismo corazón de Berlín, con lagos, ínsulas, botes, etc., saliendo al *Kaufhaus des Westens,* donde nos detenemos para tomar el té, y aquí noto la particularidad de las *cu-*

charas-colador que vienen en cada vaso, pues el té no lo sirven en taza. Esta cuchara no es más que una especie de bombilla que se abre, se ponen las hojas del té, se vuelve a cerrar y se echa el agua hirviendo. Tan práctica y tan sólo de Alemania es esta costumbre, que no puedo menos que anotarla. Luego vamos por el oeste oeste (W. W.), que comprende la parte más moderna de la población, todas las casas con sus balcones y *loggias*, donde se ostentan flores y plantas; seguimos por la calle *Kurfürstendamm,* donde se encuentran los suntuosos palacios de los ricos, y es una larga y ancha avenida. Llegamos a la *Olivaerplatz,* gran plaza con un jardín curiosísimo, que tiene una enorme fuente toda llena de rosas y flores de estación y casas monumentales que la rodean. En todo Berlín oeste (W.) todas las calles tienen arbolado y los barrios oeste oeste (W. W.) se diferencian en que cada casa tiene su pequeño jardín a la entrada y sus preciosas *loggias*. Nótese que todas las calles de Berlín nuevo y la parte céntrica de la ciudad tienen pavimento de asfalto y un aseo que asombra.

Antes de visitar los museos y centros científicos quiero ponerme en relación con las mujeres que están al frente del movimiento feminista redentor, donde actúa en primer término Frau Minna Caner Schulrat, presidenta de la sociedad radical *Frauenwohl (*El bien de las mujeres), y es viuda del *Shulrat* Caner. *Shulrat* significa Consejero de escuelas, y a la muerte de su esposo ocupó el puesto que él dejara, sirviéndole con mayor brillo y entusiasmo. No nos ha costado mucho obtener una entrevista con Minna. Estamos citados para la una del día, y cinco minutos antes de la hora el carruaje se detiene en el número 5 de *Wormserstrasse,* domicilio particular de la ilustre luchadora. Me esperaba en su sala de recibo, que a la vez es escritorio: junto a ella está un hermoso mastín de piel blanca y manchas color chocolate, que tiene una pata delantera envuelta en lienzo y atada. El señor Díaz hace la presentación de rúbrica, y ¡con cuánto calor y entusiasmo me estrecha la mano! Su contextura es delicada, debe ser de temperamento nervioso; sus ojos claros de expresión infinita ayudan a la frase sonora y vibrante con que ha logrado dominar a catorce mil mujeres que están asociadas bajo su bandera. Posee cuatro idiomas extranjeros, menos el castellano, y prefiere explicarse en inglés, con intervalos de alemán, que traduce para mí el señor Díaz. Le interesa vivamente todo lo relativo a la América del Sur, tan poco conocida en Alemania; me ofrece tarjetas de presentación para varias señoras y centros femeninos. Cada vez que deja la pluma al terminar la escritura de una tarjeta, pasa la mano por el lomo del perro, que devuelve la caricia con una dulcísima mirada de enamorado. Acoge con agrado un número de mi revista *Búcaro Americano,* que el señor Díaz ha de traducir en parte para la información de la revista que ella dirige, y que lleva el mismo nombre de la sociedad. Cuando en nombre del Comité de la Prensa y propaganda de la República Argentina le pedí su adhesión como socia corresponsal, sonrió con risa de floración, repitió cadenciosamente *Argentine Republic,* sus ojos brillaron con fulgor de topacio y me dijo como reanudando algo interrumpido: «¡Pero ustedes tienen la trata de blancas, qué horror!» «No, Frau Caner; nosotras no la tenemos; nos la importaron de Europa, y actualmente muchas sociedades americanas, entre ellas el Consejo Nacional de Mujeres, libran batallas para acabar con ese horror y tratan de infamar a los hombres que practican ese comercio abominable, libertando a las víctimas», le respondo con entereza. «Muy bien, muy bien», repite; acepta mi pedido, me ofrece galante y afectuosa unas violetas que tiene junto al tintero y nos despedimos en un ambiente de simpatía mutua.

He pedido a mi guía que vayamos a una de las grandes tiendas, donde deseo comprar algo que necesito, y me lleva al *Wertheim,* edificio monumental, que en realidad es toda una población comercial, y en el tercer piso tiene hasta restaurant, a fin de que los compradores puedan tomar sus alimentos y seguir haciendo sus compras. En este restaurant están las viandas preparadas en platos, cada cual con su precio, y guardados en enormes vitrinas de vidrio. No hay sirvientes; está establecido que cada uno lleva a su mesita lo que quiere, toma asimismo su servilleta de papel de un rimero y su cubierto de un aparato en donde hay cientos de ellos. Paga al retirar el plato y después de consumir se retira sin cuidarse ya de lo que queda, pues para esto sí hay limpiadores. El sistema es magnífico, suprime en la mitad las funciones del sirviente y nada sabe de la obligada propina. Hemos pasado un día íntegro en esta casa de compras, donde hay profusión de mármol en escaleras y zócalos, de bronce en pasamanos, y se observa un sistema de venta y pago muy complicado y distinto al de otros países, sistema fastidioso para el comprador, que tiende a la seguridad de la contaduría de la casa. De seis mil dependientes que tiene, cuatro mil son mujeres.

En la noche hemos ido al teatro para oír una conferencia sobre el *Monte Blanco,* conferencia que yo sólo *he visto* en las proyecciones luminosas que la ilustraban, porque la traducción del señor Díaz no me ha interesado mucho.

Tenemos que hacer una excursión por ferrocarril para visitar la *Gartenbauschule fur Frauen,* en Marienfelde, cerca de Berlín. En la estación me interesa el sistema de la boletería, que es automático. En cada aparato está escrito el valor del pasaje según los lugares: hay que introducir las monedas y comprimir el botón. En seguida, salta la boleta, más el vuelto si lo hay. ¡Qué comodidad tan grande para el viajero! Hemos llegado a nuestro destino. La directora de este plantel es la doctora Elvira Castner.

En la fachada del *Gartenbauschule fur Frauen* se lee en alemán lo que va traducido:

> Un palmo de tierra que te has ganado,
> vale más que un mundo que te han regalado.

En la puerta de la habitación particular de la directora, hay esta otra significativa leyenda:

> Sin trabajo no hay recompensa.

Así, en cada clase hay también inscripciones. La escuela es de horticultura para mujeres. Aquí las niñas aprenden científica y prácticamente el cultivo de árboles frutales y de hortalizas, y convierten en productiva la tierra árida. Lleva catorce años desde su fundación; los profesores son eminencias: por ejemplo, la botánica la enseña un miembro del Museo Botánico de Berlín, la zoología uno del Museo de Zoología, la química otro de la Cámara de Agricultura, etcétera. El museo que posee esta escuela es de lo más notable que he visto. Contiene todas las frutas de cultivo en Alemania, hechas de cera; la fruta sana, la enferma, la verde, etc., en la sección de productos. La sección arbolaria se ocupa de los árboles, sus enfermedades, medios de combatir o evitar, etc. En la práctica de la preparación del terreno, siembra y plantaciones trabajan las señoritas desde el acarreo de abonos. Todo el mecanismo técnico del establecimiento gira alrededor de dos clases y cuatro secciones: lo demás es práctica. La directora diserta sobre materia del derecho de la mujer, sobre horticultura y pomología en días señalados. La doctora Castner es un tipo de bondad y de perseverancia en el trabajo. No tiene estatura alta, lo que hace más visible su redondez tendente a la obesidad, pero su rostro ostenta la frescura de los quince años, con las mejillas róseas, tersas y lustrosas. Personalmente nos ha conducido por todo el campo de labores agrícolas, me ha regalado frambuesas recogidas de las matas que orillan los caminos, y con la mayor gentileza nos ha dado todos los informes solicitados. Ha estado diez años en los Estados Unidos de América del Norte, donde hizo sus estudios profesionales, así que posee el inglés tan bien como el alemán.

En el viaje de regreso a la ciudad, nos sorprende la enormidad de los tanques situados en las oficinas de electricidad, y vemos también el campo de ejercicios militares. Después de un descanso prudente, salimos hacia el centro, nos detenemos en la real Ópera, cuyo edificio ofrece la singularidad de las escaleras exteriores que rodean los muros, ideadas a raíz del incendio que hubo en un teatro de los Estados Unidos americanos. Detrás de la ópera está el templo católico, de forma rara, y más acá el modestísimo palacio de Guillermo I con la ventana histórica. Llegamos a *Parisen Platz* donde están las embajadas extranjeras y el *Arco de Triunfo* con el célebre coche de bronce que por dos veces ha viajado de París a Berlín. Grupos de gente rodean la avenida, estacionándose a lo largo. El señor Díaz me dice que éstos son curiosos, que va a pasar el *Kaiser*. Yo también quiero verlo. Ordenamos al *chaufeur* que acorte la carrera del automóvil, cuando a los pocos minutos suenan los clarines de la escolta, comienza un desfile de automóviles a distancias apostadas y por último, el de Guillermo, que va solo en el interior, con su cara hosca y sus mostachos aflechados. Ya conozco una nueva de las altas figuras europeas. Nos dirigimos a la *Kaufhaus des Westens*, o sea casa de compras del oeste, en la parte más elegante de la ciudad, donde pasamos algunas horas, y vamos a otra *Tietz,* casa de compras, en la *Leipzigerstrasse,* que es grandiosa, con sucursales en varias ciudades de Alemania.

La tarde está apacible, el ánimo dispuesto a nuevas jornadas, y tomamos un automóvil que nos llevará a través del gran bosque poblado de estatuas que cuentan con la rigidez marmórea la historia del gran imperio.

Hemos ido al Banco sucursal del de Londres y Río de la Plata de Buenos Aires para proveernos de fondos. El edificio es sencillo, pero muy elegante y servido con una pulcritud germana. Tenemos que visitar la *Policlínica de médicas para mujeres pobres* y la *Clínica de operaciones del doctor Hacke*, cuyo servicio interesa aun a los profanos de la ciencia; después damos la vuelta por la plaza Real, que mide 100.000 metros cuadrados, y nos dirigimos al *Pestalozzi–Froebel–Hans,* cuyas puertas grandiosas se nos abren por la recomendación de Frau Minna Caner. No imaginé la suntuosidad de esta casa matriz del sistema que en América del Sur está aún en mantillas. Es todo un castillo con ramificaciones y un gran parque exterior. En la sala principal se alza la estatua de Pestalozzi, a cuyo rededor se desarrolla esta hermosísima madeja que termina por entregar al niño a la escuela profesional planteados en él los principios de vigor físico y amor al trabajo, que es la revelación del vigor moral.

La directora, profesoras y ayudantas, nos han dispensado gentil acogida y obsequiado con programas, prospectos y fotografías, como recuerdos de esta visita, para mí de doble interés.

Elena Lange dirige otra sociedad de cuatro mil profesoras, que depende de la confederada *Bund deutscher Frauenvereine*. Citaré a Lilí Braun, que es socialista exaltada; Alicia Salomón y María Loper Housselle, que fundó y preside la Sociedad de profesoras alemanas, que tiene 17.000 socias; pero sobre todas éstas merece respeto por su inmensa labor Elena Lange, que en cuatro grandes volúmenes, y en colaboración de otras mujeres, ha publicado la historia del feminismo en las grandes capitales del mundo. Lina Morgenstern es fundadora de la asociación *Der Pfennig* (El Centavo), para socorrer con ropa y útiles de colegio a los niños desvalidos, y preside la otra gran asociación para socorrer la vejez, dar premios pecuniarios a sirvientas fieles y colocación de empleadas. A ésta se debe la iniciativa de alianza universal para la paz. Todas estas interesantes mujeres de pensamiento y acción quieren y respetan a Minna Caner.

Nos quedan el Museo y Galería nacional, que visitamos de corrido, porque siento mi mente fatigada en esta labor después de haber visitado los centros similares en España, Francia, Italia e Inglaterra. Nos concretamos a visitar dos paraderos (estaciones) del ferrocarril eléctrico elevado y subterráneo, que son suntuosos. El servicio ferroviario alemán no le va en zaga al inglés. Creo que en estas dos naciones está mejor servido que en ninguna otra este ramo revelador del progreso.

Vamos a comer en un restaurant popular por observar las costumbres. Cada cual tiene delante de su cubierto un enorme *chop* de cerveza, dos litros por lo menos: otros las aflautadas botellas de vino del Rhin, de perfume delicioso; charlan, formando una bulla con oleadas de gruñido; dicen cosas que no entiendo, otros leen el diario saboreando la lectura con sendos sorbetones al *chop*. Mi amigo me confecciona un *menú* detestable para mi gusto, por el mucho dulce de las viandas; no obstante, le complazco. El café excelente, aunque caro. Las floristas que pululan en las veredas ponen en compromiso a mi guía, quien se aventura y compra un ramito de violetas, para obsequiarme. Nos dirigimos al gran Parque *Tiergarten,* que ya hemos paseado, y esta vez nos detendremos junto a algunos de los espléndidos monumentos que forman ala, como aureola de gloria a la humanidad. Aquí está la famosa Fuente de Rolando (*Roland brunnen),* que majestuosa destaca toda su belleza en un escenario de follaje y construcciones simétricas, bajo la tenue sombra de esos tilos.

Luego viene el ideal Goethe, cuyo cerebro sigue funcionando en el cerebro de las generaciones, y no sólo en el idioma en que pensó y sintió el inmortal poeta, sino traducido a todos los que habla el hombre civilizado.

Juan Wolfgang Goethe es una de las manifestaciones de que el genio avasalla a los títulos universitarios, pues la borla doctoral que recibió en Strasburgo de nada le sirvió junto a la pluma con que trazó las páginas de *Werther*, la novela que le dio a conocer en 1774, que hizo tantos estragos en las naturalezas sensibles e inmortalizó los tilos peculiares de Alemania.

A pesar de las frialdades de la raza, no faltan hoy mismo románticos que deshojan rosas para arrojarlas dentro de esas rejillas que circundan el monumento del gran escritor Goethe que murió a la edad de 83 años, en 1832, pues había nacido el 28 de agosto de 1749 en Francfurt del Main. Sus cenizas reposan entre las de Schiller y su protector, el príncipe Carlos Augusto, en Wéimar.

Más acá, inmediato al estanque de los pececillos dorados, se alza el artístico monumento consagrado a la gloria de los compositores, constantemente visitado por los amantes del arte y por los que rinden homenaje de admiración al genio.

En este parque de recreo, de gloria y de inmortalidad, donde la belleza del boscaje rivaliza con la delicadeza del arte, no podía dejar de encontrarse la figura caballeresca del maestro cuyo nombre pertenece a una escuela donde hay fanáticos admiradores y discípulos perseverantes: Ricardo Wagner, que ha dejado escritos en el pentagrama los poemas del sentimiento, amor, dolor, solemnidad, todo un mundo de armonía que vibra, solloza, llora, ruge, maldice y niega con sólo las siete notas musicales. Los que visitan a Berlín trayendo gustos musicales no salen sin realizar una beatífica peregrinación junto a este monumento, digno del maestro, y los profanos vienen también, atraídos por el nombre a contemplar la obra escultural.

Antes de tomar el camino de retorno, nos detenemos junto a otra de las cien obras de arte que engrandecen el parque. La sencillez de la base y del busto aumenta la belleza de la concepción en medio de esta alfombra de flores que se brindan a los pies del que en el mármol vive. Hemos tomado un automóvil para regresar más rápidamente. Debo hacer algunos aprestos de viaje y visitar algunos centros de enseñanza, entre ellos la *Charlotemburgo*, Escuela Técnica Superior de que tanto me han hablado, cuyo edificio e instalación interna son, verdaderamente, modelo grandioso, y en cuyos salones he suspirado con melancolía casi de envidia en el deseo de tener en América una casa semejante. Mi tristeza reacciona, porque es fundada la esperanza de que no está lejos el día de semejantes adquisiciones, especialmente en la República Argentina, ya poderosa, y en el Perú, que se repone mediante la paz y la honestidad. Expansiono mi espíritu contando a mi guía los progresos alcanzados en América, donde tiene que trasladarse íntegra la civilización europea. En las excursiones de hoy hemos cruzado repetidas veces el río Sprée por los puentes y recorrido alguna extensión de sus orillas. Mis horas transcurren como minutos en relación al deseo que tengo de quedar más tiempo en Berlín, pero mi salud empeora con el rigor de la estación, que ha recrudecido, y necesito buscar clima templado, volver a América, cuyos días primaverales ya asoman en esta fecha, 18 de octubre.

Como bien lo ha notado el artista Moreno Carbonero, Alemania es siempre el país del arte y del buen gusto, del arte serio y honrado. «Se observa esto – dice – a simple vista en todas sus ciudades, en sus edificios públicos, en las casas particulares, hasta en las tiendas. En la población más modesta se encuentra siempre una institución que compendia su arte. Los museos abundan de manera extraordinaria, especialmente los arqueológicos, que son cuidados con esmero. Estos que son compendios de la historia del país, sirven de escuelas permanentes del buen gusto; aquí los obreros estudian las artes de otros tiempos, educan sus gustos, se inspiran, inventan y enriquecen el arte alemán tan admirable. Y es preciso no olvidar que todo el poderío industrial y artístico de Alemania se basa en la perfecta y admirable organización de sus escuelas industriales y de especialidad, unidas a los museos donde el alumno se acostumbra a inventar siguiendo orientaciones de modelos de belleza y de arte.»

Aún tengo la mañana disponible para un paseo: el tren que debe conducirme a París saldrá a la una y media del día. Vamos en dirección al centro; nos detenemos para conocer el edificio de la Municipalidad, que es de un aspecto imponente y simétrico, y que en las horas de oficina es un hormiguero humano.

Dentro de media hora el tren, maravilloso transportador del progreso, arteria de unión entre las naciones arrancará de la estación y quedaré nuevamente entregada al destino de las ruedas. Las cuentas del hotel y de mi guía no son exageradas: las pago gustosa, y sin encontrarme acosada por la cuadrilla de *propinistas* de otras partes, hago voluntariamente un pequeño reparto entre el personal subalterno del hotel que me ha atendido. El señor Díaz me acompaña hasta el coche del tren, donde me deja instalada, y nos despedimos diciendo ¡adiós! Llevo recuerdos; agradecidos para con este cumplido caballero, que finamente me ha atendido aparte del salario convenido por su trabajo de guía y traductor.

En el trayecto encontramos un pelotón de gente, un hombre algo exaltado y un guardia que lo conduce. «¿Qué significa esto?» «Llevan arrastrado a uno que daba conferencia pública en francés; aquí el idioma oficial, obligatorio, es el alemán, sólo el alemán.»

Salgo de Berlín confirmando mis convicciones de que la naturaleza del suelo y el medio ambiente forma el cuerpo físico y el carácter que la educación pule. Berlín es la continuación de Londres. Estas dos capitales son aparte de las otras de Europa. Su rectitud de procederes no es aprendida ni ficticia; su temperamento seco, su tendencia verídica, derivan del suelo árido, diría metálico, y por eso entre sus hombres de Estado se menciona al *Canciller de hierro*.

Llevamos media hora de viaje. El inspector de boletas se presenta a revisarlas. Resulta que estoy en un coche del vagón que va a quedar en Colonia. ¡Qué serio contratiempo! Culpo al señor Díaz, pero felizmente se salva la situación mediante la sagacidad del inspector, que me facilita el traslado al otro coche del mismo convoy, que seguirá hasta Paris. Tengo, eso sí, que resignarme a pasar de coche en coche, estando en marcha el ferrocarril, pues no hay estación de parada en el trayecto.

Ya hemos perdido de vista las orillas del Rhin; atardece; las sombras del crepúsculo ceden ante lo negro de la noche y los pasajeros comienzan a acomodarse para dormir. Junto a mi nuevo asiento está una niña de catorce años que va sola a un instituto religioso; no sabe nada de francés; apenas si lee unas doce o quince frases que lleva anotadas en un papel. Ha encontrado en mí una amiga, un apoyo moral, a pesar de que no podemos conversar.

Francia (Cuarta visita a París)

Los campos fértiles y cultivados comienzan a presentarse risueños a medida que el sol sube, desde el amanecer de un día plácido. La locomotora sigue incansable en estos caminos nivelados con durmientes; las casitas campestres comienzan a desfilar en carrera rápida; ya distinguimos las veletas de la Torre de Eiffel; el Sena serpentea callado; las alas del Ángel de la Victoria en la columna de Julio reflejan los rayos solares con centelleo amarillo, propio de la hora del ocaso; unos minutos más; el tren da los piteos de llegada, como rugidos de fiera que amenaza, y entra en la estación del Norte, donde la acumulación de gente y movimiento de trenes, equipajes, pasajeros que llegan y salen, constituyen un escenario que marca y ensordece.

Una de las mujeres que transporta bultos en su carrito de mano se hace cargo de mis valijas y me conduce hasta el coche. Doy la dirección de un hotel, donde quedo instalada, rendida de cansancio, mucho peor de salud.

Mis horas son preciosas: debo aprovecharlas conociendo a las mujeres de mayor reputación literaria, porque hay muchas que escriben. El renombrado periodista escritor Enrique de Regnier está casado con María Heredia, hija del célebre pensador del mismo apellido. Heredera de los talentos de su ilustre padre, alentada en sus aficiones por las tendencias del compañero de su vida, no es extraño que sea una escritora cuya fama ha consagrado su última novela *L'Inconstante,* verdadero cofre de filigrana, donde hay joyas de estilo, de inspiración y de estudio. En estos momentos están en boga, y voy a conocer a las novelistas que llenan los folletines con flores de ingenio: Marcelle Tinayre, Colette Iver, Myriam Harry, Judith Cladel y Matilde Alanie, que con su novela *La gloire de Fontecleire* hace una revolución de lectoras, en la misma proporción de *Princesas de Ciencia,* cuya autora es Colette Iver, según su nombre de combate, porque muchos no son más que seudónimos. *Juliette Adam* es ya nuestra antigua conocida, la más conocida en América por sus interesantes obras, que sobrepasan al rol de mero recreo para entrar en el alcázar de lo doctrinario y científico. Anhelo visitar un centro, donde pueda apreciar las labores serias de la mujer. Visito el *Instituto Pasteur,* donde hay actualmente diez médicas que trabajan bajo la dirección de notabilidades, ilustres doctores franceses. Todas son simpáticas, algunas muy bonitas; ninguna revela pretensiones de *doctorado* ni está contaminada de *coquetismo facultativo.* Esta que estudia la sensibilidad nerviosa bajo el influjo de ciertos sueros, es norteamericana; la que analiza los bacilos del cáncer y de la tuberculosis, es rumana; la que se consagra a estudiar las enfermedades de la piel, es polaca; hay dos señoritas rusas, una sueca y una portuguesa, llamando la atención el que en este establecimiento no esté ninguna francesa, a pesar de que la Facultad cuenta con buen número de licenciadas y doctoras.

Nos dirigimos a *Notre Dame*, cuyo nombre, así en francés, ha vibrado en mi oído junto con el de Víctor Hugo. No es el gran templo que imaginé: su principal notabilidad está en la flecha enclavada entre sus dos torres inconclusas, en una de las cuales se halla el célebre

Bourdon de Notre Dame, campana que pesa 12.500 kilogramos, que en las grandes celebridades únicamente deja oír sus vibraciones, y la mueven ocho hombres. Aquí está también otra campana que se muestra como trofeo traído de Sebastopol. Hay que comprar un billete para subir a la torre por una escalera de 397 gradas. El interior del templo es hermoso por la cristalería de colores de sus ojivas, pero ya poco dice al espíritu, al arte, a la altura de concepción después de haber visitado San Pedro de Roma, San Pablo de Londres, San Marcos de Venecia y la Catedral de Milán. A la salida de *Notre Dame* encuentro nuevamente al señor Marcos Fernández, el gentil argentino que fue uno de los compañeros de viaje desde América, a quien vi en Roma de una manera tan casual como la presente. Acaba de llenar su cometido en Viena y se prepara para regresar a su patria por la vía de Burdeos.

Cruzamos la placeta; aquel edificio es la *Morgue*. «¿Quiere usted visitarla?», me pregunta mi guía. No; renuncio a las dolorosas impresiones que allí se reciben; sé que es enorme la vidriera donde se exhiben los cadáveres para la identificación; que de éstos son más de ochocientos anualmente; que el sistema para la reconstrucción de los mutilados es admirable, pero no quiero ver cadáveres. Estoy todavía bajo la atmósfera gris que ayer ha envuelto mi espíritu en el Palacio de Justicia al visitar la sala donde se reunió la Convención, y los tétricos calabozos de la Conserjería, donde se evoca la historia del Terror, de las lágrimas, de la sangre. Sigamos. Iremos al *barrio Latino;* quiero recuerdos relacionados con algo de mi corazón. Por estas veredas, ¡cuántas veces al día cruzó mi hermano cuando vino a perfeccionar sus estudios de medicina! Pienso en él con honda emoción, de tristeza y de placer amalgamados; porque los sacrificios de su época de estudiante están recompensados con su actuación en la patria.

Cada uno de estos tenduchos con librería vieja, con trapería y cachivaches, me parece que guardará historias de estudiantes americanos, todas tristes, pero convertidas en narraciones chistosas por sus mismos protagonistas.

Hemos ido a parar al centro del antiguo palacio imperial, cuyo esplendor marcó Napoleón I, en absoluta decadencia hoy, con sus portales convertidos en tiendas de tercera categoría. En los jardines, que forman plazoleta, lo único notable son algunas estatuas históricas, entre ellas la bellísima representación de Camilo Desmoulins en el momento en que tomando una silla para servirse de tribuna dice: «Vamos a tomar la Conserjería.» La juvenil figura del diputado que subiendo al cadalso enredaba aún entre sus dedos las doradas guedejas de la amada, está admirablemente dotada de expresión.

Tomamos un automóvil: haremos la última visita al Bosque de Bolonia. En la avenida de las Acacias está la *feria de carne,* expuesta desde la infantil rubia que desea vender la flor de la primacía convencional, hasta la desvergonzada madre que lleva a su hija a atrapar marido, aunque no dure mucho, porque el divorcio soluciona ciertos engaños. Y junto a estas flores de pantano, ruedan carruajes, *landós,* automóviles, que conducen mujeres lujosas, parejas en cuyo rostro se refleja la alegría del vivir, y a todos presta la sombra de su follaje el bosque y su dilatado horizonte la avenida. Visitamos también por última vez el mercado de flores, contemplamos esta enorme cantidad y calidad, y me conformo con unos claveles guarnecidos de lilas formando un ramillete ideal, que se paga bien caro.

Ha llegado la hora de la partida definitiva. Todos mis aprestos de viaje están terminados. Jueves 22 de octubre. El tren a la frontera española sale a las 7:40 de la noche.

Estoy instalada en un vagón con los asientos todos ocupados: el mío está junto a la ventanilla del coche, circunstancia que aminora la incomodidad, pues tendré aire y vista.

Han dado las señales de partida. Mi compatriota el doctor Vega Enríquez, que ha sido mi caballeroso cicerone durante mis diferentes estadías en París, es el último que se despide. El convoy se mueve suavemente, y en seguida arranca con la velocidad de los rápidos. ¡París, la ciudad más iluminada de Europa, huye del tren; sus luces se van empequeñeciendo, enrareciéndose sus focos hasta que se pierden por completo!...

Tengo el corazón oprimido. ¡Dios mío! ¿Es así el término de todo ideal realizado en la vida? ¿Llevo una ilusión muerta o una decepción recogida? No sé definirlo. La verdad es que París, el emporio de las diversiones, no ha sido para mí el paraíso deslumbrador, porque mi imaginación fue más allá de la realidad llevada por las descripciones de los viajeros sudamericanos. ¿La Francia de hoy es acaso la sombra de la Francia de los Chateaubriand, los La Fontaine, los Lamartine, los Diderot, siquiera de los Víctor Hugo y los Zola de ayer? La república no existe, pues las clases sociales están perfectamente separadas y los presidentes inclinan su poder ante los oropeles de los reyes que les visitan. El 14 de julio, día de *igualdad,* la aristocracia se encastilla en los soberbios palacetes para no fraternizar con la ralea que grita: ¡viva la *libertad*! El mundo científico y literario es un mundo aparte del que pulula en los bulevares, en los cafés cantantes, en los teatros al aire libre y en los cinematógrafos de todo género. Todo es confuso en el rol social de las mayorías; no se entienden los unos con los otros; las ideas extremas desquician el organismo moral; la industria es el todo, y el amor al oro envenena los más nobles sentimientos. Estos pensamientos tétricos, quizá escépticos, rebullen en mi cerebro sin encontrar la válvula de escape de la palabra y la discusión. Entretanto el escenario ha cambiado. La luna, como una virgen triste después de ajar sus azahares, extiende su túnica impalpable por todo el valle, convirtiendo en sombras plateadas las colinas, los picachos, y vaga por doquiera con intervalos en que las nubecillas de formas caprichosas, que van hacia los Alpes marítimos, interceptan el paso silencioso que responde a mi intensa melancolía. Mis compañeros de coche, que son dos mujeres y tres hombres, duermen profundamente. ¿Son dignos de envidiar?

Yo también cierro los ojos, cansada de contemplar la naturaleza contagiada de la palidez de la celeste viajera; pero no viene para mí el sueño, y comienza este desfile interno de las visiones y las sensaciones que en mí se suceden, hace ya ocho meses, sin tregua. Cada nación, con tal o cual particularidad, todas juntas, ante el concepto general de la ponderada Europa, están ahora en mi ser vívidas, latentes, inolvidables.

Aún no ha terminado su carrera nocturna la reina blanca cuando la Aurora se inicia: sonrosada aquí, azulina como añil diluido más allá, y los campos comienzan a despojarse del manto grisáceo que les cubre, presentándose con toda pompa y belleza ante su majestad el Día. Nos detenemos en Burdeos, donde bajan algunos pasajeros y suben otros. En este cambio queda vacante un asiento en mi coche, cosa celebrada por una mirada de regocijo que nos dirigimos los restantes. El aire saturado de sales marinas viene en oleadas agradables, el movimiento de la estación es grande; rápida la compra y venta de café, refrescos, té, entre pasajeros y vendedores ambulantes. Las dos compañeras de coche preparan sus útiles para hacer *crochet*. La marcha es regular. Vislumbramos Bayona con sus alegres caseríos, y después llega Biarritz con esta playa tan hermosa, con sus aguas acostumbradas a azotar cuerpos de reyes, de princesas, de mujeres bellas y gente adinerada.

El santuario de la Virgen es ya sólo un pretexto; la devoción ha tomado el camino de los mitos. Nos acercamos al Bidasoa. Una emoción dulcísima, inexplicable, da palpitaciones intermitentes a mi corazón. Tal vez aquella extensión de leguas y leguas de pinares recorridas aspirando el aire embalsamado con resina influye en mi organismo; quizá es sólo el placer que siento al pisar de nuevo tierra española: *Irún*.

España (Segunda Visita)

En Irún nos detenemos buen rato para la inspección aduanera, que no ofrece dificultad.

No hay lazo más fuerte, vínculo más estrecho que el del idioma. El de religión, antiguamente citado, hoy casi no tiene fuerza por la virtud de la tolerancia recíproca, y sin duda por este convencimiento los alemanes no permiten en su país más que alemán.

¡Con cuánto gozo escucho el castellano! Su cadencia es una sonata que estremece mi corazón; creo sentir las fruiciones de familia.

El convoy está listo para seguir viaje con incomodidades ferroviarias, esta vez más notadas, después de conocer el espléndido servicio inglés y alemán. Estas deficiencias, llamadas a desaparecer con el tiempo, son compensadas por la belleza del tránsito y las sensaciones que se reciben al transmontar los Pirineos y en cada una de las setenta y tres estaciones que se cuentan desde Irún a Madrid, las que representan otras tantas poblaciones diseminadas en el trayecto.

Dejados Lezo-Rentería y Pasajes, llegamos a San Sebastián, donde el tren se detiene cerca de cuarenta minutos y permite pasear el sitio de los regios recreos, que es bella población, de modernos edificios. Las estaciones de primera clase son las que corresponden a capitales, pero en poco se diferencian de las secundarias, tan sencillas y pobres. Tolosa,

Zumárraga, Alsasua, Miranda, Burgos, Valladolid, Medina, Ávila, Robledo, todas estas regiones que vi verdes y risueñas, ahora están doradas, entregando las mieses a la mano del agricultor. La siega de trigo y centeno está en su apogeo. Partidas de labradoras con las faldas cortas, el corpiño suelto y la cabeza cubierta por un pañuelo, se ocupan de cortar y apilonar la cosecha, que a su vez es acondicionada en la carreta que un hombre lleva a la era del granero. Los castaños han inclinado también el ramaje para ofrecer sus racimos al cultivador, y en todas partes se nota la actividad de los campesinos. Desde Zarzalejo, Torrelodones y el Plantío, ya se notan los aires madrileños; rápido aparece Pozuelo, y unos minutos más, dadas las 12:20 de la noche del 24 de octubre, entramos a la estación: Madrid.

Han dicho que «se va a Italia para admirar, a Inglaterra y Alemania para aprender, a Grecia o al Extremo Oriente para soñar, a París para divertirse». Es verdad. A España se viene a gozar. Madrid es una Pascua continuada; su cielo merece llamarse tal; aquí están las dulzuras de la amistad y los rasgos caballerescos de los compatriotas del Cid. A España se la juzga con injusticia: en Francia misma, que está limítrofe, se la ve sólo a través de la guitarra, de las castañuelas y los toros; nadie sabe o no quiere saber de su literatura, sus virtudes de pueblo trabajador e industrial. Después de esto, ¿qué de extrañar de la ignorancia respecto de América del Sur?

Los comisionados de los hoteles rodean a los pasajeros. Yo tengo departamento tomado en el hotel de Embajadores, y allá me dirijo en el coche de la casa. Las impresiones de llegada son agradabilísimas. El hotel, profusamente iluminado, con su personal correcto; a la puerta una bandada de músicos ambulantes echando coplas con la sal andaluza y el aire madrileño. Estoy rendida de cansancio y tomo el lecho con la suprema satisfacción de encontrarme entre gente conocida.

He dormido un sueño reparador. Cuando despierto y toco el timbre, la camarera dice que son las once del día; tiene el baño y el desayuno listos; los utilizo por orden, y abriendo los balcones recibo el ansiado beso del padre Sol.

Los primeros que llegan a buscarme son los esposos Alonso. Estos distinguidos amigos, para quienes guardo gratitud imborrable, me enteran de que *Colombine,* la gentil redactora de *Heraldo* de Madrid, ha estado en casa de ellos inquiriendo la fecha de mi llegada, porque un grupo de periodistas quería ir a recibirme. Luego aparece la interesante pareja de los esposos Flaquer, don Francisco y la ideal Concepción. Abrazos, preguntas, relatos rápidos, impresiones; todo se sucede sin interrupción. Mis amigos tienen un afán único. Que yo pase contenta en Madrid. Como no tengo excursiones nuevas y mi objeto es el de dar las conferencias prometidas, atenderé a mi salud, tan seriamente quebrantada. Es la doctora Aleixandre la que me prodiga los cuidados que su ciencia le sugiere y las exquisiteces de su amistad. Concepción Jimeno la secunda endulzándolo todo con su cariño, y a estas dos incomparables amigas debo el ponerme en condiciones de hablar en público.

Había terminado la cena cuando me anuncian una visita. Es una dama esbelta la que llega. Alta, bien formada, cabellos negros que realzan su blancura, ojos grandes, expresivos, de mirada audaz e inteligente. Me estrecha entre sus brazos como antigua amiga, siendo la primera vez que nos vemos personalmente. Es Carmen de Burgos Seguí, la renombrada *Colombine:* la acompañan los escritores Vicente Almela, vicepresidente de la sección de *Literatura* del Ateneo de Madrid, y Rafael Ruiz López, novelista. La amable escritora hace el gasto en las francas expansiones de esta inolvidable visita; me anuncia que los escritores y periodistas presentes en la corte, pues muchos están veraneando, organizan un banquete en mi obsequio y que el novelista Antonio de Hoyos prepara un té con igual propósito.

Está resuelto que el 1 de noviembre daré una conferencia en el *Ateneo,* y el día 4 en la *Unión Ibero-Americana.* El presidente de la sección Literatura del primero, doctor Carlos Fernández Shaw, ha sido amable y deferente conmigo; en el otro centro, abrillantado por la acción del doctor Jesús Pando y Valle, su hijo Andrés y el galano escritor Celada, todo ha respondido con aroma de flores y delicadas notas de la cultura madrileña. El doctor Faustino Rodríguez Sampedro, presidente de la simpática asociación, que actualmente colabora en el gobierno, desempeñando el ministerio de Instrucción Pública, es una personalidad altamente honorable, a quien respetan amigos y adversarios políticos. Para mí ha sido revelador, sugestivo el informe de una entidad literaria, que señalando al ministro me ha dicho: «Ese hombre es honrado.» El doctor Rodríguez Sampedro pasa de los sesenta años; alto, de constitución vigorosa, tiene todo el porte distinguido de los caballeros, que da a su persona la importancia necesaria a aquellos que han nacido para dictar leyes a los pueblos. Su fisonomía revela un fondo de bondad inagotable así como su mirada habla de una conciencia límpida y tranquila, donde boga la virtud ciudadana y la honestidad del jefe de familia. No sé por qué ilación de conceptos, al estrechar la mano del ilustre Rodríguez Sampedro he pensado en el noble y caballeroso La Serna, cuya figura histórica, alumbrada por los rayos del sol muriente de Ayacucho, conserva en nuestra era republicana la veneración de los vencedores: eslabón de la cadena intangible que existe en cada corazón nutrido por sangre española y que no puede romper la metralla ni el cañón.

El salón de actos públicos del *Ateneo de Madrid* ha estado desbordante de un público culto y lleno de bondad. He hablado del Perú, de la sección más importante de las conquistas castellanas, y he merecido la aprobación de los concurrentes, y ¡cuántas nobles manos han estrechado la mía! Escritoras y amigos me han acompañado a mi alojamiento, donde hemos hecho una cena amenizada por la palabra y las narraciones más espirituales de mis invitados, especialmente de la aristocrática señora de Flaquer y la popular Carmen de Burgos. El recuerdo de estas horas será imborrable para mí. Y ¿cómo he de olvidar en estas notas de viaje el nombre de la señora Adela Cernudo, viuda de García, la culta y animosa mujer que a la muerte de su esposo se puso al frente de la empresa del Hotel de Embajadores, uno de los más hermosos de Madrid, donde el extranjero encuentra hogar? Le debo las más delicadas atenciones, la asiduidad y esmero de una amiga.

Regresan los reyes que fueron de visita a Barcelona. Voy a la estación por conocerles, pues aunque puedo conseguir una audiencia para el día 11, tengo que renunciar a ella, porque es forzoso salir el 9 para alcanzar en Barcelona el vapor en que tengo tomado camarote. He visto a los reyes al subir éstos en su automóvil. ¡Qué bella es la reina Victoria y cuán sugerente el contraste entre sus pupilas azules, que tienen mirar dulce de plegaria, y los ojazos de Alfonso XIII, con fulguraciones de mandato y que cuando mira a su joven esposa parece absorber todo aquel azul de un cielo entre las ondas de pasión aún no satisfecha! Los descendientes de esta pareja son bella promesa para el gobierno español, pues de las dulzuras de esta madre y de las energías del soberano ha de salir algo como el oro virgen de nuestras ricas selvas. Agreguemos a este componente físico el carácter sajón y los idealismos latinos, y terminaremos por celebrar tan acertada unión.

La hora de la conferencia en la *Unión Ibero–Americana* me obliga a esquivar varias invitaciones de carácter intimo.

Mis amigos Concepción Jimeno de Flaquer y su esposo me acompañan en el carruaje. Cuando llegamos, ya el local está totalmente invadido, pues hasta en los pasillos hay gente. La tribuna ostenta profusión de flores; el presidente agrega a éstas las flores de su galano discurso; los colores de la bandera argentina lucen entre los de España. Hago una exposición semigeográfica de la hermosa región que baña el Río de la Plata, y doy detalles con proyecciones luminosas que interesan grandemente a la concurrencia; ella exterioriza bondadosa sus impresiones por medio de aplausos.

Aquí también el elemento intelectual ha primado. Entre tantos cultores de las letras está el doctor Segismundo Moret, presidente del Ateneo y jefe del partido liberal. El señor Moret es hombre que ha pasado de los cincuenta años, de personal atrayente, palabra vibrante y juicio sereno. Le oí hablar en el Congreso de los diputados en mi anterior estadía en Madrid, y hoy que me honra con su amistad puedo apreciar la sinceridad con que defiende los principios del partido que dirige. Su figura gallarda dice bien de su misión de jefe guiador de agrupaciones selectas. La noche del 4 de noviembre, que señala la fecha de mi conferencia sobre la República Argentina, segunda patria mía, perdurará con caracteres de luz, con resplandores de astro. Si me propusiera consignar aquí nombres, tendría que llenar páginas para no dejar ninguno postergado. Ellos están grabados en un corazón cuzqueño.

La señora marquesa de la Laguna me espera en su palco del teatro, donde voy en compañía de la señora de Flaquer y de la genial Sofía Casanova; la encontramos acompañada de sus interesantes hijas la genial Gloria, marquesa de Requena, y la condesa de Tenorio. ¡Qué ideal encuentro este grupo de mujeres hermosas, inteligentes, espirituales! Me interesa más la conversación de ellas que *Las bribonas* que están representando.

Estamos en un ambiente delicioso. El novelista Antonio de Hoyos y Vinent invita a un té; ha concurrido todo lo notable que en letras está actualmente en Madrid. Se hace derroche de ingenio, de amabilidad, de cultura exquisita. Jacinto Benavente, el primer dramaturgo de la época, a quien hemos recibido en América entre palmas, ha enviado una cartita encantadora, excusando su ausencia por motivo de enfermedad. Las horas han transcurrido veloces, y por precepto de mi médico, la doctora Aleixandre, debo tomar un reposo. Por fortuna ahora se puede descansar sin los sobresaltos de lo desconocido, sin esconder las joyas para no atraer la mirada de los *apaches* ni provocar la usura de hoteleros.

Carmen de Burgos, Sofía Casanova, Pilar Contreras de Rodríguez y la señora de Alonso, han venido a acompañarme, y Concepción Jimeno rehusa alejarse de mí, porque está de acuerdo con la doctora para no permitir que deje la cama y siga la medicación ordenada. Han temido una pulmonía, que aquí es tan traidora como en el *otro mundo*.

Uno de los salones comedor del Hotel Inglés está engalanado, de fiesta. Las luces y las flores rivalizan en dar luz, color, aroma y poesía al recinto, que va a ser teatro de satisfacciones fraternales. Es el agasajo de los hermanos en letras e ideales a una de sus hermanas de la América Latina. Estoy frente a la hermosa señora marquesa de la Laguna, tengo a mi derecha al diputado Gálvez Holguín, a mi izquierda al poeta Juan Tomás Salvany. En derredor, confundidas entre las flores, Concepción Jimeno de Flaquer, Carmen de Burgos, Sofía Casanova, Pilar Contreras, Carmen Blanco, Gloria Laguna, Carolina Soto, Consuelo Álvarez, la condesa de Tenorio, María T. de la Rigada, Concepción Aleixandre, Melchora Herrero, Salomé Núñez Topete y la preciosa María, hija de Carmen de Burgos, en asientos intercalados con los que ocupan los caballeros. Concepción Jimeno de Flaquer ofrece el banquete en una forma ideal. «Para brindar a Clorinda no es necesaria una copa, se precisa una flor», dice, y obsequia un crisántemo enorme colocado en el centro de la mesa, atado con cintas españolas, argentinas y peruanas. Entre aplausos continúa enlazando la significación de este acto de hermosa confraternidad intelectual entre españoles y americanos, agrandando mi labor, interpretando magistralmente mis afectos por España, y termina asegurando que «la hija de la tierra de los conquistados ha dominado a los dominadores». Todos han bebido el licor espumante, topacino, brindando por América y sus intelectuales. La emoción que me domina es suprema. Quiero expresar mucho y nada coordino. Doy las gracias casi balbuciente; la bondad suma con que son recibidas mis palabras es nuevo vínculo de gratitud. Pónese de pie Carmen de Burgos, principal iniciadora de esta demostración, y comienza a leer cartas y tarjetas de adhesión de personas que no han podido asistir por diferentes causas, y que han retirado su cubierto. Segismundo Moret, Salvador Rueda, Amado Nervo, Manuel de Tolosa Latour, Enrique Díez Canedo, Leopoldo Solier, Julio Milego, Miguel de la Cuesta, José Alsina, Gómez Hidalgo, Felipe Trigo, Angel Pulido, José Fernández Bremón. Cada una de éstas es pieza literaria de fina urdimbre. Los originales me son entregados por la donosa escritora en una fina carpeta de terciopelo. Pilar Contreras de Rodríguez, Coralina Soto y Tomás Salvany, leen hermosísimas poesías, que vienen a sellar con sublime melodía la solidaridad intelectual, y cuyas notas armónicas vibran en mi alma. En hermosa cartulina de bordes dorados conservo los autógrafos de los asistentes a esta inolvidable fiesta, y es uno de mis amados trofeos en la conquista de la amistad, del talento y la inspiración.

No tengo poder para aplazar el término de las horas felices. La flor luce, se marchita, dobla su tallo y muere. La luz también se apaga y viene la noche.

Mañana seguiré mi viaje llevando en mi mente los imperecederos recuerdos de los días pasados en Madrid. He pedido a mis amigos que desistan del propósito de ir a despedirme en la estación. Sería más amarga para mí la impresión de mi partida.

Me llena de contento la despedida que me hacen en el Hotel de Embajadores, cuyo servicio ha sido tan esmerado y cuya patrona me ha colmado de atenciones. Su última demostración ha venido en forma de una canastilla de fiambres, flores y caramelos, colocada en el coche del tren, que sus empleados han asegurado antes de mi llegada a la estación. Si algún deseo me anima en estos momentos es el de poder visitar otra vez a Madrid y ocupar el hotel de la señora viuda de García. El tren parte a las 7:40 de la noche. En la estación encuentro a los esposos Alonso, los esposos Flaquer, los amigos Salvany, López, Almela, que faltando al compromiso han venido a despedirme. ¡Qué duro se me hace esta vez el decir adiós! Estrecho manos esquivando miradas. Concepción Jimeno, que ha estado revolviendo entre manos una caja de bombones, se llega: la estrecho contra mi corazón, y lágrimas imprudentes caen sobre uno y otro hombro. ¡Hermana del ideal! ¡Hermana del alma!... ¡No puedo decirte adiós: nos veremos en América, cuyas selvas brindarán palmeras para sombrear tu laureada frente, sus vergeles flores matizadas al igual del colorido de tu frase y los corazones afectos tan nobles como es el tuyo para mí. ¡Hasta vernos!

La sacudida violenta del tren me hace un efecto cruel. Parte bruscamente y aviva su velocidad. La noche es oscura; nada se distingue de las risueñas riberas del Manzanares. He permanecido muda y sombría durante el tiempo que el tren ha recorrido siete kilómetros, pues oigo gritar: ¡*Vallecas!* primera parada al salir de Madrid por la vía de Zaragoza a Barcelona.

Reclinada en mi almohadón, pienso en esta propensión de enraizar que tiene el corazón humano dondequiera que siente clima de afectos sinceros, y no rechazo la idea de que el universo es la patria del hombre.

Tenemos en perspectiva cuarenta y dos estaciones hasta Zaragoza, donde actualmente está instalada la Exposición Hispano-Francesa, de tan brillantes resultados.

Torrejones, Alcalá, Guadalajara.

Sobre un fondo púrpura y rosicler comienza a dibujarse la línea de las montañas, y el tinte azulino que inicia la aurora va abarcando el espacio. Comienzan los encantos del viaje en presencia de las bellezas naturales que ofrece esta región con rientes casas de campo, bosques de pinares, extensas praderas y tierras con esmero cultivadas. No tengo compañeros de viaje en el coche, lo que constituye una comodidad no siempre apetecida. *Medinaceli, Calatayud, Rueda, Casetas, Zaragoza.* Aquí el tren se detiene y es invadido por vendedoras de medallas, cintas y bustos de *Nuestra Señora del Pilar.* Hacen buena venta los negociantes en religión, porque la mayoría de los pasajeros compra.

Estamos a la mitad de la jornada. Tenemos cuarenta y tres paradas.

La primera se cuenta en el *Burgo, Fuentes, Pina, Quinto, La Zaida, Azaida, Puebla de Híjar, Samper, Chiprana* y *Caspe,* donde nos detenemos con tiempo para dar un paseo en los alrededores, tomar un refresco y luego seguir, pasando de largo los seis pequeños apeaderos hasta *Mora la Nueva,* después hasta *Reus,* haciendo lo propio con siete estaciones. Cinco más que contamos con la avidez de la llegada, y entramos en *Roda.*

El manto bronceado que viene en busca de la noche en el crepúsculo del atardecer se alza a la distancia y en el horizonte se perfila esa cinta negra que poco a poco gana espacio, destierra los arreboles y proclama el reinado de la noche. Allá, muy lejos, comienzan a distinguirse lucecillas como luciérnagas, en activo movimiento. Ellas crecen, parece que el ferrocarril va a hundirse en el mar, lleno de luces dispersas; pitea con insistencia, y consecutivamente la voz del anunciador dice: *¡Paseo de Gracia!...*

¡Barcelona!...

Al descender del tren encuentro que me ofrece la mano el ilustre amigo doctor Tobar, tantas veces mencionado. El coche del Hotel Continental, donde antes me alojé, ha tomado mi equipaje, y allá me dirijo con la satisfacción de quien es conocida y en busca de reposo.

Mi breve permanencia sólo me da tiempo para buscar a mis inolvidables amigos los esposos Gache, los Tobar y los Cidoncha. Estos últimos me han acompañado a cenar, y me invitan para ir al teatro, invitación que acepto, no obstante la falta de voluntad para divertirme.

Por fin llega el anuncio de que el *Savoia* está a la vista. La gentil señora de Gache viene a ofrecerme un ramo de flores, tan frescas y hermosas como las de su Buenos Aires; la abrazo con las emociones de intenso cariño y gratitud; he dicho adiós a la familia Tobar y me dirijo al apeadero, donde tomo el bote junto con la señora y señor Cidoncha, quienes me acompañan hasta a bordo.

Aconsejo a los viajeros de América no tomar pasajes de ida y vuelta. Que se acuerden del refrán: «Paga adelantada, mano quebrada.»

Ya estoy con la existencia entregada a la buena ventura en esta superficie, lisa unas veces, rizada otras, colérica, tempestuosa también.

Ninguna sorpresa pido a mi viaje de regreso. Me resta sólo el supremo deleite de contemplar los espejismos marítimos con el concurso del sol en las solemnes horas de salida y ocaso, en la placidez de la noche que la luna embellece y en la rememoración que hago de este mundo vivido que se remonta a la cima del Vesubio, y los montes más elevados donde llegan los funiculares; que boga en las góndolas venecianas o riela la azulada superficie de los lagos suizos en la alegre balandra de dos remos; que cruza el Támesis por debajo, que desciende hasta el seno de las catacumbas de Roma y las misteriosas ruinas de Herculano y Pompeya, para volver a la velocidad asombrosa de los ferrocarriles que perforan la peña en atrevido túnel y devoran la distancia con afán incansable.

Un azul puro y risueño se interpone entre el grisáceo de mis melancolías y el bronceado de mis evocaciones.

¡AMÉRICA!

¡Tierra de promisión, tierra de libertad!
¡Su edad juvenil es azul, azules las campanillas que trepan los muros de mi casa; azul y blanca la enseña del gran pueblo donde vivo!...
Diciembre 4 de 1908. A bordo del Savoia.

Estando en prensa este libro recibimos los periódicos de Buenos Aires comunicando la infausta nueva del fallecimiento de la insigne escritora doña Clorinda Matto de Turner, autora de la presente obra.

La sincera amistad y la profunda admiración que a doña Clorinda profesábamos, nos hizo esmerar más, si esto era posible, en la presentación de Viaje de Recreo, creyendo rendir así un tributo póstumo a la memoria de la autora, que deja en la república de las letras un vacío difícil de llenar, y en nuestros corazones el recuerdo de un cariño imperecedero.

LOS EDITORES
Valencia, Diciembre 1909.

Thank you for acquiring

Viaje de Recreo

from the
Stockcero collection of Spanish and Latin American significant books of the past and present.

This book is one of a large and ever–expanding list of titles Stockcero regards as classics of Spanish and Latin American literature, history, economics, and cultural studies. A series of important books are being brought back into print with modern readers and students in mind, and thus including updated footnotes, prefaces, and bibliographies.

We invite you to look for more complete information on our website, **www.stockcero.com**, where you can view a list of titles currently available, as well as those in preparation. On this website, you may register to receive desk copies, view additional information about the books, and suggest titles you would like to see brought back into print. We are most eager to receive these suggestions, and if possible, to discuss them with you. Any comments you wish to make about Stockcero books would be most helpful.

The Stockcero website will also provide access to an increasing number of links to critical articles, libraries, databanks, bibliographies and other materials relating to the texts we are publishing.

By registering on our website, you will allow us to inform you of services and connections that will enhance your reading and teaching of an expanding list of important books.

You may additionally help us improve the way we serve your needs by registering your purchase at:
http://www.stockcero.com/bookregister.htm

www.ingramcontent.com/pod-product-compliance
Lightning Source LLC
Chambersburg PA
CBHW021839220426
43663CB00005B/315